My rising curve with
김앤북
KIM&BOOK

합격

돌파 돌파
실전 감각 극대화
실전 적용
문제 때문 고민
문제 풀이
탄탄한 기초
기초 학습
편입 도전

김앤북과 함께
나만의 합격 곡선을 그리다!

완벽한 기초, 전략적 학습, 확실한 실전
김앤북은 합격까지 책임집니다.

#편입   #자격증   #IT

www.kimnbook.co.kr

김앤북의 체계적인
합격 알고리즘

기초학습 → 문제풀이 → 실전적용 → 합격

김영편입 영어

MVP Vocabulary 시리즈

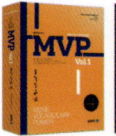    

| MVP Vol.1 | MVP Vol.1 워크북 | MVP Vol.2 | MVP Vol.2 워크북 | MVP Starter |

기초 이론 단계

| 문법 이론 | 구문독해 |

기초 실력 완성 단계

| 어휘 기출 1단계 | 문법 기출 1단계 | 독해 기출 1단계 | 논리 기출 1단계 | 문법 워크북 1단계 | 독해 워크북 1단계 | 논리 워크북 1단계 |

심화 학습 단계

| 어휘 기출 2단계 | 문법 기출 2단계 | 독해 기출 2단계 | 논리 기출 2단계 | 문법 워크북 2단계 | 독해 워크북 2단계 | 논리 워크북 2단계 |

2021 대한민국 우수브랜드 대상
2024, 2023, 2022 대한민국 브랜드 어워즈 대학편입교육 대상 (한경비즈니스)

실전 단계

연도별 기출문제 해설집　　　　　　　　　　TOP7 대학 기출문제 해설집

김영편입 수학

편입 수학 이론 & 문제 적용 단계

편입 수학 필수 공식 한 권 정리

미분법　적분법　선형대수　다변수미적분　공학수학　　　　　공식집

편입 수학 핵심 유형 정리 & 실전 연습 단계　　　　　실전 단계

미분법　적분법　선형대수　다변수미적분　공학수학　　연도별　　　　TOP6 대학
워크북　워크북　워크북　워크북　　워크북　　기출문제 해설집　기출문제 해설집

김앤북의 완벽한
단기 합격 로드맵

핵심이론 → 최신기출 → 실전적용 → 단기합격

자격증 수험서

| 전기기능사 필기 | 지게차운전기능사 필기 | 위험물산업기사 필기 | 산업안전기사 필기 | 전기기사 필기 필수기출 / 전기기사 실기 봉투모의고사 | 소방설비기사 필기 필수기출 시리즈 |

컴퓨터 IT 실용서

SQL 코딩테스트 파이썬 C언어 플러터 자바 코틀린 유니티

컴퓨터 IT 수험서

컴퓨터활용능력 1급실기 컴퓨터활용능력 2급실기 데이터분석준전문가 (ADsP) GTQ 포토샵 GTQi 일러스트 리눅스마스터 2급 SQL 개발자 (SQLD)

김앤북
KIM&BOOK

어휘의 시작은 기초부터

기초 VOCA
MVP

Starter

김영편입 컨텐츠평가연구소 지음

김앤북
KIM&BOOK

Expand your vocabulary fast and effectively!

영어 공부를 처음 시작한 때 가장 먼저 접하는 책은 어휘집일 것입니다. 어휘를 제대로 갖추지 않고서는 영어 시험의 어떤 영역도 해결할 수 없기 때문입니다. 하지만 기초가 부족한 수험생들의 경우 본인의 수준에 맞지 않는 어휘집을 선택하여 어휘 학습에 싫증을 느끼고 결국 어휘 암기를 포기하게 됩니다. 따라서 고급 어휘를 공부하기 전에 기초 실력을 쌓을 수 있는 기초 어휘 학습이 선행되어야 합니다.

MVP STARTER는 기초가 부족한 수험생이 "빠르고 효율적으로" 기초 실력을 쌓을 수 있도록 제작된 "어휘 핸드북"입니다. 편입 어휘를 공부하는 데 있어, 가장 기본이 되는 중·고등학교 수준의 어휘 1,700개를 표제어로 MVP STARTER를 구성했습니다. 빠르고 효율적인 어휘 학습을 위하여 표제어의 뜻은 핵심 의미 위주로 선별했습니다. 그리고 표제어의 의미를 명확히 파악하고, 문장을 통해 단어의 쓰임을 확인할 수 있도록 간단하고 쉬운 예문을 수록했습니다. 또한, 제시어의 파생어, 관련 어휘, 예문과 관련된 표현 등은 MVP(More Vocabulary Power)로 처리해 깊이 있는 어휘 학습이 가능하도록 했습니다.

어휘의 기초가 부족한 수험생의 "눈높이"에 맞춰 구성된 MVP STARTER를 통해 수험생이 기초 어휘를 확실히 다지고 고급 어휘로 실력을 빠르고 효율적으로 확장시킬 수 있게 되길 기원합니다.

김영편입 영어컨텐츠연구팀

MVP STARTER 구성 및 특징

기초 핵심 어휘를 단기간에 스마트하게 훑도록
1,700개의 표제어로 구성

표제어의 의미를 명확히 파악할 수 있는
간단하고 실용적인 예문 제시

MVP(More Vocabulary Power)
제시어의 파생어, 반의어, 관련어휘,
예문에 수록된 어휘 중 어려운 단어를 MVP로
제시하여 깊이 있는 어휘 학습이 가능하도록 구성

기본에 충실한 어휘 학습을 위해 다의어의 경우
핵심 의미 위주로 수록

More Vocabulary Power

0032 refer
[rifə́:r]

v. ① 언급하다, 인용하다 ② 참조하다

The author frequently **refers** to the Bible.
저자는 자주 성서를 인용한다.

There is no literature to **refer** to its origin.
그 기원에 관한 참조 문헌이 없다.

MVP reference n. 언급; 참조; 추천서

0033 saw
[sɔ:]
(saw-sawed-sawn)

n. 톱
v. 톱질하다

He is cutting wood with a **saw**.
그는 톱으로 나무를 자르고 있다.

The workmen **sawed** and hammered all day.
그 인부들은 하루 종일 톱질을 하고 망치를 두들겼다.

0034 increase
[inkrí:s]

v. 늘리다, 증대하다, 확대하다
n. 증가, 증대, 인상

They bought a building to **increase** their wealth.
그들은 재산을 늘리기 위해 건물을 샀다.

I needed an **increase** in salary.
나는 임금 인상이 필요했다.

0035 kite
[kait]

n. 연

Kite flying has long been a passion in many Asian countries.
연날리기는 많은 아시아 국가들에서 오랫동안 사랑 받아 왔다.

0036 progress
n. [prágres]
v. [pragrés]

n. 진행, 진보
v. 진척하다, 진보하다

the **progress** of science 과학의 진보
progress in knowledge 지식이 향상되다

MVP in progress 진행 중인
progression n. 전진, 진행

0037 match
[mætʃ]

n. ① 성냥 ② 경기, 시합 ③ 맞수
v. ① 어울리다, 조화되다 ② 필적하다, 대등하다

I accepted his challenge to a badminton **match**.
나는 배드민턴 경기를 하자는 그의 도전을 받아들였다.

The furniture should **match** the color of the room.
가구는 방의 색깔과 어울려야 한다.

0001 **influence**
[ínfluəns]

n. 영향, 영향력
vt. 영향을 주다[미치다]

The CEO has **influence** on the employees.
최고경영자는 직원들에게 영향력이 있다.

She was heavily **influenced** by her father.
그녀는 아버지의 영향을 크게 받았다.

0002 **disorder**
[disɔ́:rdər]

n. ① 엉망, 무질서, 혼란 ② 장애

The room was in a state of **disorder**.
그 방은 엉망인 상태였다.

eating **disorders** 식이 장애

> **MVP** disorderly a. 무질서한; 난동을 부리는

0003 **economy**
[ikánəmi]

n. ① 경제, 경제 활동 ② 절약, 검약

Its **economy** was dependent on agriculture.
그곳의 경제는 농업에 의존했다.

She practices **economy** in daily affairs.
그녀는 일상사에서 절약을 실천한다.

> **MVP** economics n. 경제학
> economist n. 경제학자

0004 **serial**
[síəriəl]

a. ① 일련의, 순차적인 ② 연속물의, 정기의
n. 연재물, 정기 간행물

The **serial** killings threw the people into a state of terror.
연쇄 살인 사건은 국민들을 공포의 상태로 몰아넣었다.

Many of Dickens' novels were published in the **serial** form.
많은 디킨스(Dickens)의 소설들이 연속물 형태로 출판되었다.

a newspaper **serial** 신문의 연재물

> **MVP** series n. 연속, 연쇄; 시리즈

0005 **heel**
[hi:l]

n. 발뒤꿈치; 굽

Tap dancers wear shoes that have metal attached to the **heel**.
탭 댄서들은 굽에 금속이 부착된 신발을 신는다.

0006 **refrigerator**
[rifrídʒərèitər]

n. 냉장고, 냉동 장치(= fridge)

She put many frozen fishes away in the **refrigerator**.
그녀는 냉장고에 많은 냉동 생선을 비축해 두었다.

> **MVP** freezer n. 냉동고

0007 future
[fjúːtʃər]

n. 미래, 장래
a. 미래의, 향후의

The movie is set in the **future**.
그 영화는 미래를 배경으로 하고 있다.

The interviewer asked me about my **future** plans.
면접관이 나의 장래 계획에 대해 물었다.

MVP futuristic a. 초현대적인, 미래를 상상하는

0008 avenue
[ǽvənjùː]

n. ① 큰 길, 대로 ② (어떤 목적에 이르는) 수단, 방법

Many citizens joined the Easter parade on Fifth **Avenue**.
많은 시민이 5번가의 부활절 행렬에 참가했다.

MVP street n. (미) 동서로 뻗은 길
avenue n. (미) 남북으로 난 대로

0009 fall
[fɔːl]
(fall-fell-fallen)

vi. ① 떨어지다 ② 넘어지다 ③ 감소하다
n. ① 가을 ② 감소 ③ 몰락, 멸망

September had come and the leaves were starting to **fall**.
9월이 되었고 나뭇잎들이 떨어지기 시작하고 있었다.

Car sales **fell** due to the economic recession.
경기침체로 자동차 판매가 감소했다.

the **fall** of the Roman Empire 로마제국의 멸망

0010 smart
[smaːrt]

a. 똑똑한, 영리한

They used **smart** methods and brilliant ideas to find food.
그들은 영리한 방법과 뛰어난 아이디어로 먹이를 찾았다.

0011 fossil
[fásəl]

n. 화석

Dinosaur **fossils** were discovered in this area.
공룡 화석이 이 지역에서 발견되었다.

MVP fossilize v. 화석화하다

0012 warrior
[wɔ́ːriər]

n. 전사, 군인

A brave **warrior** took out an arrow.
용감한 전사가 활을 꺼냈다.

0013 daily
[déili]

a. 매일의, 나날의
ad. 매일, 날마다
n. 일간 신문(= daily newspaper)

The plants want to be watered **daily**.
그 화초들은 매일 물을 주어야 한다.

0014 beast
[bi:st]

n. 짐승, 야수

mythical **beasts** such as unicorns and dragons
유니콘이나 용 같은 신화적 짐승

0015 luggage
[lʌ́gidʒ]

n. 짐[수하물], 여행 가방

The man is traveling without **luggage**.
남자는 가방 없이 여행하고 있다.

Claims for lost or damaged **luggage** are increasing.
분실 또는 파손된 짐에 대한 배상금 청구가 늘고 있다.

0016 flood
[flʌd]

n. ① 홍수 ② 쇄도

The **flood** swept the whole village away.
홍수가 온 마을을 휩쓸었다.

There is a **flood** of orders for the product.
상품 주문이 쇄도하고 있다.

0017 face
[feis]

n. 얼굴
vt. ① ~쪽을 향하다 ② 직면하다 ③ 직시하다, 받아들이다

Most of the rooms **face** the sea.
방들은 대부분이 바다를 향하고 있다.

The company is **facing** a financial crisis.
그 회사는 재정 위기에 직면해 있다.

It's not always easy to **face** the truth.
진실을 받아들이는 것이 항상 쉬운 일은 아니다.

0018 arena
[ərí:nə]

n. (원형) 경기장, 공연장

The rock concert is held in a circular **arena**.
그 록 콘서트는 원형 경기장에서 열린다.

0019 hit
[hit]
(hit-hit-hit)

v. ① 때리다 ② 타격을 입히다
n. ① 대성공 ② 히트곡

He finally **hit** a home run.
그가 마침내 홈런을 쳤다.

Continuing recession **hit** many businesses.
계속되는 불황이 많은 회사에 타격을 주었다.

The duo was a real **hit** in last year's show.
그 2인조는 작년 공연에서 정말 큰 인기를 끌었다.

0020 clay
[klei]

n. 점토, 찰흙

A potter makes pots and dishes out of **clay**.
도공(陶工)은 점토로 항아리나 접시를 만든다.

0021 sincere
[sinsíər]

a. 성실한, 진실한, 진심의

He seemed **sincere** enough when he said he wanted to help.
도와주고 싶다는 말을 했을 때 그는 분명 진심인 것 같았다.

> **MVP** sincerity n. 성실, 정직, 진심
> sincerely ad. 진심으로

0022 department
[dipá:rtmənt]

n. 부서, 부처, 학과

the health **department** of a city 시의 보건국
the **department** of English language and literature 영문과

0023 cycle
[sáikl]

n. 순환, 주기

Prosperity and depression move in a **cycle**.
호경기와 불경기는 주기적으로 순환한다.

0024 report
[ripɔ́:rt]

v. ① 알리다, 보고하다 ② 보도하다
n. ① 보고(서) ② 보도

He **reported** the accident to the police.
그가 경찰에 그 사고를 알렸다.

It was **reported** that several people had been arrested.
몇 명의 사람들이 체포된 것으로 보도되었다.

a weather **report** 일기 예보

> **MVP** reporter n. 기자, 리포터

0025 chef
[ʃef]

n. 요리사, 주방장

Novice **chefs** should follow the recipe.
신임 주방장은 조리법을 따라야 한다.

0026 bundle
[bʌ́ndl]

n. 다발, 뭉치, 묶음

He sent her a **bundle** of white roses.
그는 그녀에게 흰 장미 한 다발을 보냈다.

0027 succeed
[səksíːd]

v. ① 성공하다 ② (신분·재산 등을) 잇다, 상속하다

I finally **succeeded** in getting a place at drama school.
나는 마침내 연극 학교 입학에 성공했다.

succeed to the throne 왕위를 계승하다

MVP success n. 성공
successful a. 성공한, 성공적인
succession n. 연속, 계속; 승계, 계승
successive a. 연속적인, 잇따른

0028 indeed
[indíːd]

ad. 정말, 참으로

Laughter is the best medicine, **indeed**.
웃음은 참으로 명약이다.

0029 option
[ápʃən]

n. 선택(권), 옵션

Going to college was not an **option** for me.
대학 진학은 내가 선택할 수 있는 것이 아니었다.

Students have the **option** of studying abroad in their second year.
학생들은 2학년 때 유학을 할 수 있는 선택권이 있다.

0030 edition
[idíʃən]

n. 판(版), 호

She collects first **editions** of Victorian novels.
그녀는 빅토리아 시대 소설 초판을 수집한다.

0031 enlarge
[inláːrdʒ]

v. 확장하다, 확대하다

There are plans to **enlarge** the recreation area.
휴양지를 확장할 계획이 있다.

0032 refer
[rifə́ːr]

v. ① 언급하다, 인용하다 ② 참조하다

The author frequently **refers** to the Bible.
저자는 자주 성서를 인용한다.

There is no literature to **refer** to its origin.
그 기원에 관한 참조 문헌이 없다.

> **MVP** reference n. 언급; 참조; 추천서

0033 saw
[sɔː]
(saw–sawed–sawn)

n. 톱
v. 톱질하다

He is cutting wood with a **saw**.
그는 톱으로 나무를 자르고 있다.

The workmen **sawed** and hammered all day.
그 인부들은 하루 종일 톱질을 하고 망치를 두드렸다.

0034 increase
[inkríːs]

v. 늘리다, 증대하다, 확대하다
n. 증가, 증대, 인상

They bought a building to **increase** their wealth.
그들은 재산을 늘리기 위해 건물을 샀다.

I needed an **increase** in salary.
나는 임금 인상이 필요했다.

0035 kite
[kait]

n. 연

Kite flying has long been a passion in many Asian countries.
연날리기는 많은 아시아 국가들에서 오랫동안 사랑 받아 왔다.

0036 progress
n. [prágres]
v. [pragrés]

n. 진행, 진보
v. 진척하다, 진보하다

the **progress** of science 과학의 진보
progress in knowledge 지식이 향상되다

> **MVP** in progress 진행 중인
> progression n. 전진, 진행

0037 match
[mætʃ]

n. ① 성냥 ② 경기, 시합 ③ 맞수
v. ① 어울리다, 조화되다 ② 필적하다, 대등하다

I accepted his challenge to a badminton **match**.
나는 배드민턴 경기를 하자는 그의 도전을 받아들였다.

The furniture should **match** the color of the room.
가구는 방의 색깔과 어울려야 한다.

0038 cash
[kæʃ]

n. 현금, 현찰

Payments can be made by check or in **cash**.
결제는 수표로도 할 수 있고 현금으로도 할 수 있다.

0039 bet
[bet]
(bet–bet–bet)

n. 내기, 걸기
v. 돈을 걸다, 내기를 하다

"Liverpool is bound to win." "Do you want a **bet**?"
"리버풀이 틀림없이 이길 거야." "내기할래?"

0040 expand
[ikspǽnd]

v. 확대하다, 늘리다

My father came up with a brilliant idea to **expand** his business.
나의 아버지는 사업을 확장하기 위한 기발한 생각을 내놓았다.

MVP expansion n. 확대, 확장, 팽창
expansive a. 광활한; 포괄적인

0041 worldwide
[wə́:rldwáid]

a. 세계적인, 전 세계에 미치는
ad. 전 세계에, 세계적으로

The company has a **worldwide** reputation for good quality.
그 회사는 훌륭한 품질로 전 세계적인 명성을 가지고 있다.

Products of Asian manufacture are sold **worldwide**.
아시아에서 생산된 제품들은 전 세계에서 팔리고 있다.

0042 own
[oun]

a. 자기 자신의; 고유한
vt. 소유하다

She quit her job and embarked on her **own** business.
그녀는 직장을 그만두고 자기 사업을 시작했다.

Most of the apartments are privately **owned**.
그 아파트들은 대부분이 개인 소유이다.

MVP owner n. 주인, 소유주
ownership n. 소유(권)

0043 further
[fə́:rðər]

ad. 더, 더 나아가
a. 더 이상의, 추가의

The police decided to investigate **further**.
경찰은 수사를 더 하기로 결정했다.

We have decided to take no **further** action.
우리는 추가 조치를 취하지 않기로 결정했다.

0044 depart
[dipá:rt]

v. ① 떠나다, 출발하다 ② 벗어나다, 빗나가다

The plane will **depart** at its scheduled time.
비행기는 예정된 시간에 출발할 것이다.

depart from one's usual way of working
늘 하던 작업 방식을 바꾸다

> **MVP** departure n. 떠남, 출발; 이탈
> departed a. 죽은; 지나간, 과거의

0045 hydrogen
[háidrədʒən]

n. 수소

Water is formed by the fusion of **hydrogen** and oxygen.
물은 수소와 산소의 결합에 의해 형성된다.

0046 fury
[fjúəri]

n. 분노, 격분

Her eyes blazed with **fury**.
그녀의 두 눈이 분노로 이글거렸다.

> **MVP** furious a. 몹시 화가 난, 격노한

0047 clutch
[klʌtʃ]

v. (꽉) 움켜잡다
n. 손아귀, 움켜쥠

She **clutched** his hand in terror.
그 여자는 무서워서 그의 손을 꽉 쥐었다.

He managed to escape from their **clutches**.
그는 간신히 그들의 손아귀에서 벗어났다.

0048 solar
[sóulər]

a. 태양의, 태양에 관한

All of the planets in our **solar** system orbit the Sun.
태양계에 있는 모든 행성들은 태양 주위를 돈다.

solar power 태양에너지

> **MVP** lunar a. 달의; 달의 작용에 의해 일어나는

0049 standpoint
[stǽndpɔ̀int]

n. 관점, 견지, 입장

from the **standpoint** of the philosopher 철학자의 견지에서
a political **standpoint** 정치적 관점

0050 complicate
v. [kámplikèit]
a. [kámplikət]

v. 복잡하게 하다, 뒤얽히게 만들다
a. 복잡한, 뒤얽힌

complicate a situation 상황을 복잡하게 하다
a headache **complicated** by a cold 감기가 겹쳐서 심해진 두통

MVP complicated a. 복잡한

0051 deck
[dek]

n. (배의) 갑판

A number of fish were flopping on the **deck**.
물고기 몇 마리가 갑판 위에서 퍼덕거리고 있었다.

0052 nowadays
[náuədèiz]

ad. 오늘날에는, 요즈음에는

Nowadays many people have personal computers.
오늘날에는 많은 사람들이 개인용 컴퓨터를 갖고 있다.

0053 jaw
[dʒɔː]

n. 턱

He has a strong square **jaw**.
그는 강인해 보이는 사각형 턱을 하고 있다.

0054 coat
[kout]

n. 외투, 코트, 상의
vt. 덮다, 입히다

put on[take off] one's **coat** 외투를 입다[벗다]
coat wood with paint 나무에 페인트칠을 하다

0055 draw
[drɔː]
(draw–drew–drawn)

v. ① 잡아[끌어]당기다 ② (사람의 마음을) 끌다
③ (결론 따위를) 끌어내다 ④ 그리다

The movie is **drawing** large audiences.
그 영화는 많은 관객을 끌어들이고 있다.

He can **draw** a conclusion from the report.
그는 그 보고서에서 결론을 내릴 수 있다.

He **drew** a circle in the sand with a stick.
그는 막대기로 모래 위에 원을 하나 그렸다.

0056 rapid
[rǽpid]

a. 빠른, 신속한

The disease is progressing at a **rapid** pace.
병이 빠른 속도로 진행되고 있다.

MVP rapidity n. 급속, 신속; 속도
rapidly ad. 빨리, 급속히
↔ slow a. 느린, 더딘

0057 prove
[pru:v]

v. ① 입증[증명]하다 ② 판명되다, 드러나다

This new evidence will **prove** her innocence.
이 새 증거가 그녀의 무죄를 입증해 줄 것이다.

The news **proved** to be false.
그 뉴스는 오보로 판명되었다.

0058 gift
[gift]

n. ① 선물; 기증품 ② 타고난 재능, 재주

He received a **gift** in reward for his effort.
그는 자신의 노력에 대한 보상으로 선물을 받았다.

He has a **gift** for languages.
그는 언어에 재능이 있다.

MVP gifted a. 타고난 재능이 있는, 천부적인

0059 appear
[əpíər]

vi. ① 나타나다, 출현하다 ② ~처럼 보이다, ~인 듯하다

He **appeared** at the appointed time.
그는 약속 시간에 나타났다.

She didn't **appear** at all surprised at the news.
그녀는 그 소식에 조금도 놀라는 것 같지 않았다.

MVP appearance n. 겉모습, 외모; 출현

0060 donation
[dounéiʃən]

n. 기부, 기증; 기부금

People make a **donation** to charities to help the earthquake victims.
사람들은 지진 피해자들을 돕기 위해 자선단체에 기부를 한다.

MVP donate vt. 기부하다, 기증하다
donor n. 기증자
donee n. 기증받는 사람

0061 violate
[váiəlèit]

vt. 위반하다, 어기다, 침해하다

If you **violate** the rules, you'll be punished.
규칙을 어길 시에는 처벌을 받을 것이다.

He was accused of **violating** copyrights.
그는 저작권을 침해한 혐의로 고소되었다.

MVP violation n. 위반

0062 pocket
[pάkit]

n. 주머니
a. 휴대용의, 소형의

The doll is small enough to fit into a **pocket**.
인형이 주머니에 들어갈 정도로 작다.

a **pocket** camera 휴대용 카메라

MVP pickpocket n. 소매치기; vt. 소매치기하다

0063 postscript
[póustskrìpt]

n. (편지의) 추신 (略 P.S.)

She added a **postscript** to the letter.
그녀는 편지에 추신을 덧붙였다.

0064 gender
[dʒéndər]

n. 성별, 성

Discrimination based on **gender** and age must be abolished.
성별과 나이에 근거한 차별은 폐지되어야 한다.

MVP abolish vt. 폐지하다

0065 meadow
[médou]

n. 목초지, 초원

A flock of sheep is running in the **meadow**.
양떼가 초원에서 뛰고 있다.

0066 connect
[kənékt]

v. ① 잇다, 연결[접속]하다 ② 관계시키다

the long hallway that **connects** the rooms
방을 연결하는 긴 복도

The two subjects are closely **connected**.
그 두 주제는 밀접한 관련이 있다.

0067 grade
[greid]

n. ① 등급; 성적 ② 학년
v. (등급을) 분류하다; 성적을 매기다

She got good **grades** on her exams.
그녀는 시험 과목들에서 좋은 성적을 받았다.

Schools teach reading in the first **grade**.
학교에서는 1학년 때 읽기를 가르친다.

Eggs are **graded** from small to extra large.
달걀은 작은 것에서 특대까지 분류된다.

MVP score n. 득점, 점수; v. 득점하다; 채점하다

0068 pollute
[pəlúːt]

vt. 더럽히다, 오염시키다

People **pollute** the environment with garbage.
사람들은 쓰레기로 환경을 오염시킨다.

> **MVP** pollution n. 오염, 공해
> antipollution n. a. 공해 반대[방지](의)

0069 automobile
[ɔ́ːtəməbíːl]

n. 자동차

Drowsy driving is a major cause of **automobile** crashes.
졸음운전은 자동차 충돌사고의 주요 원인이다.

0070 pupil
[pjúːpəl]

n. ① 학생, 문하생 ② 눈동자, 동공

My class teacher is strict with his **pupils**.
우리 담임 선생님은 학생에게 엄하다.

When the light is very bright, your **pupils** get small.
빛이 매우 밝을 때, 당신의 동공은 작아진다.

> **MVP** iris n. (안구의) 홍채; 붓꽃과(科)의 식물

0071 subjective
[səbdʒéktiv]

a. 주관의, 주관적인

Literary awards are inherently **subjective** and potentially corrupting.
문학상은 본래 주관적이며 변질될 가능성이 있다.

> **MVP** ↔ objective a. 객관적인; n. 목적, 목표

0072 believe
[bilíːv]

v. 믿다, 생각하다

Columbus **believed** that the earth is round.
콜럼버스는 지구가 둥글다고 믿었다.

> **MVP** believe it or not 믿기 힘들겠지만 (이것은 사실이다)

0073 purchase
[pə́ːrtʃəs]

vt. 사다, 구입하다
n. 구입, 매입; 구입품

It is easy to **purchase** computers at the present day.
오늘날 컴퓨터를 구입하는 것은 쉬운 일이다.

Our web sites do not sell products for **purchase** by children.
본 웹사이트에서는 아동이 구입할 수 있는 제품을 판매하지 않습니다.

> **MVP** make a purchase 구매를 하다

0074 ditch
[dɪtʃ]

n. 수로, 도랑, 배수구

That **ditch** drains water from the swamp.
그 도랑으로 늪의 물이 빠져 나간다.

0075 trouble
[trʌbəl]

n. ① 곤란, 어려움 ② 분쟁, 내분, 소동
v. ① 괴롭히다, 폐를 끼치다 ② 교란하다, 파란을 일으키다

If you don't get this finished in time, you'll be in **trouble**.
이것을 제시간에 끝내지 못하면 너는 어려움에 처할 것이다.

That **trouble** rose from misunderstanding.
이 분쟁은 오해에서 일어났다.

I am sorry to **trouble** you so frequently.
매번 폐를 끼쳐 죄송합니다.

MVP troublesome a. 성가신, 귀찮은; 곤란한

0076 virgin
[vɜ́ːrdʒin]

n. ① 처녀 ② (the V-) 성모 마리아

an image of the **Virgin** Mary 성모 마리아 상

MVP virginal a. 처녀의

0077 advantage
[ædvǽntidʒ]

n. 유리한 점, 이점, 장점

the **advantage** of a good education 좋은 교육의 이점

MVP competitive advantage
경쟁 우위(경쟁자들과 대비되는 독특한 강점)
advantageous a. 유익한, 이로운
↔ disadvantage n. 불리한 점, 약점

0078 change
[tʃeindʒ]

v. ~을 바꾸다, 변화시키다
n. ① 변화, 변경, 전환 ② 거스름돈, 동전

Leaves **change** color in autumn.
가을에는 나뭇잎들의 색깔이 바뀐다.

a conservative person who hates **change**
변화를 싫어하는 보수적인 사람

0079 invest
[invést]

v. 투자하다

The government has **invested** heavily in public transport.
정부가 대중교통에 많은 투자를 해 왔다.

MVP investment n. 투자

0080 pretty
[príti]

a. 예쁜, 매력적인
ad. 꽤, 상당히; 매우, 아주

He lost his heart to the **pretty** woman.
그는 예쁜 여인에게 마음을 줬다.

That performance was **pretty** impressive.
그 공연은 아주 인상적이었다.

MVP ↔ ugly a. 추한, 못생긴

0081 unemployment
[ʌnemplɔ́imənt]

n. 실업, 실업 상태

He's entitled to claim **unemployment** benefit.
그는 실업 수당을 신청할 자격이 된다.

MVP unemployed a. 실직한
↔ employment n. 고용, 일자리, 직업

0082 wake
[weik]
(wake–woke–woken)

v. (잠에서) 깨다, 일어나다

She set a clock but she didn't **wake** up.
그녀는 시계를 맞추어 놓았지만 일어나지 못했다.

MVP awake v. (잠에서) 깨우다[깨다]; 자각시키다; a. 깨어 있는
in the wake of ~에 뒤이어; ~의 결과로서

0083 ferry
[féri]

n. 페리, 연락선, 나룻배

They crossed the river by **ferry**.
그들은 나룻배로 강을 건넜다.

0084 friendly
[fréndli]

a. 친절한, 상냥한, 다정한

His **friendly** manner made me feel comfortable.
그의 친절한 태도가 나를 편안하게 해주었다.

0085 worry
[wə́:ri]

v. 걱정하다, 성가시게 하다
n. 걱정, 근심

People **worry** too much about little things.
사람들은 사소한 것에 대해 너무 걱정한다.

The noise never seems to **worry** her.
그 소리가 그녀를 조금도 성가시게 하지 않는 모양이다.

0086 otherwise
[ʌ́ðərwàiz]

ad. ① (만약) 그렇지 않으면 ② 다른 방법으로, 달리

He worked hard; **otherwise** he would have failed.
그는 열심히 공부했다. 그렇지 않았다면 실패했을 것이다.

All items in the exhibition are for sale, unless **otherwise** marked.
달리 표시가 없는 한, 전시회에 나와 있는 모든 작품들은 구매가 가능하다.

0087 dairy
[déəri]

n. 낙농(업), 유제품

Milk is a typical **dairy** product we can see everyday.
우유는 우리가 매일 볼 수 있는 대표적인 유제품이다.

0088 herb
[əːrb]

n. 약초, 향초, 허브

Basil is a good **herb** for beginners.
바질은 초보자들에게 좋은 허브이다.

MVP herbal a. 약초의, 허브로 만든

0089 difficult
[dífikʌlt]

a. 어려운, 힘든, 곤란한

be placed in **difficult** circumstances 어려운 상황에 처하다

MVP difficulty n. 고난, 어려움

0090 fear
[fiər]

n. ① 두려움, 공포 ② 근심, 걱정, 염려
v. ① 두려워[무서워]하다 ② 염려하다, 걱정하다

He tried to banish **fear** from his mind.
그는 마음속에서 두려움을 떨쳐내기 위해 노력했다.

I **fear** that I will be late.
나는 늦을까봐 걱정된다.

0091 broom
[bruːm]

n. 빗자루, 비

He is sweeping with a **broom**.
그는 비를 들고 청소하고 있다.

0092 exercise
[éksərsàiz]

v. 수행하다, 발휘하다, 행사하다
n. ① 운동 ② 연습 ③ 행사, 발휘

You have to **exercise** patience to overcome it.
너는 그것을 극복하기 위해 인내심을 발휘해야 한다.

This is not the **exercise** of power by the government.
이것은 정부의 권력 행사가 아니다.

0093 runway
[rʌnwèi]

n. ① 활주로, 차도 ② (패션쇼 등의) 스테이지

A **runway** is needed to take off and land.
활주로는 이륙하고 착륙하기 위해 필요하다.

There is a new star on the **runway**.
패션쇼 무대에 새로운 스타가 등장했다.

0094 tense
[tens]

a. 긴장한; 긴박한
n. 〈문법〉 (동사의) 시제

Many people often forget things when they are **tense**.
많은 사람들이 긴장하면 종종 뭔가를 잊어버린다.

past **tense** 과거 시제

MVP tension n. 긴장(감)

0095 torch
[tɔːrtʃ]

n. 횃불; 손전등

He lit a **torch** in the cave.
그는 동굴에서 횃불을 켰다.

0096 lay
[lei]
(lay-laid-laid)

v. ① 놓다, 두다, 눕히다 ② 낳다

He **laid** two objects on the table side by side.
그는 두 개의 물건을 테이블 위에 나란히 올려놓았다.

The girl **laid** the doll down carefully.
그 소녀는 인형을 조심스럽게 눕혔다.

The cuckoo **lays** its eggs in other birds' nests.
뻐꾸기는 다른 새의 둥지에 알을 낳는다.

0097 view
[vjuː]

n. ① 경치, 전망 ② 견해, 관점
v. 보다, 바라보다

The **view** from the top of the tower was spectacular.
그 탑 꼭대기에서 보는 전망은 눈이 부셨다.

They presented quite a new **view** of the affair.
그들은 그 사건에 관해 전혀 새로운 견해를 표명했다.

MVP viewer n. 보는 사람, 시청자
with a view to ~ing ~을 위하여, ~할 목적으로

0098 reap
[riːp]

v. ① (농작물을) 베어들이다, 수확하다
② (보답 등을) 받다; (성과·이익 등을) 거두다

You must **reap** what you have sown.
자기가 뿌린 씨는 자기가 거두어야 한다.

0099 wrinkle [ríŋkl]

n. 주름
v. 주름이 생기다

Wrinkles gather around his eyes when he smiles.
그는 웃으면 눈가에 주름이 진다.
This shirt doesn't **wrinkle** easily.
이 셔츠는 주름이 잘 안 생긴다.

MVP wrinkly a. 주름진, 주름지기 쉬운

0100 pesticide [péstisàid]

n. 농약, 살충제

vegetables grown without the use of **pesticides**
농약을 쓰지 않고 기른 채소

0101 course [kɔːrs]

n. ① 코스, 주행로 ② 방향, 방침 ③ 강좌, 교과과정

The president appears likely to change **course** on some key issues.
대통령이 몇 가지 중요한 사안에 대한 방침을 바꿀 것으로 보인다.
He finished his college **course**.
그는 대학 과정을 수료했다.

MVP in the course of (기간을 나타내는 표현과 함께 쓰여) ~동안

0102 atmosphere [ǽtməsfìər]

n. ① 대기, 대기권 ② 분위기, 주위의 상황

The **atmosphere** of the city is becoming more polluted each day.
그 도시의 대기가 나날이 더 오염되고 있다.
The children grew up in an **atmosphere** of insecurity.
그 아이들은 불안정한 분위기 속에서 자랐다.

0103 broaden [brɔ́ːdn]

v. 넓히다

He needs to **broaden** his views on this matter.
그는 이 문제에 대한 식견을 넓힐 필요가 있다.

MVP broad a. (폭이) 넓은; 광범위한; 일반적인, 개괄적인

0104 analysis [ənǽləsis]

n. 분석, 검토

an **analysis** of the international political situation
국제 정치 정세의 분석

MVP analyze v. 분석하다, 검토하다
analytic a. 분석적인, 분해의

0105 destroy
[distrɔ́i]

vt. 파괴하다, 파멸하다

The storm **destroyed** every house on the coast.
폭풍으로 인해 해안에 있는 모든 집들이 파괴되었다.

> **MVP** destruction n. 파괴, 파멸
> destructive a. 파괴적인; 해로운

0106 publish
[pʌ́bliʃ]

v. 출판하다, 발행하다; 발표하다

He works for a company that **publishes** reference books.
그는 참고 서적을 출판하는 회사에 다닌다.

> **MVP** publication n. 출판(물), 발행; 발표
> publisher n. 출판사

0107 mission
[míʃən]

n. ① 임무, 사명 ② 사절단

Working for the poor has been his **mission** in life.
가난한 사람들을 위해 일하는 것이 그의 인생의 사명이었다.

dispatch an economic **mission** to India
인도에 경제 사절단을 파견하다

> **MVP** missionary n. 선교사

0108 hang
[hæŋ]
① (hang–hung–hung)
② (hang–hanged–hanged)

v. ① 걸다, 매달다 ② 교수형에 처하다

Hang your coat up on the hook.
네 외투를 옷걸이에 걸어라.

He was the last man to be **hanged** for murder in this country.
그는 이 나라에서 살인죄로 교수형을 당한 마지막 남자였다.

0109 bake
[beik]

v. 굽다, 구워 말리다

bake bread in an oven 빵을 오븐에 굽다

> **MVP** bakery n. 제과점
> baker n. 제빵업자

0110 pat
[pæt]

v. 쓰다듬다, 토닥거리다

She **patted** the dog on the head.
그녀가 그 개의 머리를 쓰다듬었다.

0111 brief
[briːf]

a. ① 잠시의, 단시간의 ② 간결한, 간명한
n. 대의, 개요

a **brief** summary of the major focus 주요 사안에 대한 간단한 요약

> **MVP** briefly ad. 짧게, 간단히
> brevity n. 짧음, 간결함[성]
> to put it briefly 간단히 말하자면

0112 interval
[íntərvəl]

n. ① 간격 ② 중간 휴식시간

The subway trains run at an **interval** of three minutes.
지하철은 3분 간격으로 운행된다.

The play was performed without **intervals**.
그 연극은 중간 휴식시간 없이 상연되었다.

0113 loud
[laud]

a. (소리가) 큰, 시끄러운

The elevator stopped working with a **loud** noise.
엘리베이터는 커다란 소음을 내며 멈춰 섰다.

> **MVP** aloud ad. 소리 내어, 큰 소리로

0114 curious
[kjúəriəs]

a. 호기심이 강한, 알고 싶어 하는

Babies are **curious** about everything around them.
아기들은 그들 주위에 있는 모든 것에 호기심이 있다.

0115 doubt
[daut]

n. 의심, 의혹
v. 확신하지 못하다, 의심하다

a feeling of **doubt** and uncertainty 반신반의하는 기분
I **doubt** the truth of his words.
그의 말이 진실인지 의심스럽다.

> **MVP** doubtless ad. 거의 틀림없이; a. 의심 없는, 확실한

0116 hard
[haːrd]

a. ① 단단한, 딱딱한 ② 어려운, 힘든 ③ 열심히 하는
ad. ① 열심히 ② 세게

Diamonds are the **hardest** known mineral.
다이아몬드는 알려진 광물 중 가장 단단하다.

It's **hard** to see how they can lose.
그들이 어떻게 질 수 있는지 이해하기 어렵다.

If you work **hard**, you will eventually attain your aim.
열심히 일하면 결국 너의 목적을 달성할 것이다.

MVP harden v. 굳다; 단단하게 하다
hardship n. 어려움, 곤란
↔ soft a. 부드러운, 푹신한; 가벼운, 약한

0117 heed
[hiːd]

n. 조심, 주의
vt. 주의를 기울이다

Children don't always **heed** their parents' words.
아이들은 항상 부모 말에 귀 기울이지는 않는다.

0118 keep
[kiːp]
(keep–kept–kept)

v. ① 유지하다, 계속하다 ② 보관하다, 간직하다

She had trouble **keeping** her balance.
그녀는 균형을 유지하느라 애를 먹었다.

The cost of going to college **keeps** increasing.
대학에 가는 비용이 계속해서 증가하고 있다.

The police will **keep** the money until they find the owner.
경찰은 주인을 발견할 때까지 이 돈을 보관할 것이다.

MVP keep A from ~ing A가 ~하지 못하게 하다

0119 enzyme
[énzaim]

n. 〈생물〉 효소

Enzymes are responsible for speeding up chemical reactions.
효소들은 화학 반응 속도를 가속화시키는 역할을 한다.

0120 rear
[riər]

v. ① 기르다, 양육하다; 사육하다; 재배하다
② (사원·기념비 등을) 세우다, 짓다
n. 뒤쪽, 후방
a. 뒤쪽의, 후방의

She **rears** animals in her house.
그녀는 집에서 동물을 기른다.

There are toilets at both front and **rear** of the plane.
비행기 앞과 뒤, 양쪽에 화장실이 있다.

0121 theft
[θeft]

n. 절도

He was arrested on a charge of **theft**.
그는 절도죄로 체포되었다.

MVP thief n. 도둑, 절도범

0122 **apology**
[əpάlədʒi]

n. ① 사과, 사죄 ② 정당성을 주장함, 변명

He sent me a letter of **apology**.
그는 내게 사과의 뜻이 담긴 편지를 보냈다.

MVP apologize vi. 사과하다, 사죄하다

0123 **beard**
[biərd]

n. 턱수염

He shaved off his moustache but kept his **beard**.
그는 콧수염을 밀어버리고 턱수염은 남겼다.

MVP mustache n. 콧수염
whisker n. 구레나룻

0124 **cheerful**
[tʃíərfəl]

a. 쾌활한, 유쾌한, 즐거운

Our baseball coach is a very **cheerful** man.
우리 야구 감독님은 매우 쾌활한 분이다.

0125 **buzz**
[bʌz]

n. ① 윙윙거림; 웅성거림 ② 흥분, 신나는[들뜬] 기분
vi. ① 윙윙거리다 ② 부산스럽다, 활기가 넘치다

Bees **buzzed** lazily among the flowers.
벌들이 꽃들 사이로 한가로이 윙윙거렸다.

New York **buzzes** from dawn to dusk.
뉴욕은 새벽부터 밤까지 활기가 넘친다.

0126 **block**
[blak]

vt. 막다, 차단하다
n. ① 덩어리 ② 구역, 블록 ③ 방해(물), 장애(물)

The castle was designed to **block** enemy attacks.
그 성은 적의 공격을 막기 위해 설계되었다.

Lack of training acts as a **block** to progress in career.
훈련 부족은 경력을 쌓아가는 데 장애가 된다.

0127 **luck**
[lʌk]

n. 운, 행운

He attributed her failure to her bad **luck**.
그는 그녀의 실패를 불운 탓으로 돌렸다.

MVP lucky a. 운이 좋은, 행운의

0128 enjoy
[indʒɔ́i]

v. ① 즐기다, 즐거운 시간을 보내다 ② 누리다

She **enjoys** chatting through the Internet.
그녀는 인터넷으로 채팅하는 것을 즐긴다.

Vegetarians **enjoy** health and longevity.
채식주의자들은 건강과 장수를 누린다.

0129 sob
[sab]

v. 흐느끼다, 흐느껴 울다

He started to **sob** uncontrollably.
그가 주체할 수 없이 흐느끼기 시작했다.

0130 aside
[əsáid]

ad. ① 곁에[으로], 옆에 ② 따로 두고, 제쳐 놓고

He stepped **aside** to let me pass.
그는 내가 지나가도록 옆으로 비켜섰다.

> **MVP** set aside 곁에 두다; 제쳐 놓다

0131 ambition
[æmbíʃən]

n. 야망, 포부

ambition for political power 정치적인 권력의 야망

> **MVP** ambitious a. 야심적인; 의욕적인

0132 intellectual
[ìntəléktʃuəl]

a. 지능의, 지적인
n. 지식인

Chess is a highly **intellectual** game.
체스는 매우 지적인 게임이다.

> **MVP** intellect n. 지력, 지성; 지식인

0133 approve
[əprúːv]

v. ① 찬성하다 ② 승인하다, 허가하다

He **approved** the scheme.
그는 계획에 찬성했다.

> **MVP** approval n. 인정; 찬성
> approved a. 인가된; 입증된

0134 route
[ruːt]

n. ① 길, 노정, 항로 ② 수단, 방법

A different **route** is going to be used to export the products.
그 제품들을 수출하기 위해 다른 경로가 사용될 예정이다.

There was no immediate **route** out of the crisis.
위기를 벗어날 길이 당장에는 없었다.

0135 spin
[spin]

v. 회전하다
n. 회전

My brother is **spinning** his pencil.
내 남동생이 연필을 돌리고 있다.

0136 several
[sévərəl]

a. 몇몇의, 각각의, 각자의

He's written **several** books about India.
그는 인도에 대해 몇 권의 책을 썼다.

0137 mere
[miər]

a. ① 단순한, 단지 ② 겨우, ~에 불과한

His **mere** presence made her feel afraid.
그가 단지 거기 있다는 사실만으로도 그녀는 두려웠다.

A **mere** 2% of their budget has been spent on publicity.
그들의 예산 중 겨우 2%가 홍보용으로 쓰였다.

MVP merely ad. 한낱, 그저, 단지

0138 reject
[ridʒékt]

vt. 거절하다, 거부하다

Our company decided to **reject** his offer.
우리 회사는 그의 제안을 거절하기로 결정했다.

MVP rejection n. 거절

0139 spiral
[spáiərəl]

a. 나선형의
n. 나선, 나선형; 소용돌이
v. 나선형을 그리다

A snail's shell is **spiral** in form.
달팽이 껍질은 형태가 나선 모양이다.

The plane **spiraled** down to the ground.
그 비행기는 나선형을 그리며 땅으로 내려왔다.

0140 whistle
[hwísl]

n. 휘파람, 호각 (소리)
v. 휘파람을 불다; 호각[호루라기]으로 신호하다

The dog came to my **whistle**.
내 휘파람 소리에 개는 달려왔다.

The referee **whistled** and the game resumed.
심판이 호각을 불어 시합이 재개되었다.

0141 attempt
[ətémpt]

vt. 시도하다, 꾀하다
n. 시도

The prisoners **attempted** an escape, but failed.
죄수들이 탈옥을 시도했으나 실패했다.

Two factories were closed in an **attempt** to cut costs.
경비 감축의 시도로 공장 두 군데가 문을 닫았다.

0142 gallery
[gǽləri]

n. 미술관

She put her works on display in the local art **gallery**.
그녀는 그 지역 미술관에 자신의 작품을 전시했다.

0143 servant
[sə́ːrvənt]

n. ① 하인 ② 공무원

The king ignored the counsel of his **servant**.
왕은 신하의 충언을 무시했다.

a public **servant** 공무원

0144 add
[æd]

v. ① 첨가[추가]하다, 덧붙이다 ② (수·양을) 합하다[더하다]

Caffeine is **added** to some soft drinks for flavor.
카페인은 향을 내기 위해 몇몇 청량음료에 첨가된다.

MVP addition n. 추가, 부가
additional a. 부가적인, 추가의

0145 overpower
[òuvərpáuər]

vt. 제압하다; 압도하다, 사로잡다

Police finally managed to **overpower** the gunman.
경찰이 마침내 그 무장 괴한을 제압하는 데 성공했다.

Her driving personality sometimes **overpowers** people.
그녀의 의욕적인 성격이 때때로 사람들을 압도한다.

0146 capable
[kéipəbl]

a. ~을 할 수 있는, 유능한

a man **capable** of teaching English
영어를 가르칠 수 있는 사람

a room **capable** of seating a hundred people
100명을 수용할 수 있는 방

MVP capability n. 능력, 가능성, 재능
↔ incapable a. 무능한, ~을 할 수 없는

0147 figure
[fígjər]

n. ① 수치, 숫자 ② 모양, 형태 ③ 인물

the half-yearly sales **figures** 상반기 매출 수치
She is an influential political **figure**.
그녀는 정계의 영향력 있는 인물이다.

0148 prehistoric
[prìːhistɔ́ːrik]

a. 유사 이전의, 선사 시대의

Giant insects lived in **prehistoric** times.
거대한 곤충들이 선사시대에 살았다.

0149 site
[sait]

n. 위치, 장소, 현장

Police are directing traffic around the construction **site**.
경찰관들이 공사 현장 주변을 교통정리하고 있다.

0150 crisis
[kráisis]

n. 위기, 중대국면

Many people lost their jobs due to the economic **crisis**.
많은 사람들이 경제 위기 때문에 직장을 잃었다.

0151 slice
[slais]

n. ① 얇은 조각, 한 조각 ② 부분, 몫
v. 베다, 썰다

a **slice** of pizza 피자 한 조각
Our firm is well placed to grab a large **slice** of the market.
우리 회사는 시장에서 큰 몫을 차지하기 좋은 위치에 있다.
He accidentally **sliced** through his finger.
그는 실수로 칼에 손을 베였다.

0152 throne
[θroun]

n. 왕좌; 왕위

The prince ascended the **throne** after the king died.
왕이 서거한 뒤 왕자가 왕위를 계승했다.

0153 hobby
[hábi]

n. 취미

For him, fishing is just a **hobby**, not a profession.
그에게 낚시는 단지 취미이지 직업은 아니다.

0154 riddle
[rídl]

n. 수수께끼, 불가사의

The Sphinx posed a **riddle**.
스핑크스가 수수께끼를 냈다.

0155 scholar
[skálər]

n. ① 학자 ② 장학생

He was the most distinguished **scholar** in his field.
그는 자기 분야에서 가장 뛰어난 학자였다.

MVP scholarly a. 학자의; 학문적인, 전문적인
scholastic a. 학업의
scholarship n. 장학금

0156 strike
[straik]
(strike-struck-struck)

v. ① 치다 ② (생각 등이) 마음에 떠오르다 ③ 파업하다
n. ① 파업 ② 공격, 공습

He **struck** me on the head.
그는 내 머리를 때렸다.

A bright idea has just **struck** him.
마침 멋진 생각이 그에게 떠올랐다.

The **strike** forced the manufacturer to stop production.
파업으로 인해 그 제조업체는 생산을 중단해야 했다.

0157 light
[lait]

n. 빛, 불, 전등
a. ① 가벼운 ② 밝은, 환한 ③ 연한

We perceived a glimmer of **light** in the window.
창에 어렴풋한 빛이 보였다.

The little girl was as **light** as a feather.
그 어린 소녀는 깃털처럼 가벼웠다.

light blue eyes 연한 푸른색 눈동자

MVP lighten v. 가볍게 해주다; 밝아지다

0158 sword
[sɔ:rd]

n. 검, 칼

Legend has it that the man who pulls out this **sword** becomes king.
전설에 따르면 이 검을 뽑는 자가 왕이 된다.

0159 price
[prais]

n. ① 값, 가격; 물가 ② 대가
vt. 값을 매기다[정하다]

Children over five must pay the full **price** for the ticket.
5세가 넘는 아동은 표 값을 전액 내야 한다.

Criticism is part of the **price** of leadership.
비판은 지도자 자리에 따르는 대가의 일부이다.

The tickets are **priced** at $100 each.
그 표 값은 한 장에 100달러로 정해져 있다.

0160 breakfast
[brékfəst]

n. 아침식사

It's common for office workers to skip **breakfast**.
직장인들이 아침을 거르는 것은 흔한 일이다.

> **MVP** American breakfast 미국식 아침식사
> (시리얼, 달걀, 햄 등으로 이뤄짐)
> continental breakfast 유럽식 아침식사
> (빵과 커피[홍차] 등으로 이뤄짐)

0161 candle
[kǽndl]

n. 양초

The wind blew out the **candle**.
바람에 촛불이 꺼졌다.

0162 Fahrenheit
[fǽrənhàit]

a. 화씨의
n. 화씨

Water freezes at 32 degrees **Fahrenheit**.
물은 화씨 32도에서 얼게 된다.

> **MVP** Celsius n. 섭씨

0163 happen
[hǽpən]

vi. ① 일어나다, 발생하다 ② 우연히[마침] ~하다

Accidents like this **happen** all the time.
이와 같은 사고는 늘 일어난다.

It **happened** that my father was away on a trip.
마침 아버지는 여행 중이어서 계시지 않았다.

0164 frustrate
[frʌ́streit]

v. 좌절시키다, 실망시키다

The bad weather **frustrated** our hopes of traveling.
날씨가 좋지 않아 여행을 하려던 우리의 희망이 좌절됐다.

The hard question on the test **frustrated** us.
그 어려운 시험 문제가 우리를 낙담시켰다.

> **MVP** frustrated a. 좌절감을 느끼는, 낙담한

0165 constitute
[kánstətjùːt]

v. ① 구성하다 ② 제정하다, 설립[설치]하다

Seven days **constitute** a week.
1주일은 7일로 구성되어 있다.

constitute an acting committee 임시 위원회를 설치하다

> **MVP** constitution n. 헌법
> constituent n. 주민, 유권자

0166 broadcast
[brɔ́:dkæst]

v. ① 방송하다 ② 선전하다, 퍼뜨리다

Channel 5 will **broadcast** the game at 6 o'clock.
채널 5에서 6시 정각에 그 경기를 방송할 것이다.

He always **broadcasts** gossip.
그는 항상 소문을 퍼뜨리고 다닌다.

0167 soldier
[sóuldʒər]

n. 군인, 병사

A **soldier** assumed the duty of guard at the gate.
한 군인이 입구에서 보초 임무를 맡았다.

0168 inn
[in]

n. 여관

He manages a small **inn** in the countryside.
그는 시골에서 작은 여관을 경영한다.

0169 run
[rʌn]
(run–ran–run)

v. ① 달리다, 뛰다 ② (회사·가게를) 경영하다, 관리하다

He has no idea how to **run** a business.
그는 사업체를 어떻게 경영하는지를 전혀 모른다.

0170 travel
[trǽvəl]

v. 여행하다, 이동하다

The airplane allows people to **travel** large distances quickly.
비행기는 사람들이 장거리를 빠른 시간에 여행할 수 있도록 해 준다.

Sound **travels** at high speed in air.
소리는 공기 중에서 빠른 속도로 이동한다.

MVP traveler n. 여행자
traveling a. 여행용의, 여행의

0171 diverse
[divə́:rs]

a. 다양한, 가지각색의; 다른

Diverse opinions were expressed at the meeting.
회의에서 다양한 의견들이 나왔다.

The ways these two men looked at the war are very **diverse**.
이 두 남자가 전쟁을 바라보았던 방법은 매우 다르다.

MVP diversity n. 다양성; 차이(점)
diversify v. 다양화하다; (사업을) 다각화하다

0172 polite
[pəláit]

a. 예의 바른, 공손한

He is always **polite** to all the teachers.
그는 항상 모든 선생님들에게 예의 바르다.

MVP politely ad. 공손히
↔ impolite a. 무례한, 버릇없는(= rude)

0173 princely
[prínsli]

a. ① 호화로운; 대량의 ② 장대한, 웅장한
③ 왕자의, 왕자 같은

He left a **princely** fortune to his descendants.
그는 자손에게 엄청난 재산을 남겼다.

princely buildings 웅장한 건물들

MVP prince n. 왕자

0174 naked
[néikid]

a. ① 벌거벗은 ② 노골적인, 적나라한

He walked on the pebbles with **naked** feet.
그는 맨발로 자갈길을 걸었다.

the **naked** truth 적나라한 진실

0175 grand
[grænd]

a. 웅장한; 위대한

The festival concluded with a **grand** fireworks show.
축제는 웅장한 불꽃놀이로 끝이 났다.

a **grand** man 위인

0176 fight
[fait]
(fight-fought-fought)

v. 싸우다; 분투하다
n. 싸움, 투쟁

In the heat of battle, soldiers **fight** for their lives.
맹렬한 전투에서 군인들은 목숨을 걸고 싸운다.

the **fight** against crime 범죄와의 싸움

0177 mechanical
[məkǽnikəl]

a. ① 기계의, 기계에 의한
② (행동·반응이) 기계적인, 자동적인

The flight has been delayed because of a **mechanical** problem.
비행기가 기계적인 결함 때문에 지연되었다.

The children were being taught to read in a **mechanical** way.
그 아이들은 읽는 법을 기계적인 방식으로 배우고 있었다.

MVP mechanic n. 기계공, 정비사, 직공

0178 term
[təːrm]

n. ① (일정한) 기간; 임기; 학기 ② 용어, 말 ③ (pl.) 조건, 조항; 약정

The **term** of military service is continuously being decreased.
군복무 기간이 지속적으로 줄고 있다.
Terms and conditions are subject to change.
조항 및 조건은 변경될 수 있습니다.

MVP in terms of ~면에서, ~에 관하여

0179 law
[lɔː]

n. 법, 법률, 법칙

The country has a **law** prohibiting employees from striking.
그 나라에는 종업원들의 파업을 금지하는 법이 있다.
the **law** of gravity 중력의 법칙

MVP lawyer n. 변호사
　　 lawful a. 합법적인
　　 ↔ unlawful a. 불법의, 비합법적인

0180 remedy
[rémədi]

n. 치료(약); 구제(책)
vt. 치료하다; 교정하다

Staying in bed is the best **remedy** for a cold.
누워 있는 것은 감기에 가장 좋은 치료 방법이다.
This evil must promptly be **remedied**.
이 악폐는 신속히 개선되어야만 한다.

0181 shave
[ʃeiv]

v. 면도하다
n. 면도

He **shaves** his beard every morning.
그는 매일 아침 수염을 깎는다.

MVP shaven a. 짧게 깎은, 면도한
　　 clean-shaven a. 말쑥하게 면도를 한

0182 upside-down
[ʌpsàid dáun]

a. 거꾸로 뒤집힌; 엉망인

All of the furniture in the house is **upside-down**.
이 집에 있는 모든 가구는 거꾸로 되어 있다.

0183 attic
[ǽtik]

n. 다락방

Anne Frank hid in an **attic** to avoid Nazi persecution.
안네 프랑크는 나치의 박해를 피하기 위해 다락방에 숨었다.

0184 glow
[glou]

vi. ① 빛나다 ② 붉어지다, 발개지다
n. ① 빛; 백열 ② 홍조, 윤기

Mother's eyes **glowed** with pleasure.
어머니의 눈은 기쁨에 빛나고 있었다.

His face **glowed** with embarrassment.
그는 곤혹스러워서 얼굴이 발개졌다.

the red **glow** of a neon sign 네온사인의 붉은 빛

0185 satisfy
[sǽtisfài]

v. 만족시키다, 충족시키다

We could not **satisfy** our professor with the answer.
우리는 그 대답으로 교수님을 만족시킬 수가 없었다.

MVP satisfaction n. 만족(감), 충족
satisfactory a. 만족스러운, 충분한

0186 headquarters
[hédkwɔ̀:rtərz]

n. 본사, 본부

Several companies have their **headquarters** in the area.
여러 회사가 본사를 그 지역에 두고 있다.

0187 rumor
[rú:mər]

n. 소문, 풍문

A **rumor** is circulating that he will change his job.
그가 이직할 것이라는 소문이 돌고 있다.

0188 depend
[dipénd]

vi. 의존하다, ~에 달려 있다[on, upon]

He **depended** upon his father for school expenses.
그는 학비를 아버지에게 의존했다.

Success **depends** upon your efforts.
성공은 네 자신의 노력에 달려 있다.

0189 promise
[prɑ́mis]

v. 약속하다
n. ① 약속 ② 가능성, 장래성

My friend **promised** not to tell anyone my secret.
내 친구는 어떤 이에게도 내 비밀을 말하지 않겠다고 약속했다.

Her work shows great **promise**.
그녀의 작품은 대단한 장래성을 보인다.

MVP make[keep, break] a promise 약속을 하다[지키다, 어기다]

0190 bury
[béri]

v. 묻다, 매장하다

Pharaohs were **buried** with food and furniture in their pyramids.
파라오는 피라미드에 음식과 가구와 함께 묻혔다.

0191 rest
[rest]

n. ① 휴식, 수면 ② 안정, 안심, 평안

I never get enough **rest** these days.
나는 요즘은 충분한 휴식을 취하지 못하고 있다.

take a complete **rest** 절대 안정하다

MVP ↔ unrest n. (사회·정치적인) 불안, 동요

0192 lung
[lʌŋ]

n. 폐, 허파

lung cancer 폐암
The **lungs** supply the body with oxygen.
폐는 몸에 산소를 공급한다.

0193 amateur
[ǽmətʃùər]

n. 아마추어, 비전문가
a. 아마추어인, 직업[전문]적이 아닌

Most of the street performers are **amateur** artists.
길거리 공연자들의 대부분은 아마추어 예술가들이다.

0194 multiply
[mʌ́ltəplài]

v. 증가[증대]시키다, 곱하다

Cigarette smoking **multiplies** the risk of cancer.
흡연은 암의 위험을 증대시킨다.

MVP multiple a. 다수의, 다양한, 복합적인; n. 배수
multiplication n. 증가; 곱셈

0195 foul
[faul]

a. ① 더러운, 역겨운; 악취 나는 ② 상스러운, 천한
n. (스포츠에서) 반칙

Foul air is harmful to health.
더러운 공기는 건강에 유해하다.

foul language 상스러운 말
He was awarded a penalty kick for the defender's **foul**.
그는 수비수의 반칙으로 페널티 킥을 부여받았다.

0196 theater
[θí(:)ətər]

n. 극장, 영화관

The **theater** emptied soon after the movie.
영화가 끝나자 곧 극장은 텅 비었다.

MVP amphitheater n. (고대 로마의) 원형 극장; 계단식 관람석

0197 bottom
[bátəm]

n. 아랫부분, 하부, 밑바닥

Footnotes are given at the **bottom** of each page.
각주는 각 페이지 맨 아랫부분에 제시되어 있다.

MVP footnote n. 각주(각 페이지 하단에 붙이는 주석)

0198 foremost
[fɔ́:rmòust]

a. ① 가장 중요한, 주목할 만한 ② 맨 먼저의, 선두의

He is one of the **foremost** scientists in this country.
그는 이 나라에서 가장 중요한 과학자들 중 한 명이다.

He was **foremost** among those who condemned the violence.
폭력 행위를 비난한 사람들의 맨 앞에 그가 있었다.

0199 behave
[bihéiv]

v. 행동하다, 처신하다

Polite children **behave** well in public places.
예의 바른 어린이들은 공공장소에서 올바르게 행동한다.

MVP behavior n. 행동, 품행

0200 deliver
[dilívər]

v. ① 배달하다, 전하다 ② (연설·강연 등을) 하다
③ 구해내다, 해방하다 ④ 분만하다

He is due to **deliver** a lecture on psychology.
그는 심리학에 대해 강연을 할 예정이다.

They prayed to God to **deliver** them from danger.
그들은 위험에서 구해달라고 신에게 기도했다.

She **delivered** a healthy girl after a long labor.
그녀는 오랜 진통 끝에 건강한 딸을 낳았다.

0201 fright
[frait]

n. 두려움, 놀람

The poor child was shaking with **fright**.
그 가여운 아이는 두려움에 덜덜 떨고 있었다.

MVP frightened a. 겁먹은, 무서워하는
frightening a. 무서운

0202 idle
[áidl]

a. ① 게으른, 나태한 ② 사용되지 않고 있는

an **idle** student 게으른 학생
An old machine remains **idle** in the room.
방 안에 있는 오래된 기계는 사용되지 않고 있다.

0203 etiquette
[étikit]

n. 예의, 예절

Each country has different table **etiquette**.
각 나라에는 다양한 식사 예절이 있습니다.

0204 electric
[iléktrik]

a. 전기의, 전자의

There are a lot of benefits to using **electric** buses.
전기 버스를 이용하는 것은 여러 가지 이점이 있다.

> **MVP** electrical a. 전기의, 전기를 이용하는
> electricity n. 전기, 전력

0205 breast
[brest]

n. (사람·동물의) 가슴, 흉부

put a new-born child to the **breast** 갓난아이에게 젖을 물리다

> **MVP** breast-feed vt. 모유를 먹이다
> breaststroke n. 평영

0206 rival
[ráivəl]

n. 경쟁자, 경쟁 상대
vt. ① 겨루다 ② (~에) 필적하다
a. 경쟁하는

The two young men **rivaled** each other in love.
두 젊은이는 서로 연적이 되어 겨루었다.

No one **rivals** him in Taekwondo.
태권도에서 그에게 필적할만한 사람은 없다.

0207 cloud
[klaud]

n. 구름, 먼지, 흐림

The sun peered from behind a **cloud**.
해가 구름 뒤에서 나타나기 시작했다.

> **MVP** cloudy a. 흐린, 구름이 잔뜩 낀
> a cloud of 큰 떼, 무리

0208 poem
[póuəm]

n. 시, 운문(韻文)

The **poem** was rhythmical because of the longs and shorts.
시는 장음절과 단음절들 때문에 운율이 있었다.

> **MVP** poet n. 시인
> poetic a. 시의, 시적인
> poetry n. (집합적) 시, 운문

0209 lone
[loun]

a. 혼자의; 고독한

She was the **lone** survivor of the plane crash.
그녀는 비행기 추락에서 혼자 살아남았다.

The **lone** traveler was glad to reach home.
그 고독한 나그네는 집에 오게 되어 기뻤다.

MVP lonely a. 외로운, 쓸쓸한
lonesome a. 외로운; 인적이 드문
alone a. (서술적) 홀로의, 혼자의, 고독한; ad. 홀로, 단독으로

0210 throw
[θrou]
(throw–threw–thrown)

v. 던지다, 팽개치다
n. 던지기

He **threw** the ball high.
그는 공을 높이 던졌다.

0211 offer
[ɔ́:fər]

v. ① 제공하다 ② 제의[제안]하다

Cable television companies **offer** many benefits.
케이블 TV 회사들은 많은 혜택을 제공한다.

I decided to **offer** the job to my friend.
나는 내 친구에게 일자리를 제안하기로 결정했다.

MVP offering n. 공물, 제물; 제공

0212 scent
[sent]

n. 냄새, 향기

The air was filled with the **scent** of wild flowers.
대기는 야생화 향기로 가득 차 있었다.

MVP scented a. 강한 향기가 나는, 향기로운
odor n. 냄새, 악취

0213 previous
[prí:viəs]

a. (시간·순서에서) 이전의, 앞의

He was unable to attend because of a **previous** engagement.
그는 선약이 있어서 참석할 수 없었다.

MVP previously ad. 이전에, 미리

0214 design
[dizáin]

v. 설계하다, 계획하다, 만들다

She **designed** her life immediately after graduation.
그녀는 졸업하자마자 자신의 삶을 설계했다.

0215 aim
[eim]

n. 목적, 목표
v. 겨누다, 노리다; 목표로 삼다

He has accomplished his **aims** in life.
그는 인생의 목표를 달성했다.

0216 miss
[mis]

vt. ① 놓치다, 지나치다, 빠뜨리다 ② 그리워하다

It is a pity that he should **miss** such a golden opportunity.
그가 이런 절호의 기회를 놓친다는 건 애석한 일이다.

She will be greatly **missed** when she leaves.
그녀가 떠나면 대단히 그리울 것이다.

0217 link
[liŋk]

vt. 연결하다, 관련시키다
n. 관련, 관계

The new bridge will **link** the island to the mainland.
새 다리는 그 섬과 본토를 연결할 것이다.

Physical health is closely **linked** to mental health.
육체 건강은 정신 건강과 밀접하게 관련이 있다.

Police suspect there may be a **link** between the two murders.
경찰은 두 살인사건 간에 관련이 있을지도 모른다고 생각하고 있다.

MVP linkage n. 결합, 연합

0218 bunch
[bʌntʃ]

n. ① 송이, 다발; 덩어리 ② (사람의) 무리, 떼

a **bunch** of grapes 포도 한 송이
A **bunch** of students made a public protest.
한 무리의 학생들이 공개적으로 이의를 제기했다.

0219 hint
[hint]

n. ① 힌트, 암시 ② 전조, 징후
vt. 넌지시 알려주다, 암시를 주다

There has been no **hint** of scandal during his time in office.
그의 재임 기간 중에는 스캔들의 조짐이 전혀 없었다.

He **hinted** his disapproval to me.
그는 나에게 반대 의사를 넌지시 알렸다.

0220 mark
[maːrk]

vt. ① 표시하다 ② 기념하다
n. 자국, 흔적; 표시

Prices are **marked** on the goods.
가격은 상품에 표시되어 있다.

a ceremony to **mark** the 50th anniversary of the end of the war
종전 50주년을 기념하는 기념식

The children left dirty **marks** all over the kitchen floor.
아이들이 부엌 바닥에 온통 더러운 자국을 남겼다.

0221 garnish
[gáːrniʃ]

vt. 장식하다, 꾸미다
n. (요리의) 고명, 곁들임

He **garnished** the beginning with a famous quote.
그는 유명 문구로 서두를 장식했다.

0222 household
[háushòuld]

n. 가정, 세대
a. 가족의, 가정의

About one out of five Korean **households** keep pets.
한국의 약 다섯 가구 중 한 가구는 애완동물을 키운다.

household chores 집안일

0223 key
[kiː]

n. ① 열쇠 ② 비결
a. 가장 중요한, 핵심적인

The **key** to success is hard work.
성공의 비결은 열심히 일하는 데 있다.

She played a **key** role in the dispute.
그녀는 그 논쟁에서 핵심적인 역할을 했다.

0224 butler
[bʌ́tlər]

n. 집사(執事), 급사장

The **butler** led the guest to the living room.
집사가 손님을 거실로 안내했다.

0225 grace
[greis]

n. ① 우아함, 품위 있음 ② 은혜, 은총

She dances with effortless **grace**.
그녀는 힘들이지 않고 우아하게 춤을 춘다.

divine **grace** 신의 은총

MVP graceful a. 우아한, 품위를 지키는

More Vocabulary Power

0226 touch [tʌtʃ]

v. ① 만지다, 닿다 ② 마음을 움직이다, 감동시키다

He has hardly **touched** the ball all game.
그는 경기 내내 공을 거의 만지지도 못했다.

Her story **touched** us all deeply.
그녀의 이야기는 우리 모두에게 깊은 감동을 주었다.

MVP touching a. 감동적인, 애처로운

0227 newborn [núbɔrn]

a. 갓 난, 신생의
n. 신생아

The father is very gentle with his **newborn** baby.
아버지는 갓 태어난 자식에게 아주 다정하다.

0228 tiny [táini]

a. 아주 작은, 조그마한

The war started off with a **tiny** accident.
전쟁은 아주 작은 사건에서 시작되었다.

0229 prey [prei]

n. 먹이; 희생(자)
vi. 잡아먹다[on, upon]

The goat has become the **prey** of a tiger.
그 염소는 호랑이 밥이 되었다.

An eagle **preys** on smaller birds and animals.
독수리는 작은 새와 동물을 잡아먹고 산다.

0230 reduce [ridjúːs]

v. (규모·크기·양 등을) 줄이다, 축소하다; 낮추다

Some plants have small leaves to **reduce** the loss of water.
어떤 식물들은 수분의 손실을 줄이기 위해 작은 잎을 가지고 있다.

reduce prices by[to] 100 dollars 값을 100달러로 내리다

MVP reduction n. 축소, 감소; 할인

0231 asthma [ǽzmə]

n. 천식

Pollution can aggravate **asthma**.
공해가 천식을 악화시킬 수 있다.

0232 electron [iléktran]

n. 전자

The **electrons** revolve around the nucleus.
전자들은 핵의 주위를 돈다.

MVP electronic a. 전자의

0233 **bald** [bɔːld]

a. ① 대머리의, 머리가 벗겨진 ② 단도직입적인, 노골적인

His hairline recedes as he grows **bald**.
대머리가 되어가면서 그의 이마선이 뒤로 넘어간다.

MVP baldness n. 대머리임; 노골적임
baldly ad. 단도직입적으로, 노골적으로
bold a. 대담한, 용감한

0234 **bush** [buʃ]

n. 관목, 수풀, 덤불

Coffee beans grow on a **bush**.
커피 열매는 관목에서 자란다.

0235 **tale** [teil]

n. 이야기, 소설

Children like **tales** of marvelous things.
아이들은 경이로운 일에 대한 이야기를 좋아한다.

0236 **mileage** [máilidʒ]

n. ① 주행 거리, 마일 수 ② 이득, 이용

He gets a **mileage** allowance if he uses his car for work.
그는 자신의 차를 업무용으로 쓰면 주행 거리 당 수당을 받는다.

MVP get full[good] mileage out of ~을 충분히 이용하다

0237 **outlay** [áutlèi]

n. 경비, 지출

He needs to cut down his daily **outlays**.
그는 하루 지출을 줄여야 한다.

0238 **ready** [rédi]

a. ① 준비가 된, 즉시[쉽게] 이용할 수 있는 ② 기꺼이 ~하는

The offices will be **ready** for occupation in July.
사무실들이 7월이면 사용할 수 있도록 준비가 될 것이다.

He's always **ready** to help his friends.
그는 항상 기꺼이 친구들을 도우려고 한다.

MVP readily ad. 손쉽게, 순조롭게; 기꺼이
readiness n. 준비가 되어 있음; 기꺼이 하려는 상태

0239 **heavy** [hévi]

a. ① 무거운 ② 많은[심한]

She was struggling with a **heavy** suitcase.
그녀는 무거운 여행 가방을 가지고 낑낑거리고 있었다.

the noise of **heavy** traffic 많은 차들의 소음

0240 inform
[infɔ́:rm]

v. 알리다, 통지하다

The doctor should **inform** the patient of the truth.
의사는 환자에게 진실을 알려줘야 한다.

> **MVP** information n. 정보, 소식
> informant n. 정보 제공자
> informative a. 유용한 정보를 주는, 유익한

0241 laugh
[læf]

v. 웃다
n. 웃음, 웃음소리

She **laughed** to cover her nervousness.
그녀는 초조감을 감추려고 웃었다.

burst into a **laugh** 웃음을 터뜨리다

> **MVP** laugh at 비웃다
> laughter n. 웃음; 웃음소리

0242 federal
[fédərəl]

a. 연방제의; 연방 정부의

Independent America had a **federal** government.
독립을 이룬 미국은 연방 정부를 구성했다.

0243 thrive
[θraiv]

vi. ① 번영[번창]하다 ② (동·식물이) 잘 자라다, 무성하다

New businesses are **thriving** in this area.
이 지역에서는 새로운 사업들이 번창하고 있다.

Sheep do not **thrive** in Siberia.
시베리아에서는 양이 잘 자라지 않는다.

0244 shadow
[ʃǽdou]

n. 그림자, 그늘
vt. 그늘지게 하다

The ship's sail cast a **shadow** on the water.
배의 돛이 물 위에 그림자를 드리우고 있었다.

> **MVP** shadowy a. 그늘이 진, 어둑어둑한

0245 ray
[rei]

n. 광선, 빛

ultraviolet **rays** 자외선

0246 scissors
[sízərz]

n. 가위

The hairdresser clipped her hair with **scissors**.
미용사는 가위로 그녀의 머리를 잘랐다.

0247 complain
[kəmpléin]

v. 불평하다, 항의하다

She is always **complaining** about something.
그녀는 항상 뭔가에 대해 불평하고 있다.

The defendant **complained** of intimidation during the investigation.
피고는 조사 과정 중에 협박이 있었다고 항의했다.

0248 bounce
[bauns]

v. 튀다, 뛰어오르다

The ball **bounced** back from the wall.
공이 벽에 맞고 되튀어 왔다.

0249 journey
[dʒə́ːrni]

n. 여행, 여정

They were on a **journey** to Europe.
그들은 유럽 여행 중이었다.

0250 mayor
[méiər]

n. 시장(市長)

Some rich people backed a politician running for **mayor**.
몇몇 부자들이 시장선거에 출마하는 어떤 정치인을 후원했다.

0251 giant
[dʒáiənt]

n. 거인
a. 거대한

The building will be part of a **giant** amusement park.
그 건물은 거대한 놀이공원의 일부가 될 것이다.

0252 executive
[igzékjutiv]

n. ① 경영진, 중역 ② (the ~) 행정부
a. ① 경영의, 운영의 ② 행정의, 집행의

He is the chief **executive** of the company.
그는 그 회사의 최고 경영자이다.

Executive power is held by the president.
집행권은 대통령에게 있다.

0253 prepare
[pripɛ́ər]

v. 준비하다, 대비하다

My wife **prepared** special food on my birthday.
내 아내는 나의 생일에 특별한 음식을 준비했다.

We are saving money to **prepare** for our old age.
우리는 노후에 대비하기 위해 저축을 하고 있다.

MVP preparation n. 준비, 대비
preparatory a. 준비의, 예비의
prepared a. 준비[각오]가 되어 있는

0254 **pope**
[poup]

n. (가톨릭교의) 교황

The **Pope** lives in Vatican city.
교황은 바티칸에 산다.

MVP bishop n. 주교
cardinal n. 추기경

0255 **wit**
[wit]

n. 기지, 재치

She dealt with the customer's inquiries with **wit**.
그녀는 손님의 물음에 재치 있게 대답했다.

MVP witty a. 재치 있는

0256 **mad**
[mæd]

a. ① 미친 ② 몹시 화가 난

Some of his actions look like the **mad** man's.
그의 몇몇 행동들은 마치 미친 사람처럼 보인다.

Telling a lie drives him **mad** no matter what it is.
어떤 것이든지 거짓말을 하면 그는 대단히 화를 낸다.

0257 **cabin**
[kǽbin]

n. ① 객실; 선실 ② 작은 집, 오두막집

Smoking is strictly prohibited in the **cabin**.
기내에서는 흡연이 엄격히 금지되어 있다.

MVP cabin crew (항공기의) 승무원

0258 **realize**
[ríːəlàiz]

v. ① 깨닫다 ② 실현[달성]하다

He fully **realized** that he was the cause of the accident.
그는 사고 원인이 자신에게 있음을 충분히 자각했다.

The dream can be **realized** more easily than you imagine.
꿈은 상상하는 것보다 훨씬 쉽게 실현될 수 있다.

MVP realization n. 깨달음, 인식; 실현
self-realization n. 자아[자기] 실현

0259 platform
[plǽtfɔːrm]

n. ① (기차역의) 플랫폼 ② 단, 연단

The train for Busan will depart from **platform** 4 at 2 p.m.
부산행 기차는 오후 2시에 4번 플랫폼에서 출발할 것이다.

He mounted the **platform** and addressed the crowd.
그가 연단에 올라가 군중을 향해 연설을 했다.

0260 remind
[rimáind]

vt. 생각나게 하다, 상기시키다

You **remind** me of your father.
너를 보면 너의 아버지 생각이 난다.

Remind me to phone Jane before I go out.
내가 나가기 전에 제인에게 전화하라고 얘기 좀 해줘.

MVP reminder n. 생각나게 하는 사람[것]

0261 headache
[hédèik]

n. 두통

The treatment failed to cure his **headache**.
그 치료법으로는 그의 두통을 고치지 못했다.

0262 nuclear
[njúːkliər]

a. 핵의, 핵무기의, 원자력의

a **nuclear** weapon 핵무기
a **nuclear** power station 원자력 발전소
Nuclear energy is used to produce electricity.
원자력은 전력 생산에 사용된다.

MVP nucleus n. 핵

0263 hold
[hould]
(hold-held-held)

v. ① 잡고[들고] 있다 ② 견디다, 지탱하다 ③ 유지하다

The girl **held** her father's hand tightly.
그 소녀는 아버지의 손을 꼭 잡고 있었다.

The shelf will not **hold** much weight.
그 선반은 너무 무거운 것을 견디지 못한다.

0264 thin
[θin]

a. 얇은; 마른

She cut the cheese into **thin** slices.
그녀는 치즈를 얇은 조각으로 썰었다.

She looks pale and **thin** in the face.
그녀는 얼굴이 창백하고 말라 보인다.

0265 access
[ǽkses]

n. (장소로의) 입장[접근]; 접근 방법
vt. (컴퓨터에) 접속하다; 접근하다

The road gives good **access** to the freeway.
그 길로 가면 고속도로로 나가가기 쉽다.

0266 exposure
[ikspóuʒər]

n. ① 노출 ② 폭로

Exposure to the sun ages the skin.
햇볕에 노출되면 피부가 노화된다.
a public **exposure** 공연한 폭로

MVP expose vt. 드러내다, 노출시키다; 폭로하다

0267 fat
[fæt]

a. 살찐, 뚱뚱한
n. 지방

Although he is so **fat**, he is a good swimmer.
그는 매우 뚱뚱하지만 수영을 잘한다.

0268 neural
[njúərəl]

a. 신경(계통)의

Some people suffered **neural** damage as a result of the vaccination.
어떤 사람들이 예방 접종의 결과로 신경 손상을 입었다.

0269 bronze
[branz]

n. 청동; 구리 합금

a figure cast in **bronze** 청동으로 주조한 상

0270 knight
[nait]

n. 기사

He was a great **knight** in the Middle Ages.
그는 중세 시대의 훌륭한 기사였다.

0271 similar
[símələr]

a. 비슷한, 유사한, 닮은

Oboes are **similar** in size and shape to clarinets.
오보에는 크기와 모양이 클라리넷과 비슷하다.

MVP similarity n. 유사성; 닮음

0272 artifact
[ɑ́:rtəfækt]

n. 인공물, 공예품; 인공 유물

a world expert in ancient Egyptian **artifacts**
고대 이집트 유물에 대한 세계적인 전문가

0273 bond
[bɑːnd]

n. ① 유대, 맺음; 속박 ② 계약, 동맹

the special **bond** between mother and child
모자 사이의 특별한 유대

MVP enter into a bond with ~과 동맹[계약]을 맺다

0274 fond
[fand]

a. ① 좋아하는, 애정을 느끼는 ② 상냥한, 다정한

Over the years, he has grown **fond** of her gradually.
시간이 지나면서 그는 서서히 그녀를 좋아하게 되었다.
a **fond** smile 다정한 미소

MVP be fond of ~을 좋아하다
fondly ad. 애정을 듬뿍 담고; 허황되게

0275 front
[frʌnt]

n. 앞면, 앞쪽
a. 앞쪽의

The **front** of the car was badly damaged.
그 차의 앞부분이 심하게 손상되어 있었다.

MVP in front of ~의 앞에

0276 overhead
[óuvərhéd]

ad. 머리 위에, 하늘 높이
a. 머리 위의

Planes flew **overhead** constantly.
머리 위로 계속 비행기들이 날아다녔다.
They're placing the bags into the **overhead** compartment.
그들은 머리 위의 짐칸으로 가방을 올리고 있다.

0277 dish
[diʃ]

n. ① 접시, 식기류 ② 요리

clear away the **dishes** on the table 식탁에 있는 식기를 치우다
My favorite **dish** is fried chicken.
내가 가장 좋아하는 요리는 닭튀김이다.

0278 case
[keis]

n. ① 경우, 사례 ② (소송) 사건

In **case** of a fire, you should activate the fire alarm.
불이 나면 화재경보기를 작동시켜야 한다.
Interpol is involved in several international criminal **cases**.
인터폴은 여러 국제 형사 사건에 관여하고 있다.

MVP in case of ~이 발생할 시에는
case by case 개별적으로, 사례별로

0279 romantic
[rouméntik]

a. ① 로맨틱한, 낭만적인 ② 연애[애정]의

His performance on the violin created a **romantic** atmosphere.
그의 바이올린 연주는 낭만적 분위기를 연출했다.

She usually reads **romantic** novels.
그녀는 주로 연애 소설을 읽는다.

MVP romance n. 연애, 로맨스

0280 persuade
[pərswéid]

vt. 설득하다, 설득하여 ~하게 하다

She **persuaded** me to forgive him.
그녀는 그를 용서하도록 나를 설득했다.

MVP persuasion n. 설득; 신념
persuasive a. 설득력 있는

0281 allergy
[ǽlərdʒi]

n. ① 알레르기, 이상 민감증 ② 반감, 혐오

She has an **allergy** to pollen.
그녀는 꽃가루 알레르기가 있다.

0282 international
[ìntərnǽʃənəl]

a. 국제적인

English is still the **international** language of business.
영어는 여전히 국제적인 비즈니스 언어다.

0283 reason
[ríːzn]

n. ① 이유, 근거 ② 이성
v. 판단하다, 추리[추론]하다

She resigned for personal **reason**.
그녀는 개인적인 이유로 사직했다.

Only human beings are capable of **reason**.
오직 인간만이 이성적인 생각을 할 수 있다.

We **reasoned** that he was guilty.
우리는 그가 유죄라고 판단했다.

0284 fence
[fens]

n. 울타리, 담

He hurt his leg on a barb-wired **fence**.
그는 가시 철조망 울타리에 다리를 다쳤다.

0285 isolate
[áisəlèit]

vt. 고립시키다, 격리하다, 분리하다

The people with contagious diseases were **isolated** immediately.
전염병 환자는 즉시 격리되었다.

MVP isolation n. 고립, 분리, 격리

0286 invite
[inváit]

v. ① 초대하다 ② 초래하다, 일으키다

She **invited** me to her house with gratitude.
그녀는 감사의 뜻으로 나를 자기 집으로 초대했다.

His carelessness **invited** the disaster.
그의 부주의가 재앙을 초래했다.

MVP invitation n. 초대, 초청; 초대장

0287 forget
[fərgét]
(forget-forgot-forgotten)

v. 잊다

I nearly **forgot** that I promised to come.
간다고 약속한 것을 하마터면 잊을 뻔했다.

0288 throat
[θrout]

n. 목, 목구멍

The smoke from the fire burned her **throat** and eyes.
화재에서 발생한 연기로 그녀의 목과 눈이 화끈거렸다.

MVP throaty a. 목이 쉰 듯한
sore throat 인후염

0289 bill
[bil]

n. ① 고지서, 청구서, 계산서 ② 지폐 ③ 법안, 의안

She always pays her **bills** on time.
그녀는 항상 고지서 요금을 제때 납부한다.

A **bill** becomes a law when it passes the Parliament.
법안이 국회를 통과하면 법률이 된다.

0290 rude
[ru:d]

a. 버릇없는, 무례한

The man was downright **rude** to us.
그 남자는 우리에게 노골적으로 무례하게 굴었다.

MVP rudely ad. 무례하게, 예의 없이

0291 convention
[kənvénʃən]

n. ① 협의회, 대회 ② 관습, 관례

A new platform was adopted at the party **convention**.
당 대회에서 새로운 강령이 채택되었다.

break social **convention** 사회적인 통념을 깨다

MVP convene v. (회의 등을) 소집하다, 회합하다

0292 smoke
[smouk]

n. 연기
v. ① 연기를 내뿜다 ② 담배를 피우다

The room is clouded with **smoke**.
방안에 연기가 자욱하다.

He was **smoking** a large cigar.
그는 커다란 시가를 피우고 있었다.

MVP smoky a. 연기가 자욱한

0293 prosperous
[prɑ́spərəs]

a. 번영하는, 번창한; 부유한

His business is becoming more **prosperous** each day.
그의 사업은 날로 번창하고 있다.

MVP prosper v. 번영하다, 번창하다
prosperity n. 번영, 번창

0294 cousin
[kʌ́zn]

n. 사촌, 친척, 일가

Cousins are near relatives.
사촌은 가까운 친척이다.

MVP ancestor n. 조상, 선조
descendant n. 후손

0295 soft
[sɔːft]

a. ① 부드러운 ② 가벼운, 약한

The flesh of fish is very **soft** to eat.
생선살은 먹기에 아주 부드럽다.

A **soft** breeze rustled the trees.
가벼운 미풍이 나무를 살랑살랑 흔들었다.

MVP soften v. 부드럽게 하다

0296 royal
[rɔ́iəl]

a. ① 국왕[여왕]의 ② 성대한, 장엄한

The **royal** family thinks people should do their duty.
왕실은 국민들이 각자의 의무를 다해야 한다고 생각한다.

We were given a **royal** welcome.
우리는 성대한 환영을 받았다.

MVP royalty n. 왕족(들); 인세, 저작권 사용료

0297 loop
[luːp]

n. 고리, 올가미

He tied a **loop** of rope around his arm.
그가 자기 팔에 밧줄을 고리 모양으로 감았다.

0298 **construction**
[kənstrʌkʃən]

n. 건조, 건설, 건축

a bridge of steel **construction** 철근 구조로 만든 다리

> **MVP** construct vt. 건설하다; 구성하다

0299 **urban**
[ə́:rbən]

a. 도시의, 도회지의

Air pollution is serious in **urban** areas.
도시 지역의 대기오염은 심각하다.

> **MVP** urbanize vt. 도시화하다
> urbanization n. 도시화
> urbanite n. 도시인, 도회인
> ↔ rural a. 시골의, 지방의

0300 **brick**
[brik]

n. 벽돌

The house is built of **brick**.
그 집은 벽돌로 지어졌다.

0301 **pin**
[pin]

n. (고정시키는 데 쓰는) 핀
vt. ① (핀 등으로) 꽂다, 고정시키다 ② 꼼짝 못하게 하다

She **pinned** the badge onto her jacket.
그녀는 그 배지를 재킷에 꽂았다.

They **pinned** him against a wall and stole his wallet.
그들은 그를 벽에 밀어붙여 꼼짝 못하게 하고는 그의 지갑을 훔쳤다.

0302 **limit**
[límit]

n. ① 한계, 제한 ② (pl.) 범위, 구역
vt. 한정하다, 제한하다

He exceeded the speed **limit**.
그는 제한속도를 넘었다.

Smoking is not permitted within school **limits**.
교내에서는 담배를 못 피우게 되어 있다.

> **MVP** limitation n. 한계, 제한

0303 **fairy**
[féəri]

n. 요정
a. 요정의, 요정 같은

The **fairy** changed a pumpkin into a coach.
요정은 호박을 마차로 변하게 했다.

> **MVP** fairy tale[story] 동화; 꾸민 이야기

0304 cathedral [kəθíːdrəl]

n. 대성당

The **cathedral** was reconstructed after the fire.
그 대성당은 화재 이후 재건축되었다.

0305 hole [houl]

n. ① 구멍; 구덩이 ② 허점

The children climbed through a **hole** in the fence.
아이들은 울타리에 난 구멍으로 기어 들어갔다.

The theory is full of **holes**.
그 이론은 허점투성이다.

0306 handsome [hǽnsəm]

a. 잘생긴, 당당한

He's the most **handsome** man I've ever met.
그는 내가 만나본 가장 잘생긴 남자이다.

0307 shame [ʃeim]

n. 부끄러움, 수치심, 창피

I stared down at my feet in **shame**.
나는 부끄러워서 내 발만 내려다봤다.

MVP shameful a. 수치스러운, 창피한
shameless a. 창피한 줄 모르는, 파렴치한

0308 architecture [áːrkɪtèktʃər]

n. 건축(술), 건축학

create a new type of **architecture** 새로운 건축 양식을 창조하다

MVP architect n. 건축가

0309 patient [péiʃənt]

a. 참을성 있는, 인내심 있는
n. 환자

He became more **patient** as he grew older.
그는 나이가 들면서 참을성이 많아졌다.

The doctor put her **patient** under close observation.
의사는 환자를 자세히 진찰했다.

MVP patience n. 참을성, 인내심
↔ impatient a. 참을성 없는, 안달하는

0310 slope
[sloup]

n. 경사(도), 기울기
v. 경사지다, 비탈지다

She watched his slow progress down the steep **slope**.
그녀는 그가 가파른 경사를 천천히 내려가는 모습을 지켜보았다.

The garden **slopes** away towards the river.
그 정원은 강 쪽으로 경사져 있다.

0311 relief
[rilíːf]

n. ① 안도, 안심 ② 경감, 완화

News of their safety came as a great **relief**.
그들이 안전하다는 소식은 큰 안도감을 주었다.

the **relief** of suffering 고통 경감

0312 auditory
[ɔ́ːditɔ̀ːri]

a. 귀의, 청각의

Listening to loud music can cause **auditory** difficulties.
시끄러운 음악을 듣는 것은 청각 장애를 일으킬 수 있다.

MVP five senses: sight, hearing, touch, smell, taste

0313 male
[meil]

a. 남성[남자]의; 수컷의
n. 남성, 남자; 수컷

The **male** bird is easily distinguishable from the female.
그 새의 수컷은 암컷과 쉽게 구별이 된다.

MVP ↔ female a. 여성[여자]의; 암컷의; n. 여성, 여자; 암컷

0314 develop
[divéləp]

v. 성장[발달]하다, 개발하다

Swimming **develops** many different muscles.
수영은 몸의 여러 근육을 발달시킨다.

develop natural resources 천연자원을 개발하다

MVP development n. 발달, 개발

0315 citizen
[sítəzən]

n. 시민, 주민

Every **citizen** has civil rights and duties.
모든 시민은 시민권과 의무를 갖고 있다.

MVP citizenhood n. 시민[민간인] 신분

0316 handshake
[hǽndʃèik]

n. 악수

The two men greeted each other with a **handshake**.
두 사람은 악수로 서로 인사를 건넸다.

0317 dew
[djuː]

n. 이슬

The grass was wet with early morning **dew**.
풀이 이른 아침 이슬에 젖어있었다.

0318 list
[list]

n. 목록, 명단
v. 리스트를 작성하다, 열거하다

Towns in the guide are **listed** alphabetically.
여행 안내서에 나오는 도시들은 알파벳순으로 열거되어 있다.

0319 constraint
[kənstréint]

n. 강제, 제한, 억제

impose **constraints** on a troubled student
비행 청소년에게 제약을 가하다

> **MVP** by constraint 억지로, 강제로
> under constraint 마지못해, 압박을 받아
> constrain vt. 강제하다, 강요하다

0320 fill
[fil]

v. 채우다, 가득 차다

Her study is **filled** with books.
그녀의 서재는 책으로 가득하다.

> **MVP** be filled with ~로 가득 차다

0321 output
[áutpùt]

n. ① 생산, 산출 ② 출력

Output should triple by next year.
내년이면 생산이 3배가 될 것이다.

an **output** of 100 watts 100와트의 출력

> **MVP** ↔ input n. 투입; 입력

0322 joy
[dʒɔi]

n. 기쁨, 즐거움, 환희

The parents felt **joy** at seeing their child begin to walk.
아기가 걷기 시작한 것을 보고 부모는 기뻤다.

> **MVP** joyful a. 아주 기뻐하는, 기쁨을 주는(= joyous)
> joyfully ad. 기쁘게, 기쁨에 차서

0323 packet
[pǽkit]

n. 통[갑, 곽], 한 상자, 꾸러미

a **packet** of biscuits 비스킷 한 통
A **packet** of photographs arrived with the mail.
편지와 함께 사진 꾸러미가 도착했다.

0324 map
[mæp]

n. 지도, 약도
vt. 지도를 만들다

The man is **mapping** the coastline.
남자가 해안선 지도를 그리고 있다.

0325 welfare
[wélfɛər]

n. 복지, 행복

Dairying can play an important role in improving rural **welfare**.
낙농업은 농촌의 복지를 향상시키는 데 중요한 역할을 할 수 있다.

Parents are anxious for the **welfare** of their children.
부모는 자식의 행복을 열망한다.

MVP well-being n. 행복, 안녕, 복지

0326 instance
[ínstəns]

n. 사례, 경우

The report highlights a number of **instances** of injustice.
그 보고서는 여러 불평등한 사례들을 강조하고 있다.

MVP for instance 예를 들어

0327 companion
[kəmpǽnjən]

n. 동료, 친구

his brave **companion** in arms 그의 용감한 전우

MVP companionship n. 동료애, 우정

0328 steal
[sti:l]
(steal-stole-stolen)

v. 훔치다, 도둑질하다

We found out he'd been **stealing** from us for years.
우리는 그가 오랫동안 우리 것을 훔쳐왔다는 것을 알게 되었다.

MVP stealth n. 잠행, 은밀, 비밀

0329 deaf
[def]

a. 귀가 먹은, 청각 장애가 있는

The **deaf** communicate with sign language.
청각 장애인들은 수화로 의사소통을 한다.

0330 lesson
[lésn]

n. ① 수업 ② 교훈

This failure was a good **lesson** to all of us.
이번 실패는 우리 모두에게 좋은 교훈이었다.

0331 ahead
[əhéd]

ad. 앞쪽에, 앞에; (시간적으로) 앞서서

The road **ahead** was blocked.
앞쪽 도로가 막혀 있었다.

MVP ahead of ~앞에, ~보다 빨리

0332 certain
[sə́:rtn]

a. ① 확실한, 틀림없는 ② 어떤, 특정한; 얼마간의

infer a result from a **certain** fact 어떤 사실에서 결과를 추론하다

MVP certainty n. 확실성
certainly ad. 확실히, 반드시
↔ uncertain a. 불확실한, 분명하지 않은

0333 forebear
[fɔ́:rbɛər]

n. 조상, 선조

The **forebear** of the man was the king of Scotland.
그 남자의 조상은 스코틀랜드의 왕이었다.

MVP ancestor n. 조상, 선조
forbear v. 참다, 삼가다

0334 delicious
[dilíʃəs]

a. ① (매우) 맛좋은, 맛있는 ② 상쾌한, 즐거운

Korean foods are **delicious** and healthy.
한국 음식은 맛있고 건강에 좋다.

MVP flavorful a. 풍미 있는, 맛좋은(= tasty)
savory a. 맛좋은; 기분 좋은

0335 cape
[keip]

n. ① 망토 ② 곶, 갑(岬)

The **cape** enveloped the baby completely.
망토로 아기를 완전히 감쌌다.

a **cape** shooting out into the sea 바다에 돌출해 있는 갑

0336 classic
[klǽsik]

a. ① 일류의, 최고 수준의 ② 전형적인, 대표적인
③ 고전적인, 유행을 안 타는
n. ① 고전 (작품) ② 일류의 작가[작품]

modern **classic** writers 현대의 일류 작가들
a **classic** example of poor communication
잘못된 의사소통의 대표적인 예

English **classics** such as *Jane Eyre*
『제인 에어』와 같은 영문학 고전

0337 underground
[ʌ́ndərgràund]

a. ad. ① 지하의[에] ② 비밀의[히]
n. ① 지하철 ② 지하 조직[운동]

He discovered several **underground** caves.
그는 몇 개의 지하 동굴을 발견했다.

He is a member of an **underground** crime network.
그는 비밀 범죄 조직의 일원이다.

> **MVP** subway n. (미) 지하철; (영) 지하도
> metro n. (파리나 워싱턴 D.C. 등의) 지하철
> tube n. (런던의) 지하철
> ↔ overground a. ad. 지상의[에서]

0338 place
[pleis]

n. ① 장소, 곳 ② 자리
vt. 놓다, 두다

Smoking is prohibited in most public **places** in the United States.
미국의 대부분 공공장소에서는 흡연이 금지되고 있다.

There are very few **places** left on the course.
그 강좌에는 자리가 거의 얼마 안 남았다.

Many people **place** too much value on money.
많은 사람들이 돈에 너무 큰 비중을 둔다.

> **MVP** out of place 제자리에 있지 않은; 부적절한

0339 suitcase
[súːtkèis]

n. 여행 가방

A customs official examined the contents of my **suitcase**.
세관원이 내 여행 가방의 내용물을 조사했다.

0340 paradise
[pǽrədàis]

n. ① 천국, (지상) 낙원 ② 완벽한 행복

Hawaii is often referred to as the **paradise** of the Pacific.
하와이는 흔히 태평양의 낙원이라고 한다.

0341 disposal
[dispóuzəl]

n. 처리, 처분

the **disposal** of nuclear waste 핵폐기물 처리

0342 outstretch
[autstrétʃ]

vt. 펴다, 뻗다; 확장하다

He ran towards her with arms **outstretched**.
그는 두 팔을 한껏 뻗으며 그녀를 향해 달려갔다.

> **MVP** outstretched a. 한껏 뻗은

0343 nature
[néitʃər]

n. ① 자연 ② 본질, 본성, 천성

The destruction of **nature** on this island is very serious.
이 섬의 자연 파괴는 매우 심각하다.

She is very sensitive by **nature**.
그녀는 천성적으로 매우 예민하다.

MVP natural a. 자연의; 타고난, 천부의

0344 serious
[síəriəs]

a. 심각한, 중대한, 진지한

Spending global resources too fast will lead to **serious** problems.
세계 자원의 급속한 소진은 심각한 문제를 일으킬 것이다.

Getting married is a **serious** undertaking.
결혼을 하는 것은 중대한 일이다.

0345 anchor
[ǽŋkər]

n. ① 닻, 고정 장치 ② 믿고 의지하는 것
v. ① 닻을 내리다, 정박하다
② 고정시키다, ~에 단단히 기반을 두다

The ship cast an **anchor** to windward.
배가 바람 부는 쪽에 닻을 내렸다.

His novels are **anchored** in everyday experience.
그의 소설은 일상적인 경험에 단단히 기반을 두고 있다.

0346 conclude
[kənklúːd]

v. 끝내다, 결론을 내리다

He **concluded** his speech by quoting a passage from Shakespeare.
그는 셰익스피어의 한 구절을 인용함으로써 연설을 마쳤다.

I **concluded** him to be honest.
나는 그가 정직하다고 결론지었다.

MVP conclusion n. 결말, 종결

0347 freight
[freit]

n. 화물; 화물 운송
vt. ~에 화물을 싣다; 운송하다

Our company usually sends products by sea **freight**.
우리 회사는 보통 해상 화물로 상품을 보낸다.

freight a boat with fruit 배에 과일을 싣다

0348 port
[pɔːrt]

n. 항구

No ship can leave **port** in stormy weather.
폭풍우 치는 날씨에는 어떤 배도 항구를 떠날 수 없다.

MVP haven n. 항구, 정박지; 안식처, 피난처

0349 delight
[diláit]

n. 기쁨, 즐거움
v. 기쁘게 하다, 즐겁게 하다

His visit was a great **delight** to the students.
그의 방문은 그 학생들에게 큰 기쁨이었다.

This news will **delight** his fans all over the world.
이 소식은 전 세계 있는 그의 팬들을 기쁘게 해줄 것이다.

0350 dare
[dɛər]

v. ~할 용기가 있다, 감히 ~하다
n. 도전

dare to do a bungee jump 용감하게 번지 점프를 하다

0351 company
[kʌ́mpəni]

n. ① 교제; 동석; 함께 있음 ② 친구 ③ 회사

Will you favor me with your **company** at dinner?
같이 식사를 할 수 있겠습니까?

He's been working for this **company** for 20 years.
그는 20년 동안 이 회사에서 일하고 있었다.

> **MVP** in the company of ~와 함께, ~의 면전에서(= in one's company)

0352 pave
[peiv]

vt. (아스팔트·돌 등으로) 포장하다

They **paved** the field with cement to make a parking lot.
그들은 주차장을 만들기 위해 들판을 시멘트로 포장했다.

> **MVP** pavement n. 포장도로; 인도, 보도
> pave the way for ~에의 길을 열다; ~을 가능[용이]하게 하다

0353 courage
[kə́:ridʒ]

n. 용기, 담력, 배짱

Courage helped him to win the game.
용기를 낸 덕분에 그는 그 경기에서 이길 수 있었다.

0354 cause
[kɔːz]

vt. 일으키다, 야기하다
n. 원인, 이유, 근거

These factors **caused** much racial tension.
이러한 요인들이 많은 인종 갈등을 야기했다.

A storm was the **cause** of a bad harvest.
태풍이 흉작의 원인이었다.

> **MVP** causal a. 인과 관계의

0355 splash
[splæʃ]

v. ① (물·흙탕 등을) 튀기다 ② 첨벙거리다

My clothes were **splashed** with mud.
내 옷에 흙탕물이 튀었다.

The kids were **splashing** through the puddles.
그 아이들은 웅덩이에서 첨벙거리고 있었다.

MVP splashy a. 튀기는, 덤벙거리는
puddle n. 물웅덩이

0356 row
[rou]

n. 줄, 열

The vegetables were planted in neat **rows**.
그 채소들은 깔끔하게 줄을 맞춰 심어져 있었다.

MVP in a row 잇달아, 연이어

0357 alarm
[əlá:rm]

n. ① 경보(음), 경고 신호 ② 공포, 놀람
vt. ① ~을 깜짝 놀라게 하다 ② ~에게 경보하다

call off an air-raid **alarm** 공습경보를 해제하다

MVP set an alarm for 자명종을 ~시에 맞추다

0358 angle
[ǽŋgl]

n. ① 각도, 각 ② 모서리, 구석
v. (어떤 각도로) 굽히다

The corner of a square is a 90 degree **angle**.
사각형의 모서리는 90도이다.

0359 outdo
[àutdú]

vt. 능가하다

Sometimes small firms can **outdo** big business when it comes to customer care.
소비자 보호 측면에서는 때때로 작은 회사가 대기업을 능가할 수도 있다.

0360 tissue
[tíʃu:]

n. ① 〈생물〉 조직 ② 얇은 직물

Tissue transplants are used in the treatment of disease.
조직 이식은 병의 치료에 이용된다.

0361 cannon
[kǽnən]

n. 대포, (군용기의) 기관포

They fired their 30mm **cannons**.
그들은 30mm 대포를 발사했다.

0362 border
[bɔ́:rdər]

n. 국경, 경계, 가장자리

You need a passport to cross the **border**.
국경을 넘으려면 여권이 있어야 한다.

MVP border line 국경선, 경계선

0363 speech
[spi:tʃ]

n. ① 연설, 담화 ② 말하기, 발언

He delivered a **speech** for an audience.
그는 청중 앞에서 연설을 했다.

freedom of **speech** 언론의 자유

MVP speak v. 말하다, 이야기하다; 연설하다
speechless a. 말로 표현할 수 없는, 형언할 수 없는

0364 country
[kʌ́ntri]

n. ① 나라, 국가 ② 시골

Korea is my native **country**.
한국은 나의 모국이다.

He lives in the **country**.
그는 시골에 산다.

0365 explosion
[iksplóuʒən]

n. ① 폭발 ② 폭발적인 증가

Many people were injured in the **explosion**.
그 폭발 사고로 많은 사람들이 다쳤다.

a population **explosion** 인구 폭발, 급격한 인구 증가

MVP explode v. 폭발하다, 터지다
explosive a. 폭발성의, 폭발적인; n. 폭약

0366 supply
[səplái]

v. 공급하다, 제공하다
n. ① 공급, 지급 ② 보급품 ③ 재고(량), 저장량

Foreign governments **supplied** arms to the rebels.
외국 정부들이 그 반군들에게 무기를 제공했다.

Supplies of food were almost exhausted.
식량 재고가 거의 바닥났다.

0367 numerous
[njú:mərəs]

a. 매우 많은

The stars in the sky are too **numerous** to count.
하늘에 별이 너무 많아서 셀 수도 없다.

MVP number n. 수, 숫자; v. 세다; 총계 ~이 되다
numeral n. 숫자; a. 수의

0368 president
[prézədənt]

n. ① 대통령 ② 회장

He was elected **president**.
그가 대통령에 당선되었다.

The company **president** has named his daughter as his successor.
회장은 자신의 딸을 후계자로 지목했다.

MVP presidential a. 대통령의

0369 relay
[ríːlei]

n. ① 교대, 교체 ② 릴레이 경주, 계주
v. ① 전달하다 ② 중계하다

work in **relays** 교대제로 일하다

He **relayed** the message to his boss.
그는 그 메시지를 사장에게 전달했다.

The game was **relayed** by satellite to audiences all over the world.
그 경기는 위성을 통해 전 세계 시청자들에게 중계되었다.

0370 individual
[indəvídʒuəl]

a. ① 개인적인 ② 독특한
n. 개인

There are **individual** differences in academic ability.
학습 능력에 개인적인 차이가 있다.

MVP individuality n. 개성, 특성

0371 star
[staːr]

n. ① 별, 항성 ② 스타, 유명인
v. 주연을 맡다

a movie **starring** Tom Cruise and Demi Moore
톰 크루즈와 데미 무어가 주연을 맡은 영화

0372 stitch
[stitʃ]

n. ① 바늘땀[코] ② (수술로 기운) 바늘
v. ① 바느질하다, 꿰매다 ② (상처를) 봉합하다

A **stitch** in time saves nine.
제때의 바늘 한번이 아홉 바느질을 던다.

The cut needed eight **stitches**.
그 자상은 여덟 바늘을 기워야 했다.

Her wedding dress was **stitched** by hand.
그녀의 웨딩드레스는 손으로 바느질한 것이었다.

The doctor **stitched** up the wound.
의사는 상처를 봉합했다.

0373 watch
[wɑtʃ]

v. 보다, 지켜보다, 주시하다
n. ① 손목[회중]시계 ② 주시, 감시

She **watched** the kids playing in the yard.
그녀는 아이들이 마당에서 노는 것을 지켜보았다.
under close **watch** 엄중한 감시하에

> **MVP** watchful a. 지켜보는, 신경 쓰는
> watchfulness n. 조심함, 경계함

0374 vision
[víʒən]

n. ① 시력, 시각 ② 선견지명, 통찰력

Most people with normal **vision** can see 1 million colors.
정상 시력을 가진 대부분의 사람들은 100만개의 색을 볼 수 있다.

She had the **vision** to make wise investments several years ago.
그녀는 선견지명을 가지고 몇 년 전에 현명한 투자를 했다.

> **MVP** visual a. 시각의
> visionary a. 통찰력이 있는; 환영[환상]의
> visualize v. 시각화하다; 마음속에 그리다

0375 conversely
[kənvə́ːrsli]

ad. 정반대로, 역으로

You can add the fluid to the powder, or, **conversely**, the powder to the fluid.
그 가루에 그 액체를 부을 수도 있고, 역으로 그 액체에 가루를 넣어도 된다.

> **MVP** converse vi. 대화[이야기]를 나누다; n. 반대, 역(逆)

0376 cardiac
[kɑ́ːrdiæk]

a. 심장(병)의

A middle-aged man died of **cardiac** arrest.
중년의 남성이 심장마비로 사망했다.

> **MVP** cardiology n. 심장학
> cardiologist n. 심장 전문의

0377 special
[spéʃəl]

a. 특별한, 특수한

Some flowers, such as the rose, require **special** care.
어떤 꽃, 예컨대 장미는 특별한 보살핌을 필요로 한다.

> **MVP** specialize v. 전공하다, 전문적으로 다루다
> specialist n. 전문가
> specialty n. 특수성; 전문, 전공; 특산품

0378 **furthermore**
[fə́:rðərmɔ̀:r]

ad. 뿐만 아니라, 더욱이

I don't know what happened to him and **furthermore** I don't care.
그에게 무슨 일이 있었는지 모르고 더구나 알고 싶지도 않다.

0379 **joke**
[dʒouk]

n. 농담, 장난
v. 농담하다, 놀리다

His constant **joking** was beginning to annoy her.
그의 계속되는 농담에 그녀는 짜증이 나기 시작했다.

> **MVP** joker n. 익살꾼; 조커
> kid v. 농담하다

0380 **paragraph**
[pǽrəgræf]

n. 단락, 절

The essay was written in several **paragraphs**.
그 에세이는 몇 개의 단락으로 쓰였다.

0381 **just**
[dʒʌst]

ad. ① 딱, 꼭 ② 막, 방금 ③ 그저, 단지
a. 공정한, 공평한, 정당한

This jacket is **just** my size.
이 재킷은 내게 딱 맞는 치수이다.

She has **just** finished her homework.
그녀는 지금 막 숙제를 끝냈다.

a **just** society 공정한 사회

> **MVP** justly ad. 정당하게, 공정하게

0382 **meantime**
[mí:ntàim]

n. 그 동안, 중간 시간
ad. 그 동안에, 동시에; 한편

The boy ran away in the **meantime**.
그 사이에 소년은 달아났다.

> **MVP** meanwhile ad. 그 동안[사이]에(= in the meantime)

0383 stage
[steidʒ]

n. ① 단계, 시기 ② 무대
v. 상연하다, 연출하다

This technology is still in its early **stages**.
이 기술은 아직 초기 단계이다.

The audience threw flowers onto the **stage**.
청중들이 무대 위로 꽃을 던졌다.

We are going to **stage** 'Macbeth' next month.
우리는 다음 달에 『맥베스』를 상연할 예정이다.

MVP staging n. 상연
staged a. 연출된, 무대에 올려진

0384 rob
[rab]

vt. ~에게서 빼앗다, 강탈[약탈]하다[of]

The bandits **robbed** the passengers of their money.
노상강도들이 승객들에게서 돈을 빼앗았다.

The thieves **robbed** the bank of a tremendous amount of money.
도둑들은 은행에서 어마어마한 돈을 강탈했다.

MVP robber n. 강도 (사람)
robbery n. 강도 (사건)

0385 chase
[tʃeis]

v. ① 쫓아가다, 추적하다 ② 추구하다

The police **chased** after the burglar but couldn't catch him.
경찰은 도둑을 쫓아갔지만 잡지 못했다.

Too many people are **chasing** too few jobs.
너무 많은 사람들이 얼마 안 되는 일자리를 쫓고 있다.

0386 foe
[fou]

n. 적; 적군; 경쟁자

The country has never been conquered by a foreign **foe**.
그 나라는 단 한 번도 외적에 정복당한 적이 없었다.

0387 sniff
[snif]

v. ① 코를 킁킁거리다, 냄새를 맡다 ② 콧방귀를 뀌다

The dog **sniffed** at my shoes.
그 개가 내 신발에 대고 코를 킁킁거렸다.

She **sniffed** at his proposal to show her disapproval.
그녀는 그의 제안에 콧방귀를 뀌어 불찬성의 뜻을 표했다.

0388 root
[ruːt]

n. ① 뿌리 ② 근원[핵심]
v. 뿌리를 내리다, 자리 잡히다

Poverty lies at the **root** of many social problems.
많은 사회적 문제의 근원은 빈곤에 있다.

His thinking is deeply **rooted** in democracy.
그의 사상은 민주주의에 깊이 뿌리박고 있다.

0389 possible
[pásəbl]

a. 가능한, 가능성 있는

We spent every **possible** moment on the beach.
우리는 가능한 모든 순간을 해변에서 보냈다.

the **possible** side effects of the drug 그 약물의 발생 가능한 부작용

MVP possibility n. 가능성, 가능함
possibly ad. 어쩌면; 가능한 대로
↔ impossible a. 불가능한

0390 switch
[switʃ]

n. ① 스위치 ② 전환, 변경 ③ 회초리
v. 전환하다, 바꾸다

She made the **switch** from full-time to part-time work.
그녀는 풀타임 근무에서 파트타임 근무로 전환했다.

He **switched** his talk to another subject.
그는 이야기를 다른 화제로 바꿨다.

0391 versus
[vớːrsəs]

prep. ① (소송·경기 등에서) ~대(對)
② ~에 비해 (略 v., vs.)

It is France **versus** Brazil in the final.
결승전은 프랑스 대 브라질 경기이다.

The U.S. dollar fell **versus** other key currencies on Friday.
미 달러화가 금요일 다른 기축 통화에 대비하여 하락했다.

0392 diet
[dáiət]

n. 식사[음식]; (식이요법을 위한) 다이어트

have a healthy, balanced **diet** 건강에 좋은 균형 잡힌 식사를 하다

MVP dietary a. 식사의, 음식의; 규정식의

0393 liberty
[líbərti]

n. ① 자유 ② 제멋대로 함

civil **liberty** 시민적 자유
liberty of speech[the press] 언론[출판]의 자유

MVP liberal a. 자유로운

0394 commence
[kəméns]

v. 시작하다, 개시하다

The meeting is scheduled to **commence** at noon.
그 회의는 정오에 시작할 예정이다.

0395 fantasy
[fǽntəsi]

n. 공상, 환상

He always seems to live in a **fantasy** world.
그는 언제나 환상의 세계에 사는 것 같다.

Sometimes reality and **fantasy** are hard to distinguish.
때로는 현실과 환상을 구별하기가 어렵다.

MVP fantastic a. 환상적인

0396 either
[íːðər]

a. ① 어느 한 쪽의 ② 양쪽의
ad. [부정문에서] ~도 또한 (…아니다)

He has to choose **either** studies or career.
그는 공부와 취업 중에서 택일해야 한다.

The offices on **either** side were empty.
양쪽 사무실이 다 비어 있었다.

If she does not come to the party, he will not attend **either**.
그녀가 파티에 오지 않는다면 그 역시 참석하지 않을 것이다.

MVP ↔ neither ad. 어느 쪽도 ~이 아니다

0397 entertainment
[èntərtéinmənt]

n. 오락, 여흥, 즐거움

Books afford excellent **entertainment** for idle hours.
책은 심심할 때 큰 즐거움을 준다.

MVP entertain v. 즐겁게 하다; 대접하다

0398 normal
[nɔ́ːrməl]

a. 보통의, 정상적인
n. 보통, 정상

It's **normal** to feel tired after such a long trip.
그렇게 긴 여행을 했으니 피곤한 것이 정상이다.

Things soon returned to **normal**.
사태가 곧 정상으로 돌아왔다.

MVP normally ad. 보통; 정상적으로

0399 gradually
[grǽdʒuəli]

ad. 서서히, 차차

The weather **gradually** improved.
날씨가 서서히 좋아졌다.

MVP gradual a. 점진적인, 서서히 일어나는

0400 expense
[ikspéns]

n. 비용, 지출

The results are well worth the **expense**.
결과는 비용을 들인 만큼의 가치가 충분히 있다.

MVP expensive a. 비싼, 돈이 많이 드는
at the expense of ~을 희생하면서

0401 conquest
[kάŋkwest]

n. 정복, 승리

make the **conquest** of peace by arms 무력으로 평화를 얻다

MVP conquer v. 정복하다; 극복하다, 이겨내다

0402 selfish
[sélfiʃ]

a. 이기적인

He got angry with her **selfish** attitude.
그는 그녀의 이기적인 태도에 화가 났다.

0403 income
[ínkʌm]

n. 수입, 소득

Income taxes are based on one's earnings.
소득세는 수입에 기초를 두고 있다.

0404 beat
[bi:t]
(beat-beat-beaten)

v. ① ~을 치다, 두드리다 ② ~을 이기다, 무찌르다
n. ① 때리기, 강타 ② 박자, 비트

beat one's rival in the election 선거에서 경쟁자를 물리치다

0405 consist
[kənsíst]

vi. ① 이루어지다, 구성되다[of] ② 존재하다, 있다[in]
③ 양립하다, 일치하다[with]

The British Parliament **consists** of two Houses.
영국의회는 양원으로 구성되어 있다.

Happiness **consists** in working toward one's goals.
행복은 목표를 향하여 노력하는 데 있다.

The information **consists** with his accounts.
그 정보는 그의 설명과 일치한다.

0406 wipe
[waip]

vt. ① 닦다 ② 지우다
n. 닦기

He **wiped** his hands on a clean towel.
그는 깨끗한 수건에 손을 닦았다.

I tried to **wipe** the whole episode from my mind.
나는 마음속에서 그 일화 전체를 지워 버리려고 애썼다.

give the floor a **wipe** 바닥을 닦다

0407 hypnosis
[hipnóusis]

n. 최면, 최면 상태

She only remembered details of the accident under **hypnosis**.
그녀는 최면 상태에서만 그 사건의 세부 내용을 기억해 냈다.

MVP hypnotic a. 최면을 일으키는

0408 wisdom
[wízdəm]

n. 지혜, 현명함

conventional **wisdom** 통념
Wisdom is better than gold or silver.
지혜는 금은보다 낫다.

MVP wisdom tooth 사랑니
wise a. 현명한

0409 stance
[stæns]

n. 입장, 태도, 자세

He has changed his **stance** on foreign policy.
그는 외교정책에 대한 자신의 입장을 변경했다.

a fighting **stance** 싸울 자세[태세]

0410 challenge
[tʃǽlindʒ]

v. 도전하다, 이의를 제기하다
n. 도전

He **challenged** the authority of the government.
그는 정부의 권위에 도전했다.

Schools must meet the **challenge** of new technology.
학교는 신기술이라는 도전에 대처해야 한다.

0411 climb
[klaim]

v. 오르다, 등반하다
n. 오르기, 등반; 상승

The car slowly **climbed** the hill.
그 승용차는 천천히 언덕을 올라갔다.

the dollar's **climb** against the euro
유로화 대비 달러화의 (가치) 상승

0412 aboard
[əbɔ́ːrd]

ad. 배로; 기차[버스, 비행기]를 타고

The flight attendant welcomed us **aboard**.
승무원이 우리의 탑승을 환영했다.

MVP on board 승선[승차, 탑승]한

0413 triple
[trípl]

a. ① 3부로 된, 3자로 이루어진 ② 3배의

a **triple** alliance 3자 동맹
The amount of alcohol in his blood was **triple** the legal maximum.
그의 혈중 알코올 양은 법정 최고 허용치의 3배였다.

> **MVP** quadruple a. 4배의
> quintuple a. 5배의

0414 ape
[eip]

n. 유인원, 영장류

Man has evolved from the **ape**.
인간은 유인원으로부터 진화했다.

0415 audience
[ɔ́ːdiəns]

n. 관객, 청중

His speech drew loud applause from the **audience**.
그의 연설은 청중들로부터 큰 박수를 받았다.

0416 hemisphere
[hémisfiər]

n. 반구

Spring in the Northern **hemisphere** will come early this year.
올해는 북반구에 봄이 일찍 올 것이다.

0417 baggage
[bǽgidʒ]

n. 여행용 수화물

baggage allowance 수하물 허용량
Travelers are checking their **baggage** at the counter.
여행자들이 카운터에서 짐을 부치고 있다.

0418 unfortunate
[ʌnfɔ́ːrtʃənit]

a. 불운한, 불행한; 유감스러운

She was **unfortunate** to lose her only child.
그녀는 불행하게도 외아들을 잃었다.

> **MVP** ↔ fortunate a. 운 좋은, 다행한

0419 ark
[aːrk]

n. 방주; 피난처, 안전한 장소

Ark was the large boat Noah made in the biblical times.
방주는 성서 시대에 노아가 만든 큰 배였다.

0420 sudden
[sʌ́dn]

a. 갑작스러운, 불시의, 별안간의

The **sudden** change in the plan disconcerted her.
갑작스러운 계획 변경이 그녀를 당황하게 했다.

> **MVP** suddenly ad. 갑자기, 급작스럽게
> all of a sudden 갑자기

0421 principle
[prínsəpl]

n. 원리, 원칙

Compromise is one of the basic **principles** of the British.
타협은 영국 사람들의 기본 원칙 중 하나이다.

> **MVP** in principle 원칙적으로, 대체로

0422 category
[kǽtəgɔ̀ːri]

n. 범주, 부문, 분류

categories of occupational accidents 산업재해의 여러 종류

> **MVP** categorize vt. ~을 범주에 넣다, 분류하다

0423 vegetable
[védʒətəbl]

n. 야채, 채소

Spinach is known as a very healthy **vegetable**.
시금치는 매우 건강한 채소로 알려져 있다.

0424 bug
[bʌg]

n. 벌레, 작은 곤충

There are many **bugs** that spread diseases.
질병을 퍼뜨리는 많은 곤충들이 있다.

0425 well-known
[welnoun]

a. ① 유명한, 잘 알려진 ② 친숙한

He is a **well-known** movie producer.
그는 유명한 영화 제작자이다.
A **well-known** voice reached me.
귀에 익은 목소리가 내게 들려왔다.

> **MVP** known a. 알려진

0426 angry
[ǽŋgri]

a. 화난, 성난

She was so **angry** that she could hardly constrain herself.
그녀는 너무 화가 나서 거의 자제할 수 없었다.

> **MVP** anger n. 화, 분노; v. 화나게 하다

0427 virtual
[və́:rtʃuəl]

a. ① 사실상의, 실질상의 ② (컴퓨터를 이용한) 가상의

The company has a **virtual** monopoly in this area of trade.
그 회사가 이 업종 분야에서 사실상 독점권을 쥐고 있다.

The young enjoy playing **virtual** reality games.
젊은이들은 가상현실 게임을 즐긴다.

MVP virtually ad. 사실상, 거의; (컴퓨터를 이용하여) 가상으로

0428 pillow
[pílou]

n. 베개

She lay back against the **pillows**.
그녀는 베개 위로 몸을 기댔다.

MVP pillow fight 베개던지기 놀이; 시시한 토론
pillow talk 침실에서의 대화, 정담

0429 approach
[əpróutʃ]

v. 다가가다, 접근하다
n. 접근법, 처리 방법

The plane reduced speed as it **approached** the airport.
그 비행기는 공항에 접근하면서 속도를 줄였다.

Volunteering is a nice **approach** to helping others.
자원 봉사는 다른 사람들을 돕는 훌륭한 접근방법이다.

0430 sigh
[sai]

v. 한숨 쉬다
n. 한숨

She **sighed** with relief that it was all over.
그녀는 그것이 모두 다 끝나서 안도의 한숨을 쉬었다.

A **sigh** dropped from his lips.
그의 입에서 한숨이 불쑥 새어 나왔다.

0431 repair
[ripɛ́ər]

vt. 수리[수선]하다
n. 수리, 수선

It cost a fair amount of money to **repair** the car.
차를 수리하는 데 엄청난 비용이 들었다.

This house is in need of **repair**.
이 집은 수리가 필요하다.

0432 peak
[piːk]

n. ① 정점, 최고조 ② 산꼭대기
vi. 최고조에 달하다
a. 절정기의, 최상의

Traffic reaches its **peak** between 8 and 9 in the morning.
교통량이 아침 8시에서 9시 사이에 최고조에 달한다.

Oil production **peaked** in the early 1980s.
석유 생산은 1980년대 초에 최고조에 달했다.

The athletes are all in **peak** condition.
선수들은 모두 컨디션이 최상이다.

0433 episode
[épəsòud]

n. 삽화, 에피소드

He wanted to forget the whole **episode** from his mind.
그는 마음속에서 그 사건 전체를 잊어버리고 싶었다.

One of the funniest **episodes** in this novel occurs in the last chapter.
이 소설의 가장 재미있는 사건들 중의 하나가 마지막 장에 나온다.

0434 entire
[intáiər]

a. 전체의; 완전한

The **entire** village was destroyed.
마을 전체가 파괴되었다.

MVP entirely ad. 완전히, 전적으로; 오로지

0435 wet
[wet]

n. ① 젖은 ② 비가 오는, 궂은

His face was **wet** with tears.
그의 얼굴이 눈물에 젖어 있었다.

the **wet** season 장마철

0436 mankind
[mænkáind]

n. 인류

Mankind has existed for thousands of years.
인류는 수천 년 동안 존재해왔다.

0437 outside
[áutsáid]

ad. 밖에
n. 바깥쪽, 외부; 외관
a. 바깥쪽의, 외부의

It's too cold that we cannot go **outside** without an overcoat.
날씨가 너무 추워서 우리는 외투를 입지 않고 밖에 나갈 수 없다.

They felt cut off from the **outside** world.
그들은 외부 세계와 단절된 기분이었다.

0438 dot
[dɑt]

n. 점, 작은 점, 반점

Her skirt was blue with white **dots**.
그녀의 치마는 파란 바탕에 흰 반점들이 있는 치마였다.

0439 comprehend
[kàmprihénd]

vt. 이해하다, 파악하다

comprehend the significance of his remark
그의 발언의 중요성을 이해하다

> **MVP** comprehensible a. 이해할 수 있는
> comprehensive a. 종합적인, 포괄적인
> comprehension n. 이해력; 포용력

0440 gamble
[gǽmbl]

v. 도박[모험]을 하다
n. 노름, 도박

Smokers may choose to **gamble** with their health.
흡연자들은 자신들의 건강을 걸고 도박하는 것을 선택할지도 모른다.
He **gambled** with his future.
그는 자신의 미래를 건 모험을 했다.

0441 gray
[grei]

a. 회색의, 잿빛의

The door was painted dark **gray**.
문은 어두운 회색으로 칠해졌다.

0442 check
[tʃek]

v. ① 확인하다; 점검하다 ② 억제하다
n. ① 확인; 점검, 검사 ② 저지, 억제 ③ 수표

You should **check** the bottle for leakage before using it.
사용하기 전에 그 병이 새는지 점검해야 한다.
a health **check** 건강검진
With difficulty he held his temper in **check**.
그는 간신히 화를 참았다.
I enclosed a **check** in the envelope with my rent bill.
나는 봉투 속에 집세 청구서와 수표를 함께 넣었다.

> **MVP** hold[keep] ~ in check ~을 저지[억제]하다

0443 eyebrow
[áibràu]

n. 눈썹

She raised a questioning **eyebrow**.
그녀는 미심쩍어하며 눈썹을 치켜 올렸다.

0444 nationality
[næʃənǽləti]

n. ① 국적 ② 민족

The college attracts students of all **nationalities**.
그 대학에는 온갖 국적의 학생들이 몰려든다.

Kazakhstan contains more than a hundred **nationalities**.
카자흐스탄에는 백 개가 넘는 민족이 있다.

> **MVP** nation n. 국가, 나라; 국민
> national a. 국가의; 전국적인

0445 overwork
[òuvərwə́:rk]

v. 과로하다, 혹사하다
n. 과로, 혹사

He simply **overworked** his body.
그는 자신의 몸을 지나치게 혹사시켰다.

Overwork brought about the deterioration of his health.
과로는 그의 건강악화를 초래했다.

0446 dual
[djú:əl]

a. 두 부분으로 된, 이중의

The spy lived a double life with a **dual** nationality.
그 스파이는 이중 국적을 가지고 이중생활을 했다.

0447 refresh
[rifréʃ]

v. 기운이 나게 하다, 상쾌하게 하다

He **refreshed** himself with a cool shower.
그는 찬물 샤워로 상쾌한 기분을 되찾았다.

> **MVP** refreshment n. 가벼운 식사, 다과; 원기 회복
> refreshing a. 신선한, 상쾌하게 하는

0448 flow
[flou]

v. 흐르다, 흘러가다
n. 흐름

Blood **flowed** from a cut on her knee.
그녀의 무릎에 난 상처에서 피가 흘러나왔다.

The **flow** of the stream died down.
물줄기의 흐름이 서서히 줄어들었다.

0449 honor
[ánər]

n. ① 명예, 명성 ② 경의, 존경
vt. ① ~의 명예가 되다 ② 존경하다, 경의를 표하다

Being able to represent my nation would be a huge **honor**.
국가를 대표할 수 있게 된 것은 크나 큰 명예일 것이다.

We do **honor** the genius of Mozart.
우리는 모차르트의 천재성에 경의를 표한다.

0450 hungry
[hʌ́ŋgri]

a. ① 배고픈 ② 갈망하는, 열망하는

That stray dog looks very **hungry**.
그 길 잃은 개는 매우 배고파 보인다.

She was **hungry** for education.
그녀는 교육을 몹시 받고 싶어 했다.

MVP hunger n. 허기; 갈망, 열망

0451 quick
[kwik]

a. 빠른, 신속한

Samba is a **quick** dance of Brazilian origin.
삼바는 브라질 고유의 빠른 춤이다.

MVP quicken v. 빠르게 하다; 활기 띠게 하다
quickly ad. 빨리

0452 seek
[siːk]
(seek-sought-sought)

v. ① 찾다, 추구하다 ② 노력하다, 애쓰다

Great men earnestly **seek** after the truth.
위대한 인물들은 진지하게 진리를 추구한다.

They **sought** to come to an agreement.
그들은 합의에 도달하려고 애썼다.

0453 amid
[əmíd]

prep. ~의 한 가운데에, (한창) ~중

The President resigned **amid** considerable controversy.
대통령은 상당한 논란 속에 사임했다.

0454 ivory
[áivəri]

n. ① 상아 ② 아이보리색

a ban on the **ivory** trade 상아 무역 금지령

0455 region
[ríːdʒən]

n. 지역, 지방

A long period without rain depopulated the **region**.
오랫동안 비가 오지 않아서 그 지역의 인구가 줄었다.

MVP regional a. 지방[지역]의

0456 wing
[wiŋ]

n. ① 날개 ② 당파, 진영

The swan flapped its **wings** noisily.
백조가 시끄럽게 날개를 퍼드덕거렸다.

He is on the right **wing** of the party.
그는 그 정당의 보수파에 속한다.

MVP winged a. 날개가 있는, 날개 달린

0457 tact
[tækt]

n. 재치, 요령

He had the **tact** to settle the matter.
그에게는 그 문제를 해결할 만한 재치가 있었다.

> **MVP** tactful a. 재치[요령] 있는
> with tact 재치 있게

0458 respect
[rispékt]

n. ① 존경, 존중 ② 측면, 점, 사항
vt. 존경하다, 존중하다

The religious life may take a different stand in this **respect**.
종교적 삶은 이런 면에서 다른 입장을 취할 것이다.

He doesn't **respect** other people's right to privacy.
그는 다른 사람들의 사생활권을 존중하지 않는다.

> **MVP** respectable a. 존경할 만한, 훌륭한
> respectful a. 존경심을 보이는, 공손한
> respective a. 각자의, 각각의

0459 paddle
[pǽdl]

n. (카누용 등의 짧은) 노
v. ① 노를 젓다 ② 첨벙거리며 다니다, 물장난하다

We **paddled** the canoe along the coast.
우리는 해안을 따라 카누를 타고 다녔다.

A group of children were **paddling** in the stream.
아이들 한 무리가 개울에서 철벅철벅 물을 튀기고 있었다.

0460 bark
[ba:rk]

n. ① 나무껍질 ② (개 등이) 짖는[우는] 소리
v. 짖다; 고함지르다

Dogs **bark** or whine for no apparent reason.
개들은 특별한 이유 없이 짖거나 낑낑거린다.

0461 search
[sə:rtʃ]

v. 찾다, 뒤지다, 탐색하다
n. 찾기, 수색

She **searched** in vain for her passport.
그녀는 여권을 찾아봤지만 허사였다.

The customs officers **searched** through our bags.
세관 직원들이 우리 가방을 다 뒤졌다.

Detectives carried out a thorough **search** of the building.
형사들이 그 건물을 철저히 수색했다.

0462 secondary
[sékəndèri]

a. ① 이차적인, 부차적인 ② 중등 교육[학교]의

Personal appearance is of **secondary** importance.
외모는 둘째 문제다.

secondary education 중등 교육

> **MVP** second a. 두 번째의[둘째의]; ad. 둘째로, 2위로
> secondly ad. 두 번째로, 둘째는
> primary a. 제1의, 첫째의; 초등 교육[학교]의
> tertiary a. 제3의, 셋째의

0463 experiment
n. [ikspérəmənt]
v. [ekspérəmènt]

n. 실험, 시험
vi. 실험하다, 시험하다

There was an interesting **experiment** in the laboratory.
실험실에서 흥미로운 실험이 있었다.

He wanted to **experiment** more with different materials.
그는 다른 재료들로 더 많이 실험하고 싶었다.

0464 sidewalk
[sáidwɔ̀ːk]

n. 보도, 인도

The man is walking onto the **sidewalk**.
남자가 보도 위를 걸어가고 있다.

> **MVP** pavement n. 보도, 인도
> footpath n. 보도; 좁은 길

0465 concentrate
[kánsəntrèit]

v. 집중하다

Distracting thoughts go away when I **concentrate** on the work.
일에 집중하다 보면 잡념이 사라진다.

> **MVP** concentration n. (노력·정신 등의) 집중, 전념; <화학> 농도

0466 successor
[səksésər]

n. 후임자, 계승자

He appointed his daughter as **successor**.
그는 자신의 딸을 후계자로 지명했다.

> **MVP** ↔ predecessor n. 전임자, 선배

0467 book
[buk]

n. 책, 서적, 도서
v. (식당·호텔·비행기 등의 좌석을) 예약하다

book a seat on a train 기차의 좌석을 예약하다

0468 forgive
[fərgív]
(forgive–forgave–forgiven)

v. 용서하다

Immoral behavior is hard to **forgive**.
부도덕한 행위는 용서하기가 힘들다.

0469 oversleep
[òuvərslíp]
(oversleep–overslept–overslept)

v. 늦잠 자다, 너무 자다

He **overslept** and missed his bus.
그는 늦잠을 자서 버스를 놓치고 말았다.

0470 former
[fɔ́:rmər]

a. 전의, 과거의; 전자의
n. 전자

Of the two, the **former** option seems more reasonable.
둘 중 전자의 선택 사항이 더 합리적으로 보인다.

> **MVP** ↔ latter a. 후자의; 후반의; n. 후자

0471 dig
[dig]
(dig–dug–dug)

v. 파다, 파헤치다

dig a deep hole in the ground 땅에 깊은 구덩이를 파다

> **MVP** exhume vt. 파내다, (특히 시체를) 발굴하다
> unearth vt. (땅속에서) 파내다, 발굴하다; 발견하다

0472 label
[léibəl]

n. ① 라벨, 상표 ② 꼬리표
vt. ① 라벨을 붙이다 ② 꼬리표를 붙이다

He'll only wear clothes with a designer **label**.
그는 유명 디자이너 상표가 붙은 옷만 입으려 든다.

The file was **labelled** 'Private'.
그 파일에는 '개인용'이라는 라벨이 붙어 있었다.

He was **labelled** as a traitor by his former colleagues.
그는 전 동료들로부터 배신자로 낙인찍혔다.

0473 magic
[mǽdʒik]

n. 마법, 마술

He suddenly appeared as if by **magic**.
그가 마법이라도 부린 듯이 갑자기 나타났다.

People pay money to watch him do his **magic** tricks.
사람들은 그가 마술 묘기를 부리는 것을 보기 위해서 돈을 낸다.

> **MVP** magical a. 마술적인; 황홀한
> magician n. 마술사, 마법사

0474 farm
[fɑːrm]

n. 농장, 농가
v. 농사를 짓다; 사육하다

Some families have **farmed** in this area for hundreds of years.
일부 가문은 수백 년에 걸쳐 이 지역에서 농사를 지어 왔다.

0475 however
[hauévər]

ad. 하지만, 그러나; 아무리 ~해도

He was feeling bad. He went to work, **however**, and tried to concentrate.
그는 몸이 좋지 않았다. 하지만 출근을 하여 집중해 보려고 애를 썼다.

She has the window open, **however** cold it is outside.
그녀는 바깥 날씨가 아무리 추워도 창문을 열어 둔다.

0476 fiber
[fáibər]

n. 섬유, 섬유질

He always tries to eat food high in **fiber** and protein.
그는 항상 섬유질과 단백질이 많이 함유된 음식을 먹으려고 노력한다.

0477 moreover
[mɔːróuvər]

ad. 게다가, 더욱이

A talented artist, he was, **moreover**, a writer of some note.
재능 있는 화가인 그는 게다가 꽤 저명한 작가이기도 했다.

0478 fundamental
[fʌndəméntl]

a. 기본의, 근본적인, 중요[주요]한
n. (pl.) 원리, 원칙, 근본

Hydrogen is the **fundamental** element of the universe.
수소는 우주의 필수 원소이다.

He taught me the **fundamentals** of the job.
그는 내게 그 일의 핵심 사항들을 가르쳐주었다.

0479 gossip
[gásəp]

n. 소문, 험담
vi. 험담을 하다

Gossip can be fun to listen to but it is hard to ignore.
소문은 듣기에는 재미있을 수 있지만 무시하기도 어렵다.

0480 bamboo
[bæmbúː]

n. 대나무

Bamboo is a tall tropical plant with hard, hollow stems.
대나무는 단단하고 속이 빈 줄기를 가진 키가 큰 열대 식물이다.

0481 forbid
[fərbíd]
(forbid–forbade–forbidden)

vt. 금하다, 금지하다

French law **forbids** mentions of Facebook on news broadcasts.
프랑스 법은 뉴스 방송에서 페이스북의 언급을 금하고 있다.

0482 scale
[skeil]

n. ① 규모, 범위 ② (측정·평가의) 척도, 기준, 등급
③ 저울 ④ (물고기·파충류 등의) 비늘

The movie was made on a large **scale**.
그 영화는 대규모로 제작되었다.

The **scale** is used to weigh the crops.
저울은 곡물의 무게를 재는 데 사용된다.

0483 attitude
[ǽtitjùːd]

n. 태도, 몸가짐

an **attitude** of arrogance 거만한 태도

0484 periodical
[pìəriάdikəl]

n. 정기 간행물, 잡지

She subscribes to several **periodicals**.
그녀는 여러 개의 정기 간행물을 구독한다.

MVP periodic a. 주기적인, 정기의

0485 overflow
[òuvərflóu]

v. 넘치다, 범람하다
n. 범람, 유출

The heavy rainfall caused the river to **overflow**.
폭우로 인해 강이 범람했다.

0486 examine
[igzǽmin]

v. ① 조사[검토]하다 ② 검사[진찰]하다

You should **examine** its cause and take steps to prevent it.
당신은 그것의 원인을 조사하고 예방 조치를 취해야 한다.

The doctor **examined** my ears and eyes.
의사가 내 귀와 눈을 진찰했다.

0487 mask
[mæsk]

n. 마스크, 가면
vt. 가리다, 감추다

The children were all wearing animal **masks**.
그 아이들은 모두 동물 가면을 쓰고 있었다.

She **masked** her anger with a smile.
그녀는 미소로써 분노를 감추었다.

0488 decease
[disíːs]

n. 사망

Upon my **decease** my children will inherit everything.
내가 사망하면 아이들은 모든 것을 상속 받게 될 것이다.

> **MVP** deceased a. 사망한
> the deceased 고인

0489 overcast
[óuvərkæst]
(overcast–overcast–overcast)

a. 구름이 뒤덮인, 흐린
vt. ① 구름으로 덮다, 흐리게 하다
② (슬픔으로) 음울하게 만들다

The sky was getting **overcast** before the storm.
폭풍 전에 하늘이 흐려왔다.

Clouds began to **overcast** the sky.
구름이 하늘을 덮기 시작했다.

a face **overcast** with sorrow 슬퍼서 침울한 얼굴

0490 crust
[krʌst]

n. ① (빵) 껍질 ② 딱딱한 층[표면]

sandwiches with the **crusts** cut off 빵 껍질을 잘라낸 샌드위치
Fossil fuels come from the top layer of the earth's **crust**.
화석 연료는 지각의 최상층에서 나온다.

0491 improve
[imprúːv]

v. ① 개선하다, 향상시키다
② (기회·시간 등을) 이용[활용]하다

I'm trying to **improve** my English vocabulary.
나는 영어 어휘력을 향상시키기 위해 노력하고 있다.

She **improved** her leisure time by studying.
그녀는 여가 시간을 이용하여 공부했다.

0492 Jew
[dʒuː]

n. 유대인, 유대교도

Jews live all over the world, speaking many languages.
유대인들은 전 세계에서 다양한 언어를 사용하며 살고 있다.

> **MVP** Jewish a. 유대인의, 유대교의
> rabbi n. (유대교) 랍비, 율법학자

0493 stick
[stik]
(stick–stuck–stuck)

v. ① 찌르다 ② 붙이다 ③ (~에 끼여) 꼼짝하지 않다

The nurse **stuck** the needle into my arm.
간호사가 내 팔에 주사 바늘을 찔렀다.

We used glue to **stick** the broken pieces together.
우리는 접착제를 써서 깨진 조각들을 함께 붙였다.

The key has **stuck** in the lock.
열쇠가 자물쇠에 끼여 꼼짝을 하지 않는다.

MVP stick out 눈에 띄다, 잘 보이다
stick to ~을 계속하다; ~을 지키다

0494 external
[ikstə́ːrnl]

a. 외부[외면]의, 외부적인

The **external** view of this house is very great.
이 집의 외관은 매우 훌륭하다.

0495 scientific
[sàiəntífik]

a. 과학의, 과학적인

Hawking has accomplished significant **scientific** work.
호킹(Hawking)은 중요한 과학적 업적을 이루었다.

MVP science n. 과학
scientist n. 과학자

0496 step
[step]

n. ① 걸음(걸이) ② 단계
vi. 걸음을 옮기다; 발을 내디디다

Planning is the first **step** for achieving any goal.
계획하는 것은 목표를 성취하기 위한 첫 번째 단계이다.

We **stepped** carefully over the broken glass.
우리는 깨진 유리 위로 조심조심 발을 디뎠다.

MVP step in 개입하다, 끼어들다

0497 passport
[pǽspɔːrt]

n. 여권

The **passport** is a traveler's primary means of identification abroad.
여권은 외국에서 여행자들이 신분을 증명할 수 있는 가장 중요한 수단이다.

0498 intensify
[inténsəfài]

v. 강화하다, 증대하다, 심해지다

Tomorrow, rain will **intensify** with strong winds.
내일은 비가 강풍과 함께 더욱 심해질 것이다.

0499 cactus
[kǽktəs]

n. 선인장 (pl. cacti)

A **cactus** is a prickly plant and its stem stores water.
선인장은 가시투성이의 식물로 줄기에 수분을 저장한다.

> **MVP** cactal a. 선인장의

0500 trash
[træʃ]

n. 쓰레기, 폐물

Trash is collected and disposed of in incinerators.
쓰레기는 수거해서 소각로에서 처리한다.

> **MVP** incinerator n. (쓰레기 등의) 소각로

0501 politics
[pálətiks]

n. 정치, 정치학

Arguments over **politics** divided the two friends.
정치에 대한 논쟁이 두 친구를 갈라놓았다.

> **MVP** political a. 정치의, 정치적인
> politician n. 정치인, 정치가

0502 lean
[li:n]

v. ① 기울이다, (몸을) 숙이다 ② ~에 기대다, 의지하다
a. ① 여윈, 마른; 군살이 없는 ② 불충분한, 빈약한

Don't **lean** against the elevator door.
엘리베이터 문에 기대어 서 있지 마라.

Everybody needs someone to **lean** on.
모든 사람들은 의지할 누군가가 필요하다.

The model wanted **lean** muscle, no flabby skin.
그 모델은 축 늘어진 피부가 아니라 군살이 없는 근육을 원했다.

0503 clinic
[klínik]

n. 진료소, 클리닉

a rehabilitation **clinic** for alcoholics
알코올 중독자를 위한 재활 치료소

0504 meet
[mi:t]
(meet–met–met)

v. ① 만나다[모이다] ② (요구 등을) 충족시키다
n. ① 모임 ② 대회

The committee **meets** on Fridays.
그 위원회는 금요일마다 모인다.

Until these conditions are **met**, we cannot proceed with the sale.
이런 조건들이 충족될 때까지는 우리가 그 판매를 진행할 수 없다.

The school's annual athletic **meet** is scheduled soon.
그 학교의 연례 운동회가 곧 예정되어 있다.

0505 correct
[kərékt]

a. 올바른, 틀림없는, 정확한
v. 바로잡다, 정정하다

Her prediction turned out to be **correct**.
그녀의 예언이 맞는 것으로 밝혀졌다(적중했다).

Teachers spend a lot of time **correcting** spelling mistakes.
선생님들은 철자 실수를 교정하는 데 많은 시간을 소비한다.

0506 delay
[diléi]

v. 연기하다, 뒤로 미루다
n. 지연, 연기

A heart attack must be treated without **delay** as soon as it occurs.
심장마비가 발생하면 조속히 치료해야 한다.

0507 empire
[émpaiər]

n. 제국, 왕국

the rise and fall of the Roman **Empire** 로마 제국의 영고성쇠

0508 gain
[gein]

v. 얻다, 획득하다
n. ① 이익, 이득 ② 증가

A lot of Korean stars continue to **gain** popularity.
많은 한국 스타들이 꾸준히 인기를 얻고 있다.

He only seems to be interested in personal **gain**.
그는 오로지 개인적 이익에만 관심이 있는 것 같다.

Regular exercise helps prevent weight **gain**.
규칙적인 운동은 체중 증가를 막는 데 도움이 된다.

0509 tough
[tʌf]

a. ① 강인한, 굳센 ② 힘든, 어려운

The Spartans were famous for being **tough** warriors.
스파르타인들은 강인한 전사들인 것으로 유명했다.

She's been having a **tough** time lately.
그녀는 최근에 힘든 시기를 보내고 있다.

0510 physical
[fízikəl]

a. ① 육체의, 신체의 ② 물질의, 물질[물리]적인
n. 신체검사, 건강진단

Muscles contract and relax during **physical** activity.
신체가 활동을 하는 동안 근육은 수축하고 이완한다.

The **physical** damage of the war is serious.
전쟁의 물질적 피해는 심각하다.

> **MVP** physics n. 물리학
> physicist n. 물리학자
> physician n. 의사, 내과 의사

0511 model
[mádl]

n. ① 모형, 견본 ② 모범, 본보기 ③ (화가 등의) 모델
a. ① 모형의 ② 모범적인

an authentic **model** of the ancient town
고대 도시를 그대로 본 떠 만든 모형

He was a **model** of courtesy.
그는 예의바름의 본보기였다.

Many people say he is a **model** example of a human being.
많은 사람들은 그가 인간의 모범이 될 예라고 말한다.

0512 mild
[maild]

a. 가벼운, 순한, 온화한, 부드러운

The climate there is **mild**, without extremes of heat or cold.
그 곳의 기후는 심한 추위나 더위 없이 온화하다.

She is good with children because she has a **mild** nature.
그녀는 성품이 부드러워서 아이들과 잘 지낸다.

MVP mildly ad. 약간, 가볍게; 부드럽게

0513 zone
[zoun]

n. 지역, 구역, 지대

The government pledged aid to a disaster **zone**.
정부는 재해지역에 지원을 약속했다.

green belt **zone** 녹지지역

0514 modern
[mádərn]

a. 현대의, 근대의, 최신의

Our teacher has a deep knowledge of **modern** art.
우리 선생님은 현대 예술에 조예가 깊다.

He introduced **modern** methods of farming.
그는 최신 영농법을 도입했다.

MVP modernize v. 현대화하다

0515 will
[wil]

n. ① 의지 ② 유언(장)

Her decision to continue shows great strength of **will**.
계속하겠다는 그녀의 결정은 대단한 의지력을 보여준다.

My father left me the house in his **will**.
우리 아버지께서는 유언장에서 내게 그 집을 남겨주셨다.

0516 livestock
[láivstak]

n. 가축

raise **livestock** 가축을 기르다
livestock industry 축산업

0517 bother
[báðər]

v. 괴롭히다, 성가시게 하다

bother a person with trifles 사소한 일로 남을 괴롭히다

0518 carry
[kǽri]

v. 나르다, 운반하다, 전하다

That big airplane can **carry** hundreds of people.
저 큰 비행기는 수백 명의 사람들을 나를 수 있다.

The child couldn't **carry** the heavy box.
그 아이는 무거운 상자를 운반할 수 없었다.

0519 birth
[bə:rθ]

n. 출생, 탄생

The **birth** of their first child was a blessing.
그들에게 첫 아이의 출산은 축복이었다.

0520 drawer
[drɔ́:r]

n. 서랍; (pl.) 장롱

The supplies are in a **drawer**.
사무용품이 서랍 안에 들어 있다.

0521 moss
[mɔ:s]

n. 이끼

A rolling stone gathers no **moss**.
구르는 돌은 이끼가 끼지 않는다.

0522 plant
[plænt]

n. ① 식물 ② 공장
vt. 심다

Plants can create their own food supply.
식물은 스스로 양분을 만들 수 있다.

New **plants** will be built in Vietnam.
새로운 공장들이 베트남에 세워질 것이다.

Plant these shrubs in a sunny spot.
이 관목들을 햇빛이 잘 드는 곳에 심어라.

0523 message
[mésidʒ]

n. ① 전갈, 메시지 ② 교훈
v. 메시지를 보내다

No word came from him in answer to my **message**.
나의 전갈에 대해서 그에게서는 한 마디의 회답도 없었다.

The folk tales all have **messages** in them.
이 민화들 모두에는 교훈이 담겨 있다.

0524 explore
[ikspló:r]

v. ① 답사[탐험]하다 ② 탐구[분석]하다

Chinese robots will **explore** the lunar surface.
중국의 로봇들은 달 표면을 탐사할 것이다.

MVP exploration n. 답사, 탐험; 탐구
explorer n. 탐험가

0525 indolent
[índələnt]

a. 게으른, 나태한

an **indolent** disposition 게으른 성품

0526 diary
[dáiəri]

n. 일기, 일지

Some teachers make their students keep a **diary** every day.
어떤 선생님들은 매일 그들의 학생들에게 일기를 쓰게 한다.

0527 barely
[béərli]

ad. ① 간신히, 겨우, 가까스로 ② 거의 ~않다

We **barely** had time to catch the train.
우리는 기차를 탈 시간이 거의 없었다.

0528 confidence
[kánfədəns]

n. ① 신뢰, 신임 ② 자신감, 확신

He betrayed her **confidence**.
그는 그녀의 믿음을 저버렸다.

People often lose **confidence** when they are criticized.
사람들은 비판을 받으면 종종 자신감을 잃는다.

0529 barber
[bá:rbər]

n. 이발사

The **barber** gave the customer a trim skillfully.
그 이발사는 능숙하게 손님의 머리를 손질했다.

0530 value
[vǽlju:]

n. 가치, 중요성
vt. ① (가치·가격 등을) 평가하다 ② 존중하다, 소중히 하다

People do not know the **value** of health till they lose it.
사람들은 그들이 건강을 잃을 때까지 건강의 가치를 모른다.

The property has been **valued** at over $4 million.
그 부동산은 400만 달러가 넘는 것으로 평가되었다.

I really **value** him as my soul mate.
나는 그를 마음이 통하는 친구로서 정말 소중하게 생각한다.

MVP valuable a. 가치 있는, 귀중한
invaluable a. 매우 귀중한
valueless a. 가치 없는, 하찮은

0531 grocery
[gróusəri]

n. 식료품 및 잡화

In a large city, they opened small **grocery** stores.
대도시에서 그들은 작은 식료품 가게를 열었다.

0532 astronaut
[ǽstrənɔ̀ːt]

n. 우주 비행사

An **astronaut** is a person who travels into space.
우주 비행사는 우주로 여행을 하는 사람이다.

MVP cosmonaut n. 러시아[구소련]의 우주 비행사
astronomer n. 천문학자

0533 nail
[neil]

n. ① 손톱 ② 못
vt. 못으로 고정하다

He has a vice of biting his **nails**.
그는 손톱을 물어뜯는 나쁜 버릇이 있다.

She hammered the **nail** in.
그녀가 망치로 못을 박았다.

She **nailed** the two boards together.
그녀는 못을 박아서 그 두 판자를 함께 붙였다.

0534 biography
[baiάgrəfi]

n. 전기, 일대기

people famous enough to justify **biography**
전기에 실릴 정도로 유명한 사람들

MVP autobiography n. 자서전
memoir n. (pl.) 회고록, 자서전

0535 impersonal
[impə́ːrsənl]

a. ① 개인과 관계없는 ② 인간미 없는, 비인격적인

His remarks are intended to be **impersonal**.
그의 발언은 어느 특정인을 가리킬 의도가 전혀 없다.

a cold **impersonal** stare 차갑고 인간미 없는 응시

0536 station
[stéiʃən]

n. ① 정거장, 역 ② 서(署), 지역 본부, 국(局)
vt. 배치하다

The train decelerated as it approached a **station**.
기차는 역이 가까워지자 속도를 줄였다.

Police have been **stationed** around the scene of the accident.
경찰관이 사고 현장 주변에 배치되었다.

0537 ideology
[àidiálədʒi]

n. 이데올로기, 이념, 사상

The two parties have different **ideologies**.
두 당은 상이한 이데올로기를 가지고 있다.

0538 gentle
[dʒéntl]

a. 온화한, 친절한

She seems quite fierce, but actually she has a **gentle** side.
그녀는 아주 사나워 보이지만, 실제로는 온화한 측면도 있다.

0539 communicate
[kəmjúːnəkèit]

v. 의사소통을 하다, (정보 등을) 전달하다

Dolphins use sound to **communicate** with each other.
돌고래는 소리를 이용해 서로 의사소통한다.

MVP communication n. 전달, 연락, 통신

0540 maximum
[mǽksəməm]

a. 최고[최대]의
n. 최대, 최고

Race cars speed at the **maximum** speed.
경주용 자동차들이 최대 속도로 질주한다.

The job will require you to use all your skills to the **maximum**.
그 일은 당신이 기량을 최대한도로 발휘할 것을 요구할 것이다.

MVP maximize vt. 극대화하다, 최대한 활용하다
maximal a. 최대한의, 최고조의

0541 knit
[nit]

v. ① 뜨다, 뜨개질을 하다 ② 결합하다, 맺다

She's **knitting** the baby a shawl.
그녀는 아기에게 줄 숄을 짜고 있다.

Society is **knit** together by certain commonly held beliefs.
사회는 공통적으로 갖는 어떤 믿음들에 의해 함께 맺어진다.

0542 care
[kɛər]

n. ① 돌봄, 보살핌 ② 걱정, 근심
v. ① 걱정하다, 근심하다 ② 돌보다, 보살피다

The baby koala needs a lot of **care**.
아기 코알라는 많은 보살핌을 필요로 한다.

He does not **care** about dress.
그는 옷차림에 신경을 쓰지 않는다.

MVP with care 주의 깊게, 신중히
careful a. 조심하는, 주의 깊은
careless a. 부주의한, 무관심한

0543 irregular
[irégjulər]

a. ① 불규칙한, 변칙의 ② 고르지 못한

An **irregular** schedule harmed his health.
불규칙한 일정이 그의 건강을 상하게 했다.

My brother has an **irregular** set of teeth.
내 남동생은 치아가 고르지 못하다.

MVP irregularity n. 불규칙, 변칙, 이상

0544 piece
[pi:s]

n. ① 한 조각[부분], 단편 ② 부분

There were tiny **pieces** of glass all over the road.
아주 작은 유리 조각들이 길 위에 온통 흩어져 있었다.

She wrote something on a small **piece** of paper.
그녀가 작은 종이 한 장에 뭔가를 썼다.

0545 stamp
[stæmp]

n. 우표, 인지
v. ① 짓밟다; 밟다 ② 날인하다, ~에 도장[스탬프]을 찍다

I bought a **stamp** and put it on the envelope.
나는 우표를 사서 봉투에 붙였다.

stamp the date on a document
서류에 스탬프로 날짜를 찍다

0546 explain
[ikspléin]

v. 설명하다; 해명하다

She **explained** to them what to do in an emergency.
그녀는 비상시에는 어떻게 해야 하는지를 그들에게 설명했다.

MVP explanation n. 설명; 해명, 이유
explanatory a. 설명적인, 설명에 도움이 되는

0547 harm
[ha:rm]

n. 피해, 손해
vt. 해치다; 손상시키다

Too much light does **harm** to the eyes.
너무 강한 광선은 눈에 해롭다.

These revelations will **harm** her chances of winning the election.
이러한 폭로 사례들이 그녀의 당선 가능성에 해가 될 것이다.

MVP harmful a. 해로운
do harm to ~에 해를 끼치다

0548 forth
[fɔ:rθ]

ad. 앞으로; 밖으로

The excited dog wagged its tail back and **forth**.
신이 난 개는 꼬리를 앞뒤로 흔들었다.

More Vocabulary Power

0549 public
[pʌ́blik]

a. 공공의, 공중의
n. (the -) 일반 사람들, 대중

My sister is working at the **public** library.
내 여동생은 공공 도서관에서 일하고 있다.

This museum is now closed to the **public**.
이 박물관은 현재 대중에게 개방되어 있지 않다.

MVP publicity n. 널리 알려짐; 광고, 선전, 홍보

0550 stationery
[stéiʃənèri]

n. 문구류, 문방구

Without any **stationery**, he practiced writing on the ground with his fingers.
어떠한 학용품도 없이, 그는 바닥에 손가락으로 글씨 연습을 했다.

MVP stationary a. 움직이지 않는, 정지된; 비유동적인

0551 thrifty
[θrífti]

a. 검소한, 절약하는

He is accustomed to a **thrifty** lifestyle.
그는 절약하는 생활방식이 몸에 배어 있다.

MVP thrift n. 검소, 절약

0552 imagine
[imǽdʒin]

v. 상상하다

The house was just as she had **imagined** it.
그 집은 그녀가 상상하던 바로 그대로였다.

MVP imaginable a. 상상할 수 있는
imaginary a. 상상에만 존재하는, 가상의
imaginative a. 창의적인, 상상력이 풍부한
imagination n. 상상, 공상

0553 stripe
[straip]

n. 줄무늬

a zebra's black and white **stripes** 얼룩말의 흑백 줄무늬

MVP striped a. 줄무늬가 있는
the Stars and Stripes 성조기(미국의 국기)

0554 trade
[treid]

n. ① 거래, 교역 ② 직업
v. 거래[교역, 무역]하다

Protectionists want limits to be imposed on **trade**.
보호 무역주의자들은 무역 거래에 제한이 가해지길 원한다.

0555 emperor
[émpərər]

n. 황제

The **emperor** reunified the two countries.
그 황제는 두 나라를 재통합시켰다.

0556 stubborn
[stʌ́bərn]

a. 완고한, 고집스러운

He was too **stubborn** to admit that he was wrong.
그는 너무 완고해서 자기 잘못을 인정하지 않았다.

0557 heal
[hi:l]

v. ① 치료하다, 고치다 ② (불화 따위를) 화해시키다

She used a herb to **heal** wounds.
그녀는 약초를 이용해 상처를 치료했다.

They tried to **heal** the rift between them.
그들은 그들 사이의 불화를 해결하기 위해 노력했다.

MVP heel n. 발뒤꿈치; (신발의) 굽

0558 lamb
[læm]

n. 어린 양; 양고기

Finally, the shepherd found the stray **lamb**.
마침내 목동은 길 잃은 양을 찾았다.

0559 protein
[próuti:n]

n. 단백질

Salmon, beans, and eggs are rich in **protein**.
연어, 콩 그리고 달걀은 단백질이 풍부하다.

0560 union
[jú:njən]

n. 결합, 연합, 조합

the **union** of two political parties 두 정당의 통합
trade **union** 노동조합(= labor union)

0561 suburb
[sʌ́bəːrb]

n. 교외(도심지를 벗어난 주택 지역)

He lives in an affluent **suburb** with large houses.
그는 큰 집들이 있는 부유한 교외에 산다.

MVP suburban a. 교외의

0562 resemble
[rizémbl]

vt. 닮다, 비슷[유사]하다

He **resembled** his father in some way.
그는 어딘가 자신의 아버지를 닮았다.

The celebrity has a disease that **resembles** Alzheimer's.
그 유명 인사는 알츠하이머병과 유사한 병을 앓고 있다.

> **MVP** resemblance n. 닮음, 비슷함, 유사함

0563 exceed
[iksí:d]

vt. 초과하다, 넘어서다

His achievements have **exceeded** expectations.
그의 성과는 예상을 초월했다.

0564 admire
[ædmáiər]

v. 존경하다, 칭찬하다

He is **admired** as a national hero.
그는 국민적 영웅으로 존경을 받는다.

> **MVP** admirable a. 감탄스러운
> admiration n. 감탄, 존경

0565 evergreen
[évərgrin]

n. 상록수

Evergreen branches were used as a symbol of everlasting life.
상록수 가지는 영원한 삶의 상징으로 쓰였다.

0566 reflex
[rí:fleks]

n. ① 반사 운동, 반사 작용 ② (거울 등에 비친) 상 ③ (본질 등의) 반영
a. 반사적인, 반동적인

have quick[slow] **reflexes** 반사 신경이 빠르다[느리다]
Legislation should be a **reflex** of public opinion.
법률 제정은 여론을 반영한 것이어야 한다.

> **MVP** reflexive a. 반사성의, 반동적인

0567 elbow
[élbou]

n. 팔꿈치
vt. (팔꿈치로) 밀치다[찌르다]

His jacket was worn at the **elbow**.
그의 재킷은 팔꿈치 부분이 닳아 있었다.

He **elbowed** me in the ribs.
그는 팔꿈치로 내 옆구리를 찔렀다.

0568 sting
[stiŋ]
(sting–stung–stung)

v. (곤충·식물 등이) 쏘다, 찌르다
n. 침, 가시

A bee **stung** him on the arm.
벌이 그의 팔을 쏘았다.

The scorpion has a **sting** in its tail.
전갈은 꼬리에 독침이 있다.

0569 spirit
[spírit]

n. ① 정신, 영혼 ② (pl.) 기분, 마음

the power of the human **spirit** to overcome difficulties
어려움을 극복하는 인간의 정신력

Some dogs wag their tails as an expression of high **spirits**.
어떤 개들은 기분이 좋다는 표시로 꼬리를 흔든다.

0570 toe
[tou]

n. 발가락

Toes help humans to walk steadily on two legs.
발가락은 인간이 두 다리로 안정적으로 걸을 수 있도록 도와준다.

0571 wear
[wɛər]
(wear–wore–worn)

v. ① 입다, 착용하다 ② 닳다, 닳게 하다

She was **wearing** a new coat.
그녀는 새 외투를 입고 있었다.

His suit has begun to **wear** out.
그의 양복은 닳기 시작했다.

MVP wear away 차츰 닳다, 닳게 만들다
wear out (낡아서) 떨어지다

0572 traffic
[træfik]

n. ① 교통(량) ② 장사, 매매; 부정 거래
v. 매매하다, (부정) 거래하다[in, with]

Seoul is famous for its dense population and heavy **traffic**.
서울은 밀집된 인구와 교통 체증으로 유명하다.

0573 flash
[flæʃ]

n. 번쩍임, 섬광
v. 번쩍이다; 비추다

Flashes of light were followed by an explosion.
번쩍이는 불빛들에 뒤따라 폭발이 일어났다.

The guide **flashed** a light into the cave.
안내원이 동굴 안으로 불빛을 비추었다.

MVP flashlight n. 손전등

0574 linguistic
[liŋgwístik]

a. 언어(학)의

linguistic and cultural barriers 언어 및 문화적 장벽
His **linguistic** skills are marvelous.
그의 언어 능력은 놀랍다.

> **MVP** linguistics n. 언어학
> linguist n. 수개 국어에 능통한 사람; 언어학자
> linguistically ad. 언어상, 언어학적으로

0575 shoulder
[ʃóuldər]

n. 어깨
v. ① 짊어지다, 떠맡다 ② 어깨로 밀다

She shrugged her **shoulders**.
그녀는 어깨를 으쓱했다.

shoulder the responsibility 책임을 떠맡다
He **shouldered** his way through the crowd.
그는 사람들 사이를 어깨로 밀치고 나갔다.

> **MVP** cold shoulder 무시, 냉대
> cold-shoulder vt. 무시하다, 냉대하다
> give the cold shoulder to ~에게 쌀쌀맞게 대하다, 냉대하다

0576 mate
[meit]

n. ① 짝 ② 친구

A male bird sings to attract a **mate**.
새의 수컷은 짝을 유혹하기 위해 노래를 한다.

They've been best **mates** since school.
그들은 학창시절부터 가장 친한 친구들이다.

> **MVP** roommate n. (기숙사 등의) 한 방을 쓰는 사람, 룸메이트

0577 officer
[ɔ́:fisər]

n. ① 장교 ② 경찰관 ③ 관리, 공무원

The army **officers** are having a discussion outdoors.
육군 장교들이 야외에서 토론하고 있다.

The immigration **officer** stamped her passport.
출입국 관리 직원이 그녀의 여권에 도장을 찍었다.

0578 bank
[bæŋk]

n. ① 은행 ② 둑, 제방

My salary is paid directly into my **bank**.
내 급료는 은행으로 바로 들어온다.

Massive floods broke down the **bank**.
어마어마한 홍수가 제방을 무너뜨렸다.

0579 space
[speis]

n. ① 공간 ② 우주
v. 일정한 간격을 두다

a parking **space** 주차 공간

An astronaut is a person who travels into **space**.
우주 비행사는 우주로 여행을 하는 사람이다.

The trees are **spaced** about 5 meters apart.
나무가 약 5미터 간격을 두고 떨어져 있다.

> **MVP** spatial a. 공간의, 공간적인(= spacial)
> spaceship n. 우주선
> space shuttle 우주 왕복선
> space station 우주 정거장

0580 room
[ru:m]

n. ① 방 ② 자리, 공간 ③ 여지

There is **room** left for one more.
한 사람 더 들어갈 자리가 있다.

It is important to give children **room** to think for themselves.
아이들에게 스스로 생각할 여지를 주는 것이 중요하다.

0581 spectacle
[spéktəkl]

n. ① 광경, 장관; 구경거리 ② (pl.) 안경

The carnival parade was a magnificent **spectacle**.
그 카니발 행렬은 굉장한 구경거리였다.

He wiped his **spectacles** in order to see better.
그는 더 잘 보고자 안경을 닦았다.

0582 by-product
[báiprɑ̀dəkt]

n. 부산물, 부차적 결과

When burnt, plastic produces dangerous **by-products**.
플라스틱을 태우면 위험한 부산물이 발생한다.

0583 introduce
[ìntrədjú:s]

vt. ① 소개하다 ② 내놓다, 도입하다

Allow me to **introduce** myself.
제 소개를 하겠습니다.

We want to **introduce** the latest technology into schools.
우리는 최신 과학기술을 학교에 도입하고 싶다.

0584 reaction
[riǽkʃən]

n. 반응, 반작용

The decision provoked an angry **reaction** from local residents.
그 결정은 지역 주민들로부터 성난 반응을 불러일으켰다.

0585 ignore
[ignɔ́ːr]

vt. (의식적으로) 무시하다, 묵살하다

We cannot afford to **ignore** this warning.
우리는 이 경고를 무시하면 안 된다.

> **MVP** ignorant a. 무지한, 무식한
> ignorance n. 무지, 무식

0586 flat
[flæt]

a. ① 수평인, 평평한 ② (가격·요금이) 균일의, 일률적인
③ 기운[생기]이 없는; 김빠진
n. ① 평평한 부분[측면]; 평지 ② 아파트 ③ (타이어의) 펑크

The earth is round, not **flat**.
지구는 평평하지 않고 둥글다.

The shop sells everything at a **flat** price.
그 가게는 모든 상품을 균일가로 판매한다.

Her voice was **flat** and expressionless.
그녀의 목소리는 기운이 없고 감정도 담겨있지 않았다.

0587 chain
[tʃein]

n. ① 쇠사슬, 묶는 것, 구속하는 것 ② 연속, 일련
③ (상점·호텔 등의) 체인

The prisoners were kept in **chains**.
죄수들이 사슬에 묶여 있었다.

set in motion a **chain** of events
일련의 사건들을 촉발하다

> **MVP** a chain of 일련의

0588 novel
[nάvəl]

n. 소설
a. 새로운, 신기한

His **novel** was adapted for a movie.
그의 소설은 영화로 각색되었다.

My brother came up with a **novel** idea.
내 남동생이 새로운 아이디어를 제시했다.

> **MVP** novelty n. 새로움, 참신함, 신기함

0589 await
[əwéit]

v. 기다리다, 대기하다

await a favorable change of circumstances
상황이 호전되기를 기다리다

> **MVP** wait for ~을 기다리다
> wait on ~을 기다리다; (특히 식사) 시중을 들다

0590 press
[pres]

v. ① 누르다 ② 압박하다
n. ① 신문, 언론 ② 인쇄(기) ③ 누르기

He **pressed** a handkerchief to his nose.
그는 코에 손수건을 대고 눌렀다.

The bank is **pressing** us for repayment of the loan.
은행에서 융자금을 상환하라고 우리에게 압박을 가하고 있다.

The story was reported in the **press** and on television.
그 이야기는 신문과 텔레비전에 보도되었다.

MVP pressure n. 압박, 압력

0591 lose
[luːz]
(lose–lost–lost)

v. ① 잃다, 분실하다 ② 지다

Some families **lost** everything in the flood.
그 홍수로 일부 가족은 모든 것을 잃었다.

There's a strong possibility that we'll **lose** the game.
우리가 경기에서 질 가능성이 크다.

MVP loss n. 분실, 손실; 패배

0592 farewell
[fɛ̀ərwél]

n. 작별 (인사)

She said her **farewells** and left.
그녀는 작별 인사를 하고 떠났다.

0593 relative
[rélətiv]

a. ① 상대적인 ② 관계[관련] 있는
n. 친척, 인척

She thinks that happiness is **relative**.
그녀는 행복이 상대적이라고 생각한다.

My **relatives** are going to visit me this week.
내 친척들이 이번 주에 나를 방문할 예정이다.

MVP relatively ad. 비교적, 상대적으로

0594 march
[maːrtʃ]

v. 행진하다
n. ① 행진, 행군 ② 가두행진, 가두시위

The band **marched** through the streets.
그 악대가 거리를 행진했다.

0595 enter
[éntər]

v. ① 들어가다, 들어오다 ② 입학하다, 참가하다

People are about to **enter** the hall.
사람들이 홀 안으로 막 들어서려고 한다.

enter a university 대학에 입학하다

> **MVP** entry n. 들어감, 입장; 참가
> entrance n. 들어감, 입장, 입학; 입구

0596 recipe
[résəpi]

n. ① 조리법, 요리법 ② (약 따위의) 처방(전)
③ 방법, 비책, 비결

This **recipe** will be enough for four servings.
이 조리법은 4인분으로 충분하다.

What's her **recipe** for success?
그녀의 성공 비결은 무엇인가?

0597 clever
[klévər]

a. 영리한, 똑똑한

She is a positive and **clever** person.
그녀는 긍정적이고 영리한 사람이다.

0598 overhear
[òuvərhíər]
(overhear–overheard–overheard)

vt. (남의 대화 등을) 우연히 듣다

We talked quietly so as not to be **overheard**.
우리는 혹시나 남이 듣지 않도록 조용히 말을 했다.

> **MVP** wiretap n. 도청 (장치)

0599 tidy
[táidi]

a. 깔끔한, 단정한
v. 정돈[정리]하다

She keeps her flat very **tidy**.
그녀는 아파트를 아주 깔끔하게 해 놓는다.

The woman is **tidying** up the seating area.
여자가 자리를 정돈하고 있다.

0600 measure
[méʒər]

vt. ① 측정하다, 재다 ② 평가하다, 판단하다
n. ① 조치, 정책 ② 척도, 기준, 정도

A ship's speed is **measured** in knots.
배의 속도는 노트로 측정된다.

Don't **measure** others by your own standard.
자신의 기준으로 남을 평가하지 마세요.

A calorie is the **measure** of energy produced by food.
칼로리는 음식에서 생산되는 에너지의 단위이다.

> **MVP** measurement n. 측정, 측량, 치수
> measurable a. 측정할 수 있는; 적당한; 중요한

0601 shape
[ʃeip]

n. 모양, 형태
v. 형성하다

The table is rectangular in **shape**.
그 탁자는 모양이 직사각형이다.

She had a leading role in **shaping** party policy.
그녀는 당의 정책을 수립하는 데 주도적인 역할을 했다.

0602 class
[klæs]

n. ① (공통 성질의) 종류, 부류 ② 학급; 수업
③ (사회의) 계층, 계급; 등급

This **class** is inclusive of all ages.
이 수업은 모든 연령을 대상으로 한다.

The party tries to appeal to all **classes** of society.
그 정당은 사회 모든 계층의 마음에 들려고 노력한다.

All the first **class** seats are fully booked.
일등석이 모두 예약되어 있다.

MVP classify v. 분류하다, 구분하다

0603 pity
[píti]

n. ① 동정, 연민 ② 유감, 애석한 일
v. 불쌍해하다, 동정하다

Her suffering aroused our **pity**.
그녀의 수난은 우리의 동정심을 불러일으켰다.

It seems a **pity** to waste this food.
이 음식을 낭비하다니 유감스럽다.

0604 late
[leit]

a. ① 늦은 ② 고인이 된, 이미 사망한
ad. 늦게, 말에

Her **late** arrival delayed the start of the meeting.
그녀가 늦게 도착하는 바람에 회의 시작이 늦어졌다.

Many people came to honor the **late** leader.
많은 사람들이 고인이 된 지도자에게 경의를 표하러 왔다.

stay up **late** 밤늦게까지 일어나 있다

MVP later ad. 나중에, 후에; a. 뒤[나중]의; 늦은, ~말의

0605 warm
[wɔːrm]

a. 따뜻한, 따스한
v. 따뜻해지다, 데우다

His smile was **warm** and friendly.
그의 미소는 따뜻하고 다정했다.

As the climate **warms** up, the ice caps will melt.
기후가 더 따뜻해지면 만년설이 녹을 것이다.

0606 automatic
[ɔ:təmǽtik]

a. ① 자동의 ② 무의식적인, 반사적인
n. 자동 변속 장치

Automatic payroll deposits make savings easy.
급여 자동 이체로 손쉽게 저축할 수 있다.

> **MVP** automatic teller machine 현금 자동 입출금기(= ATM)
> manual transmission 수동 변속 장치

0607 false
[fɔ:ls]

a. ① 틀린, 잘못된, 거짓된 ② 인조의, 가짜의

The news proved to be **false**.
그 뉴스는 오보로 판명되었다.

He was disguised with a **false** beard.
그는 가짜 수염으로 변장하고 있었다.

> **MVP** falsehood n. 거짓; 거짓말

0608 usual
[jú:ʒuəl]

a. 보통의, 평소의

She answered all my questions with her **usual** honesty.
그녀는 나의 모든 질문에 늘 그렇듯 솔직하게 대답했다.

> **MVP** as usual 늘 그렇듯이
> usually ad. 보통, 대개
> ↔ unusual a. 특이한, 흔치 않은

0609 cue
[kju:]

n. 신호, 암시

He gave us a **cue** by waving a flag.
그는 깃발을 흔들면서 우리에게 신호를 줬다.

0610 aspire
[əspáiər]

vi. 갈망하다, 열망하다

aspire to attain to power 권력을 얻으려고 열망하다

> **MVP** aspiration n. 열망, 포부
> aspirant n. 큰 뜻을 품은 사람

> **MVP** warmth n. 온기
> warm up 따뜻해지다; 준비 운동을 하다

0611 ideal
[aidíːəl]

a. 이상적인, 더할 나위 없는
n. 이상, 궁극의 목적

The music is an **ideal** means for his talents.
음악은 그의 재능을 전달하는 이상적인 수단이다.

The **ideal** and reality never coincide.
이상과 현실은 결코 일치하지 않는다.

MVP idealistic a. 이상주의적인

0612 paw
[pɔː]

n. (동물의 발톱이 달린) 발

The nails in a cat's **paw** are sharp.
고양이 발톱은 날카롭다.

0613 hence
[hens]

ad. 그러므로, 따라서, 이런 이유로

He gave heed to our advice, **hence** came his success.
그는 우리의 충고에 귀를 기울였기 때문에 성공했다.

MVP give heed to ~에 주의[유념]하다

0614 vacation
[veikéiʃən]

n. 방학, 휴가

Last month, she went on a **vacation** with her family.
지난달 그녀는 가족과 함께 휴가를 갔다.

0615 select
[silékt]

v. 선택하다, 고르다, 선발하다
a. 선택된, 선발된, 엄선된

She **selected** a birthday present for her child.
그녀는 자신의 아이를 위해 생일 선물을 골랐다.

Only a **select** few have been invited to the wedding.
선택받은 소수만이 그 결혼식에 초대되었다.

MVP selection n. 선발, 선택
selective a. 선택적인, 선별적인

0616 ill-mannered
[il-mǽnərd]

a. 예의 없는, 무례한

She was upset by his **ill-mannered** remarks.
그녀는 그의 무례한 말에 당황했다.

0617 address
[ədrés]

n. ① 주소 ② 연설
vt. ① 연설하다; 말을 걸다 ② 주소를 쓰다, 보내다

This letter bears a wrong **address**.
이 편지에는 틀린 주소가 적혀 있다.
The president is **addressing** the audience.
대통령이 청중들에게 연설하고 있다.

MVP deliver[give, make] an address 연설을 하다

0618 pinch
[pintʃ]

vt. ① 꼬집다, 집다 ② 죄다, 끼다
n. ① 꼬집기 ② 한 번 집기, 조금

He **pinched** the baby's cheek playfully.
그가 그 아기의 뺨을 장난스레 꼬집었다.
He has **pinched** his thumb in the door.
그는 문틈에 엄지손가락이 끼었다.
a **pinch** of salt 약간의 소금

0619 poultry
[póultri]

n. 가금(家禽); 가금류의 고기

The farmer raises **poultry** for meat and eggs.
그 농부는 고기와 알을 얻기 위해 가금류를 기른다.

0620 participate
[pa:rtísəpèit]

vi. 참가[참여]하다[in]

Every citizen has an equal right to **participate** in the politics area.
모든 시민은 정치 분야에 참여할 동등한 권리를 갖는다.

MVP participation n. 참가, 참여
participant n. 참가자

0621 advertise
[ǽdvərtàiz]

v. 광고하다, 선전하다, 알리다

advertise a house for sale 집을 팔려고 광고를 내다

MVP advertisement n. 광고

0622 excite
[iksáit]

vt. 흥분시키다, 자극하다

His pure enthusiasm **excited** many people.
그의 순수한 열정이 많은 사람들을 흥분시켰다.

MVP excited a. 흥분한, 들뜬
exciting a. 흥분시키는, 자극적인
excitement n. 흥분, 신남

0623 vote
[vout]

v. 투표하다, (투표로) 선출하다
n. 투표(권), 표결; (선거 등에서의) 표

They **voted** for independence in a referendum.
그들은 국민투표에서 독립에 찬성표를 던졌다.

He was **voted** most promising new director.
그는 가장 유망한 새 이사로 선출되었다.

The **vote** was unanimous.
그 표결은 만장일치였다.

MVP voter n. 투표자, 유권자
referendum n. 국민투표, 총선거

0624 enemy
[énəmi]

n. 적, 적군, 장애물

The **enemy** retreated with great loss.
적은 큰 손해를 입고 퇴각했다.

0625 wink
[wiŋk]

v. ① 윙크하다 ② 깜박[반짝]거리다
n. 윙크, 눈짓

The car light **winked** through the fog.
자동차의 라이트가 안개 속에서 깜박거렸다.

He gave me a knowing **wink**.
그는 나를 보고 알았다는 눈짓을 했다.

0626 reed
[riːd]

n. 갈대

reed shaken with the wind
바람에 흔들리는 갈대; 줏대가 없는 사람

I don't believe him as he is a broken **reed**.
그는 믿을 수 없는 사람이기 때문에 나는 그를 믿지 않는다.

MVP a broken[bruised] reed 부러진 갈대, 믿을 수 없는 사람[것]
lean on a reed 못 믿을 사람[물건]에 의지하다

0627 subject
n. a. [sʌ́bdʒikt]
v. [səbdʒékt]

n. ① 주제 ② 과목 ③ 국민
a. ① 지배를 받는, 복종[종속]하는 ② ~을 받기 쉬운
vt. ~에 복종[종속]시키다

Classical landscapes were a popular **subject**.
고전적인 풍경은 인기 있는 주제였다.

This agreement is **subject** to government approval.
이 합의는 정부의 승인을 받아야 한다.

MVP be subject to ~의 대상이다, ~을 당하다

0628 senator
[sénətər]

n. 상원의원

The **senator** pledged to bring income taxes down.
상원의원은 소득세 인하를 공약했다.

MVP senatorial a. 상원의, 상원 의원의
senate n. 상원

0629 haste
[heist]

n. 서두름, 급함
v. 서두르다

The letter had clearly been written in **haste**.
그 편지는 분명히 급히 쓴 것이었다.

MVP in haste 서둘러, 급히; 성급하게
hasten v. 서두르다, 재촉하다

0630 straight
[streit]

a. 곧은, 일직선의, 똑바른
ad. ① 똑바로, 일직선으로 ② 곧장, 곧바로

a **straight** line 직선
She went **straight** from college to a top job.
그녀는 대학을 나오자마자 곧바로 일류 직장에 들어갔다.

MVP straighten v. 곧게[바르게] 하다

0631 assumption
[əsʌmpʃən]

n. ① 가정, 추측 ② 인수, 떠맡기

Like all stereotypes, this **assumption** is not well-founded.
모든 고정관념들처럼 이 가정은 근거가 충분하지 않다.

MVP assume v. 추정하다; 가정하다; 떠맡다

0632 flock
[flak]

n. 떼, 무리
vi. 모이다; 떼 지어 가다[오다]

A **flock** of sheep blocked our entry to the village.
양떼가 우리가 그 마을로 들어가는 것을 막았다.

Geese **flock** together and fly south.
거위는 무리 지어 남쪽으로 날아간다.

0633 overeat
[òuvərí:t]
(overeat–overate–overeaten)

vi. 과식하다

Overeating is the main cause of obesity.
과식은 비만의 주요한 원인이다.

MVP obesity n. 비만

0634 detail
[díːteil]

n. 세부, 항목, 상세한 내용
v. 상술하다, 열거하다

He prepared everything in **detail** from A to Z.
그는 처음부터 끝까지 꼼꼼하게 모든 것을 준비했다.

The brochure **details** all the hotels in the area and their facilities.
그 안내 책자에 그 지역에 있는 모든 호텔과 시설이 상세히 나와 있다.

MVP in detail 상세하게

0635 appetizer
[ǽpitàizər]

n. 전채, 식욕을 돋우기 위한 것

This dish is excellent as an **appetizer**.
이 음식은 애피타이저로 아주 훌륭하다.

0636 adolescent
[ædəlésnt]

n. 청소년, 젊은이

An **adolescent** experiences physical changes known as puberty.
청소년은 사춘기라고 알려진 신체적 변화를 겪는다.

0637 temple
[témpl]

n. ① 절, 사원, 신전 ② 관자놀이 ③ 안경다리

They consider the **temple** to be a sacred place.
그들은 그 사원을 신성한 장소로 여긴다.

0638 bucket
[bʌ́kit]

n. 양동이, 들통

The **bucket** was full of water.
그 양동이는 물로 가득 차 있었다.

MVP bucket list 버킷 리스트(죽기 전에 하고 싶은 일을 적은 목록)

0639 den
[den]

n. 굴, 동굴, 소굴

The policemen raided a gambling **den**.
경찰이 도박 소굴을 급습했다.

0640 balloon
[bəlúːn]

n. 기구(氣球), 풍선

The air in the **balloon** expands when heated.
풍선 속의 공기는 열을 받으면 팽창한다.

0641 return
[ritə́:rn]

v. ① 돌아오다[가다] ② (감정 등이) 되살아나다 ③ 돌려주다
n. ① 돌아옴[감] ② 돌려줌, 반납

He is planning to **return** to school next year.
그는 내년에 학교에 복귀할 예정이다.

She requested the **return** of the book she lent him.
그녀는 빌려 준 책을 되돌려 달라고 그에게 요구했다.

0642 suicide
[sjú:əsàid]

n. 자살, 자살 행위
v. 자살하다

He left a note for his family and committed **suicide**.
그는 가족에게 유서 한 통을 남기고 자살했다.

MVP commit suicide 자살하다
suicidal a. 자살의; 자멸적인

0643 monitor
[mánətər]

n. 모니터, 감시 장치
vt. ① 감시하다 ② 추적 관찰하다

Acid rain can be **monitored** with special equipment.
산성비는 특수 장비로 감시할 수 있다.

Each student's progress is closely **monitored**.
각 학생의 발전 과정은 면밀히 추적 관찰된다.

0644 proof
[pru:f]

n. 증거(물), 증명
a. (손상 등에) 견딜 수 있는

conclusive **proof** 결정적인 증거
He provided **proof** of his loyalty.
그는 자신의 충성심에 대해 증명해 보였다.
The safe is **proof** against fire.
이 금고는 불에도 견딘다.

0645 distant
[dístənt]

a. ① 먼, 멀리 있는 ② (태도 등이) 거리를 두는, 쌀쌀맞은

the **distant** sound of music 멀리서 들려오는 음악 소리
Though the doctor was smiling, his voice was **distant** and cool.
미소를 짓고 있긴 했지만, 그 의사의 목소리는 쌀쌀맞고 냉정했다.

MVP distance n. 거리, 간격

0646 avoid
[əvɔ́id]

vt. 피하다, 회피하다

I left early to **avoid** the rush hour.
나는 교통 혼잡 시간을 피하기 위해 일찍 출발했다.

MVP avoidance n. 회피; 방지

0647 garage
[gərá:dʒ]

n. 차고, 주차장

The car is parked in the **garage**.
차가 차고 안에 주차되어 있다.

0648 propose
[prəpóuz]

v. ① 제안하다, 제의하다 ② 청혼하다

He will **propose** a new plan at the meeting.
그는 모임에서 새 계획을 제안할 것이다.

He **proposed** to her on bended knee.
그는 무릎을 꿇고 그녀에게 청혼했다.

MVP proposal n. 제안, 제의; 청혼

0649 wrestle
[résl]

v. ① 맞붙어 싸우다 ② (문제 등과) 씨름하다

She spent the whole weekend **wrestling** with the problem.
그녀는 그 문제와 씨름하며 주말을 다 보냈다.

0650 repeat
[ripí:t]

v. 반복하다

The treatment should be **repeated** every two hours.
그 치료는 2시간마다 반복해 주어야 한다.

MVP repeated a. 반복되는
repeatedly ad. 되풀이하여
repetition n. 반복, 되풀이

0651 reply
[riplái]

v. 대답하다, 대응하다
n. 대답, 대응

She never **replied** to any of my letters.
그녀는 내 편지 어떤 것에 대해서도 답장을 보내지 않았다.

He showed the greatest reluctance to make a **reply**.
그는 대답하기가 몹시 못마땅하다는 태도를 보였다.

0652 fume
[fju:m]

n. 연기, 가스
v. ① 연기를 내뿜다 ② (화가 나서) 씩씩대다[at, over, about]

Noxious **fumes** were rising from the fire.
불이 난 곳에서 유독가스가 뿜어져 나오고 있었다.

Cars **fume** out exhaust gas to pollute the air.
자동차가 매연을 배출하여 대기를 오염시킨다.

She sat in the car, silently **fuming** at the traffic jam.
그녀는 차 안에 앉아서 차가 막히는 것에 말없이 씩씩대고 있었다.

MVP noxious a. 유독한, 유해한
exhaust n. (자동차 등의) 배기가스

More Vocabulary Power

0653 familiar
[fəmíljər]

a. 익숙한, 친숙한

The poem deals with the **familiar** theme of love.
그 시는 사랑이라는 친숙한 주제를 다루고 있다.

0654 cattle
[kǽtl]

n. (집합적으로) 소

a herd of **cattle** 소떼
The **cattle** are grazing in the field.
소들이 들판에서 풀을 뜯고 있다.

0655 belong
[bilɔ́ːŋ]

vi. 소속하다, 속하다

Man **belongs** to the great group of animals called "mammals".
인간은 '포유동물'이라는 큰 집단에 속한다.

0656 manual
[mǽnjuəl]

a. ① 손의 ② 수동의 ③ 육체노동의
n. 설명서

manual dexterity 손재주
The camera has **manual** and automatic functions.
그 카메라는 수동과 자동 기능이 다 된다.
Labor unions play an influential role for **manual** workers.
노동조합은 육체노동자들을 위해 영향력 있는 역할을 담당한다.

0657 arctic
[ɑ́ːrktik]

a. 북극(권)의
n. (the A-) 북극 지방[권]

Polar bears are large white bears that live in the **Arctic**.
북극곰은 북극에 사는 큰 흰곰이다.

0658 gather
[gǽðər]

v. 모으다; 수집하다

His supporters **gathered** in the main square.
그의 지지자들이 주 광장에 모였다.
Detectives have spent months **gathering** evidence.
형사들은 증거를 수집하느라 몇 달을 보냈다.

0659 texture
[tékstʃər]

n. ① 질감, 감촉 ② 직물, 천

The two cheeses were very different in both taste and **texture**.
그 두 치즈는 맛과 질감 두 가지 면에서 다 서로 아주 달랐다.

MVP textural a. 조직[구조]의

0660 decorate
[dékərèit]

vt. ① 꾸미다, 장식하다 ② (훈장을) 수여하다

They **decorated** the room with flowers and balloons.
그들은 꽃과 풍선으로 방을 꾸몄다.

He was **decorated** for heroism in action.
그는 전투에서 영웅적인 행동을 하여 훈장을 받았다.

> **MVP** decoration n. 장식; 장식물; 훈장
> decorative a. 장식(용)의, 장식적인(= ornamental)

0661 end
[end]

n. ① 끝 ② 목표
v. 끝내다

She is exploiting the current situation for her own **ends**.
그녀가 현 상황을 자기 자신의 목적을 위해 이용해 먹고 있다.

They decided to **end** their relationship.
그들은 자신들의 관계를 끝내기로 했다.

0662 medicine
[médəsən]

n. ① 약, 약물 ② 의학, 의술

That **medicine** acts fast to relieve pain.
이 약은 통증을 없애는 데에 빠른 효과를 보인다.

Even modern **medicine** has no cure for that disease.
그 병은 현대 의학으로도 고칠 수 없다.

> **MVP** medical a. 의학[의술, 의료]의
> medication n. 약[약물] (치료)
> medicate vt. 약을 투여하다

0663 spring
[spriŋ]
(spring-sprang-sprung)

v. ① 튀다, 뛰어오르다 ② 갑자기 ~하다 ③ 싹트다
n. ① 봄 ② 용수철 ③ 샘, 원천

A ball **sprang** back on the floor.
공이 바닥 위로 튀어 올랐다.

The plant **sprang** up when the **spring** came.
봄이 왔을 때 식물의 싹이 텄다.

a hot **spring** 온천

0664 experience
[ikspíəriəns]

n. 경험, 체험, 경력
vt. 경험하다, 체험하다

He gained valuable **experience** whilst working on the project.
그는 그 프로젝트 일을 하면서 귀중한 경험을 얻었다.

0665 nurse
[nəːrs]

n. 간호사
vt. ① 간호하다 ② (병·부상을) 치료하다

She **nursed** him back to health.
그녀는 그를 잘 간호해서 완쾌시켰다.
nurse a cold 감기를 치료하다

> **MVP** nursing n. 간호직
> nursery n. 탁아소, 보육원

0666 renown
[rináun]

n. 명성, 유명

an author of great **renown** 매우 유명한 작가
Neil Armstrong won great **renown** for being the first man on the moon.
닐 암스트롱은 달에 도착한 최초의 사람으로 큰 명성을 얻었다.

> **MVP** renowned a. 유명한, 명성 있는

0667 silent
[sáilənt]

a. 말 없는, 침묵하는, 조용한

As the curtain rose, the audience fell **silent**.
막이 올라가자 관객들이 조용해졌다.

> **MVP** silence n. 고요, 침묵
> silently ad. 말없이, 조용히

0668 boycott
[bɔ́ikat]

vt. 불매 동맹을 하다, 배척하다
n. 불매운동

He urged all citizens to **boycott** the polls.
그는 전 국민들이 투표를 거부할 것을 촉구했다.

Koreans declared a **boycott** against products of Japan.
한국인들은 일본 제품에 대하여 불매운동을 선언했다.

0669 pharmacy
[fáːrməsi]

n. 약국; 약학

The **pharmacy** is located right next to the hospital.
그 약국은 병원 바로 옆에 붙어 있다.

> **MVP** pharmacist n. 약사

0670 machine
[məʃíːn]

n. 기계

Machines have replaced human labor in many industries.
많은 제조업 부문에서 기계가 인간 노동을 대신하게 되었다.

> **MVP** machinery n. 기계(류)

0671 saddle
[sǽdl]

n. (말의) 안장
v. ① ~에 안장을 얹다 ② (책임·부담 따위를) ~에게 지우다

She put a **saddle** on the horse and began to ride it.
그녀는 말에 안장을 얹고 말을 타기 시작했다.

I've been **saddled** with organizing the conference.
나는 그 회의를 준비하는 일을 떠안았다.

MVP in the saddle 권좌에 앉아, 실권을 쥐고; 말을 타고
harness n. (마차 말의) 마구(馬具); vt. 이용하다

0672 faith
[feɪθ]

n. 믿음, 신뢰; 신념

The incident shook up the **faith** that I had in the police.
그 사건은 경찰에 대한 나의 믿음을 흔들어 놓았다.

0673 cheek
[tʃiːk]

n. 볼, 뺨

He kissed her on the **cheek**.
그는 그녀의 뺨에 키스했다.

0674 flame
[fleim]

n. ① 불길, 불꽃 ② 격정
v. 활활 타오르다

The **flames** were growing higher and higher.
불길이 점점 더 높이 치솟았다.

a **flame** of passion 격정적인 정열
The logs **flamed** in the fireplace.
장작들은 벽난로 안에서 활활 타올랐다.

MVP flammable a. 가연성의, 불에 잘 타는

0675 film
[film]

n. 영화
v. 촬영하다

The **film** drew audiences totaling one million people.
그 영화는 100만 명의 관객을 동원했다.

Many people thought the scene was **filmed** with special effects.
많은 사람들은 그 장면이 특수 효과를 이용해 촬영되었다고 생각했다.

0676 elder
[éldər]

a. 나이가 더 많은, 손위의
n. 연장자, 어른

He is less clever than his **elder** brother.
그는 형만큼 영리하지 않다.

Children can learn manners from their grandparents or other **elders**.
아이들은 조부모님들이나 다른 어른들로부터 예절을 배울 수 있다.

MVP elderly a. 나이가 지긋한, 고령의

0677 attack
[ətǽk]

v. ① 공격하다; 비난하다 ② (일 등에 정력적으로) 착수하다
n. ① 공격 ② (병의) 발병, 발작

At dawn the army **attacked** the town.
새벽에 군대가 그 도시를 공격했다.

He had an **attack** of flu.
그는 유행성 독감에 걸렸다.

MVP counterattack n. 반격, 역습

0678 combine
[kəmbáin]

v. 결합하다, 병행하다

My husband **combined** his property with mine.
나의 남편은 그의 재산과 나의 재산을 합쳤다.

Many women wish to **combine** a career and their children.
많은 여성들이 일과 육아를 병행하기를 바란다.

MVP combination n. 조합[결합](물)

0679 follow
[fálou]

v. ① 따라가다[오다], 따르다 ② 뒤를 잇다

The police **followed** the suspect at a distance.
경찰은 거리를 두고 용의자를 따라갔다.

Each class is **followed** by a break of ten minutes.
매 수업 시간 뒤에 10분간 쉬는 시간이 있다.

MVP follower n. 추종자, 신봉자, 뒤따르는 사람
following a. 다음에 오는, 잇따르는

0680 island
[áilənd]

n. 섬

The airplane landed on a small **island**.
그 비행기는 작은 섬에 착륙했다.

0681 obtain
[əbtéin]

v. 얻다, 획득하다

Vitamins and fiber are best **obtained** from natural food.
비타민과 섬유질은 천연 식품에서 가장 잘 얻을 수 있다.

0682 pioneer
[pàiəníər]

n. 개척자, 선구자
vt. 개척하다

He was a **pioneer** who was ahead of his time.
그는 시대를 앞서 간 선구자였다.

Alexander the Great **pioneered** an extensive domain.
알렉산더 대왕은 광대한 영토를 개척했다.

0683 genius
[dʒíːnjəs]

n. ① (자질로서의) 천재 ② 비범한 재능

The name Albert Einstein is synonymous with **genius**.
앨버트 아인슈타인이라는 이름은 천재와 동의어이다.

She has a **genius** for making friends.
그녀는 친구를 사귀는 데 비범한 재능을 가지고 있다.

0684 spend
[spend]

v. (돈·노력·시간 등을) 쓰다, 보내다

She **spends** too much effort on things that don't matter.
그녀는 중요하지 않은 일에 너무 많은 노력을 들인다.

Spring is a wonderful season to **spend** time outside.
봄은 야외에서 시간을 보내기에 좋은 계절이다.

0685 rot
[rat]

v. 썩다
n. 썩음, 부패

Foods are apt to **rot** quickly in summer.
여름에는 음식물이 부패하기 쉽다.

0686 saying
[séiiŋ]

n. 속담, 격언

A **saying** goes that time is money.
시간은 금이라는 속담이 있다.

0687 tragedy
[trædʒədi]

n. 비극, 참사

the four great **tragedies** by Shakespeare 셰익스피어 4대 비극
The sense of **tragedy** is a luxury of aristocratic societies.
비극에 대한 관념은 귀족 사회의 사치품이다.

MVP tragic a. 비극적인, 비극의

0688 problem
[prábləm]

n. 문제; 골치 아픈 일

Pollution will be a very big **problem** in the future.
미래에 공해는 아주 큰 문제가 될 것이다.

0689 caution
[kɔ́ːʃən]

n. 주의, 조심, 경계

When crossing the street, you should use **caution**.
길을 건널 땐 조심해야 한다.

> **MVP** cautious a. 주의 깊은, 신중한

0690 require
[rikwáiər]

vt. ① 필요하다 ② 요구하다

Dogs **required** more space to roam around.
개들은 돌아다닐 수 있는 공간이 더 필요했다.

The wearing of seat belts is **required** by law.
안전벨트 착용은 법으로 요구된다.

> **MVP** request n. 부탁, 요청, 요구; vt. 부탁하다, 요청하다
> requirement n. 필요(한 것); 필요조건

0691 warn
[wɔːrn]

v. ① 경고하다, 주의하다 ② 통고하다, 알리다

I tried to **warn** her, but she wouldn't listen.
나는 그녀에게 경고를 하려고 했지만 그녀가 듣지 않으려 했다.

They **warned** me of his visit.
그들은 내게 그의 방문을 알려주었다.

> **MVP** warning n. 경고, 주의

0692 field
[fiːld]

n. 분야, 영역

He is one of the best experts in his **field**.
그는 자신의 분야에서 최고의 전문가 중 한 사람이다.

0693 tobacco
[təbǽkou]

n. 담배

The government imposed a ban on **tobacco** advertising.
정부가 담배 광고에 대해 금지령을 내렸다.

0694 cotton
[kátn]

n. 솜, 면화, 면직물

Like blue jeans, the T-shirt is made from **cotton**.
청바지처럼 티셔츠도 면으로 만든다.

0695 liver
[lívər]

n. 간(肝)

A lot of people need **liver** transplants.
많은 사람들이 간 이식을 필요로 한다.

> **MVP** heart n. 심장
> kidney n. 신장, 콩팥
> lung n. 폐, 허파
> stomach n. 위, 복부

0696 pray
[prei]

v. 빌다, 기도하다

She **prayed** to God for an end to her sufferings.
그녀는 자신의 고통이 끝나게 해 달라고 하느님께 빌었다.

> **MVP** prayer n. 기도; 기도문; 기도하는 사람

0697 focus
[fóukəs]

v. 집중하다, 초점을 맞추다[on, upon]
n. 초점, 중심

The team only **focused** on defense throughout the entire game.
그 팀은 경기 내내 수비에만 치중했다.

The economy is the main **focus** of the summits.
이 회담은 경제에 주로 초점을 맞춘다.

0698 opinion
[əpínjən]

n. 의견, 견해, 생각

public **opinion** 여론
opinion poll 여론 조사
We each have our own **opinions**.
우리는 각자 자기의 의견을 갖고 있다.

0699 edge
[edʒ]

n. ① 끝, 모서리 ② (칼 등의) 날 ③ 강점, 우위, 우세
v. 조금씩 나아가다[움직이다]

He stood on the **edge** of the cliff.
그는 벼랑 끝에 서 있었다.

This razor has a sharp **edge**.
이 면도칼은 날이 날카롭다.

The company needs to improve its competitive **edge**.
그 회사는 경쟁우위를 향상시킬 필요가 있다.

She **edged** a little closer to me.
그녀가 내게 조금 더 가까이 다가왔다.

0700 creek
[kri:k]

n. 시내, 지류

There is a short footbridge over the **creek**.
시냇물 위로 작은 인도교가 있다.

0701 wagon
[wǽgən]

n. 짐마차, 4륜차; 배달용 트럭

The **wagon** was being drawn by two horses.
그 짐마차는 두 마리의 말이 끌고 있었다.

> **MVP** bandwagon n. 악대차; 시류를 탄 움직임, 인기
> jump on the bandwagon 시류에 편승하다
> trolley n. 카트, 손수레

0702 pattern
[pǽtərn]

n. ① 양식, 형태 ② 모범, 본보기

Culture **patterns** always change rapidly.
문화양식은 항상 빠르게 변한다.

She is a **pattern** of virtue.
그녀는 미덕의 귀감이다.

0703 ambassador
[æmbǽsədər]

n. 대사; 사절, 특사

be appointed **ambassador** to the United States
주미 대사로 임명되다

> **MVP** ambassadorial a. 대사의, 사절의
> consul n. 영사

0704 volume
[válju:m]

n. ① (시리즈로 된 책의) 권(卷); 책
② 부피, 양, 크기; 용적, 용량 ③ 음량

an encyclopedia in 20 **volumes** 20권으로 된 백과사전
New roads are being built to cope with the increased **volume** of traffic.
늘어나는 교통량을 감당하기 위해 새 도로들이 건설되고 있다.

0705 defend
[difénd]

v. ① 방어하다, 수비하다 ② 옹호하다, 변호하다

Troops have been sent to **defend** the borders.
국경을 수비하기 위해 병력이 투입되었다.

He has employed one of the UK's top lawyers to **defend** her.
그는 그녀를 변호하도록 영국 내 최고 변호사 중 한 명을 고용했다.

> **MVP** defense n. 방어, 방위
> defensive a. 방어의; 변호의
> defendant n. 피고, 피고인

0706 orphan
[ɔ́ːrfən]

n. 고아
vt. (아이를) 고아로 만들다

He was an **orphan** and lived with his uncle.
그는 고아라서 삼촌과 함께 살았다.

She was **orphaned** in the war.
그녀는 전쟁 통에 고아가 되었다.

MVP orphanage n. 고아원

0707 eager
[íːgər]

a. ① 열렬한, 열심인 ② 갈망하는, 간절히 바라는

Everyone in the class seemed **eager** to learn.
학급의 모든 학생들이 배우는 데 열심인 것 같았다.

She is **eager** for her parents' approval.
그녀는 부모님의 승낙을 간절히 바라고 있다.

MVP be eager to ~을 하고 싶어 하다
eagerly ad. 열심히; 간절히
eagerness n. 열의, 열심, 열망

0708 allow
[əláu]

v. 허락하다, 용납하다

Smoking is not **allowed** in the aircraft.
기내에서는 흡연이 허용되지 않는다.

MVP allowance n. 용돈; 비용; 허용량

0709 lobby
[lɑ́bi]

n. ① (호텔·극장 등의) 로비 ② (정치적) 압력 단체
v. (정치적인) 로비를 하다[영향력을 행사하다]

The gun **lobby** is against any change in the law.
총기 관련 압력 단체는 그 법에 대한 어떤 변경도 반대한다.

Turkey is currently **lobbying** to join the European Union.
터키는 현재 유럽연합에 가입하기 위해 로비를 하고 있다.

0710 absent
[ǽbsənt]

a. 결석한, 부재의

be **absent** from work 결근하다

MVP absence n. 부재; 결석, 결근; 없음, 결여

0711 gym
[dʒim]

n. 체육(관), 운동

He starts his day at the **gym** by exercising alone.
그는 홀로 운동을 하면서 체육관에서 하루를 시작한다.

gym shoes 운동화

MVP gymnasium n. 체육관, 경기장
gymnastics n. 체조

0712 plate
[pleit]

n. 접시, 그릇

The woman is putting food on her **plate**.
여자가 음식을 접시에 담고 있다.

0713 mean
[miːn]
(mean–meant–meant)

v. 의미하다
a. ① 보통의, 평범한 ② 비열한; 인색한 ③ 중간의
n. ① (pl.) 수단, 방법 ② 중간, 중용

I do not know what he **meant** by that remark.
나는 그가 그 말을 무슨 뜻으로 했는지 모르겠다.

His **mean** actions contradict his words.
그의 비열한 행위는 그의 말과 모순된다.

Television is an effective **means** of communication.
텔레비전은 효율적인 의사전달 수단이다.

0714 worsen
[wə́ːrsn]

v. 악화되다

Her health has **worsened** considerably.
그녀의 건강이 상당히 악화되었다.

MVP worse a. 더 나쁜, 악화된

0715 barn
[baːrn]

n. 곳간; 외양간

The **barns** are bursting with grain.
곳간이 곡식으로 가득 차 있다.

0716 earnest
[ə́ːrnist]

a. 성실한, 진지한
n. 진지, 진심

Despite his **earnest** efforts, he could not find a job.
진지한 노력에도 불구하고 그는 일자리를 찾을 수 없었다.

He settled down to study in **earnest**.
그는 진지하게 공부에 전념했다.

0717 slide
[slaid]

v. 미끄러지다

His car was **sliding** all over the icy road.
그의 차가 빙판 길을 이리저리 미끄러졌다.

0718 overload
[òuvərlóud]

vt. 과적하다; 너무 많이 부과하다
n. 지나치게 많음, 과부하

an **overloaded** truck 과적 트럭
He's **overloaded** with responsibilities.
그에게 부과된 책무가 과중하다.
Information **overload** is a new problem these days.
정보의 과부하는 오늘날 새로운 문제이다.

0719 muscle
[mʌ́sl]

n. ① 근육 ② 힘, 근력

It takes a great deal of **muscle** to move this box.
이 박스를 옮기는 데는 상당한 힘이 든다.

MVP muscular a. 근육의

0720 uncover
[ʌnkʌ́vər]

v. ① 폭로하다, 적발하다 ② 덮개[뚜껑]를 열다

Police have **uncovered** a plot to kill the president.
경찰이 대통령 암살 음모를 폭로했다.
His head was **uncovered**.
그의 머리에는 모자가 씌어져 있지 않았다.

MVP uncovered a. 아무것도 덮여 있지 않은, 모자를 벗은

0721 form
[fɔːrm]

n. ① 모양, 형태 ② 유형, 종류
v. 형성하다, 구성하다

This dictionary is available in electronic **form**.
이 사전은 전자사전 형태로 구입할 수 있다.
The **form** of a poem is less important than its content.
시의 형식은 내용보다 덜 중요하다.
They **formed** an association to help the poor.
그들은 가난한 사람들을 돕기 위한 단체를 구성했다.

0722 whereabouts
[wέərəbàuts]

n. 소재, 행방

His **whereabouts** are still unknown.
그의 소재는 아직 알려져 있지 않다.

0723 rare
[rɛər]

a. ① 드문, 희귀한 ② (고기가) 설구워진, 덜 익은

I stumbled upon a **rare** book at a secondhand bookstore.
나는 헌책방에서 보기 드문 책을 우연히 발견했다.
I ordered **rare** steak but It was too **rare** for me to eat.
설익은 스테이크를 주문했지만 너무 설익어서 먹을 수가 없었다.

MVP rarely ad. 드물게, 좀처럼 ~하지 않는(= seldom)

0724 crime
[kraim]

n. (법률상의) 죄, 범죄

The police declared to fight against **crime**.
경찰은 범죄와의 전쟁을 선포했다.

> **MVP** criminal a. 범죄의, 형사상의; n. 범죄자

0725 moral
[mɔ́:rəl]

a. 도덕적인, 교훈적인
n. 교훈

Religious leaders were expected to express lasting **moral** values.
종교 지도자들은 영원한 도덕적 가치들을 이야기할 것으로 기대됐다.

> **MVP** morality n. 도덕, 도덕성
> morally ad. 도덕적으로
> ↔ immoral a. 비도덕적인, 부도덕한

0726 quite
[kwait]

ad. ① 완전히, 전적으로 ② 꽤, 상당히

I **quite** agree with you.
너와 전적으로 동감이다.

There were **quite** a number of people in the park.
공원에는 꽤 많은 사람들이 있었습니다.

0727 log
[lɔ:g]

n. ① 통나무 ② (항해나 운항의) 일지[기록]
vt. 일지에 기록하다

The **logs** dropped down the river.
통나무는 강을 따라 흘러 내려갔다.

The captain keeps a **log**.
선장이 일지를 작성한다.

The police **log** all phone calls.
경찰이 모든 통화는 일지에 기록을 한다.

0728 precious
[préʃəs]

a. 귀중한, 값비싼

Clean water is a **precious** commodity.
깨끗한 물은 귀중한 생필품이다.

0729 decide
[disáid]

v. 결정하다, 판결을 내리다

decide between the two candidates 두 후보 사이에서 결정하다

> **MVP** decision n. 결정; 판결
> decisive a. 결정적인; 단호한, 확고한

0730 lazy
[léizi]

a. ① 게으른, 나태한 ② 느긋한, 여유로운

The teacher rebuked his pupils for being **lazy**.
선생님은 학생들을 게으르다고 꾸짖었다.

We spent a **lazy** day on the beach.
우리는 해변에서 느긋한 하루를 보냈다.

0731 environment
[inváiərənmənt]

n. 환경, 주위

We have to protect the **environment** from pollution.
우리는 공해로부터 환경을 보호해야 한다.

0732 respond
[rispánd]

v. 대답[응답]하다, 대응[반응]하다

He **responded** the questions with the top of his mind.
그는 건성으로 질문에 응답했다.

The advertisement was not at all **responded** to by the public.
그 광고에 대해 대중은 아무런 반향이 없었다.

MVP response n. 대답, 반응

0733 cargo
[ká:rgou]

n. (선박·비행기의) 화물

Cargo is carried on ships, airplanes, and trucks.
화물은 배, 비행기, 트럭으로 운송된다.

0734 terrible
[térəbl]

a. 끔직한, 무서운, 심한

The recent earthquake was a **terrible** calamity.
최근의 지진은 끔직한 재앙이었다.

The traffic congestion is **terrible** here at rush hour.
출퇴근 시간에 이곳은 교통 체증이 심하다.

0735 abyss
[əbís]

n. 심연; 끝없이 깊은 구렁; 나락; 혼돈

She was in an **abyss** of despair.
그녀는 절망의 구렁텅이에 빠져 있었다.

the **abyss** of time 시간의 심연, 영원

0736 leather
[léðər]

n. 가죽

He wears a **leather** jacket every day.
그는 매일 가죽 재킷을 입는다.

0737 disease
[dizíːz]

n. 질병, 질환

This **disease** needs to be treated at the very beginning.
이 병은 초기에 치료할 필요가 있다.

0738 shock
[ʃak]

n. 충격
v. 충격을 주다

The **shock** of the explosion could be felt up to six miles away.
그 폭발의 충격은 6마일 떨어진 곳에서도 느낄 수 있을 정도였다.

We were all **shocked** at the news of her death.
그녀의 사망 소식에 우리는 모두 충격을 받았다.

MVP shocking a. 충격적인

0739 want
[wɔːnt]

v. ① 원하다, 바라다 ② 부족하다
n. 부족, 결핍

She's always **wanted** a large family.
그녀는 항상 대가족을 원해왔다.

He doesn't **want** courage.
그는 용기가 부족하지 않다.

The company failed from **want** of capital.
그 회사는 자금 부족으로 도산했다.

MVP wanted a. <광고> ~을 구하는; 지명 수배 중의
wanting a. ~이 없는[모자라는], 부족한

0740 calm
[kaːm]

a. 고요한, 차분한
v. 가라앉히다, 차분하게 하다

He remained **calm** even in an urgent situation.
그는 위급한 상황에도 침착함을 유지했다.

MVP calm down 진정하다

0741 misfortune
[misfɔ́ːrtʃən]

n. 불운, 불행

He has known great **misfortune** in his life.
그는 살면서 큰 불행을 겪어 보았다.

0742 altogether
[ɔ̀ːltəgéðər]

ad. ① 완전히, 전적으로 ② 모두, 통틀어, 전부 합하여

These rare animals may soon disappear **altogether**.
이 희귀 동물들은 곧 완전히 멸종될지 모른다.

MVP all together 모두 함께[동시에]

0743 society
[səsáiəti]

n. ① 사회 ② 협회, 단체

Racism exists at all levels of **society**.
인종차별주의는 사회의 모든 단계에서 존재한다.

The **society** was set up to protect endangered species.
그 협회는 멸종 위기에 처한 종들을 보호하기 위해 결성되었다.

MVP social a. 사회적인, 사교적인, 군거성의

0744 turn
[tə:rn]

v. ① 돌리다 ② 변하다
n. ① 돌리기, 회전 ② 차례, 순번

She **turned** the wheel sharply to the left.
그녀가 핸들을 급히 왼쪽으로 돌렸다.

The leaves were **turning** brown.
나뭇잎들이 누렇게 변하고 있었다.

The car is making a **turn** at the corner.
자동차가 모퉁이에서 회전하고 있다.

He was waiting for his **turn** restlessly in the waiting room.
그는 대기실에서 자신의 차례를 초조하게 기다리고 있었다.

0745 cell
[sel]

n. ① 세포 ② 작은 방, 독방 ③ 전지

The cancer **cells** invade other parts of the body.
암세포는 신체의 다른 부위를 침범한다.

The police locked up the prisoner in a **cell**.
경찰은 그 죄수를 독방에 가두었다.

a photoelectric **cell** 광전지

MVP cellular a. 세포의; 무선[휴대] 전화의

0746 palm
[pa:m]

n. ① 손바닥; (동물의) 앞발의 발바닥 ② 야자나무
③ (the -) 승리, 영예

The golf club should be held by the fingers, not the **palm**.
골프채는 손바닥이 아니라 손가락으로 잡아야 한다.

A **palm** is a tropical tree which grows near beaches or in deserts.
야자나무는 해변이나 사막 근처에서 자라는 열대성 나무이다.

0747 billion
[bíljən]

n. 10억; (pl.) 막대한 수[of]

About 1.3 **billion** people live in China.
약 13억 명의 사람들이 중국에 살고 있다.

MVP billionaire n. 억만 장자
million a. 100만의; n. 100만
millionaire n. 백만장자, 대부호

0748 mathematics
[mæθəmǽtiks]

n. 수학; 계산

Mathematics is the study of numbers, sizes, and shapes.
수학은 수, 크기, 모양을 연구하는 학문이다.

MVP mathematician n. 수학자
mathematical a. 수학(상)의, 수리적인; 아주 정확한

0749 bless
[bles]

v. ~을 축복하다, 가호를 빌다

My parents always **bless** me every morning.
우리 부모님들은 항상 매일 아침 나를 축복해 준다.

MVP blessing n. 축복

0750 might
[mait]

n. (강력한) 힘, 권력
aux. ~일지도 모른다(may의 과거형)

He opposed the new system with all his **might**.
그는 있는 힘을 다하여 그 새 제도에 반대하였다.

He said he **might** come tomorrow.
그가 내일 올지도 모른다고 했다.

MVP mighty a. 강력한; 웅장한

0751 arc
[a:rk]

n. 호(弧), 원호(圓弧)

The beach swept around in an **arc**.
해변이 활 모양으로 둥글게 펼쳐져 있었다.

0752 especially
[ispéʃəli]

ad. 특히; 특별히

Doctors say junk food is **especially** bad for young children.
의사들은 인스턴트 음식이 특히 어린 아이들에게 좋지 않다고 말한다.

MVP especial a. 특별한, 각별한
special a. 특수한, 특별한; 특정한

0753 twin
[twin]

n. 쌍둥이
a. 쌍둥이의; 한 쌍의

People often confuse me and my **twin** sister.
사람들은 흔히 나와 내 쌍둥이 언니를 혼동한다.

MVP triplet n. (pl.) 세쌍둥이
identical twins 일란성 쌍둥이
fraternal twins 이란성 쌍둥이

0754 upgrade
[ʌpgrèid]

vt. 개선하다; 승진[승급]시키다
n. 증가, 상승, 향상

To beat the competition, we need to **upgrade** our quality steadily.
경쟁에서 이기려면 꾸준히 품질을 향상시켜야 한다.

MVP update vt. 최신의 것으로 하다, 갱신하다
↔ downgrade vt. (등급·수준 등을) 격하시키다

0755 weapon
[wépən]

n. 무기, 병기

He was charged with carrying an offensive **weapon**.
그는 공격용 무기 소지로 기소되었다.

MVP arm n. (보통 pl.) 무기, 병기

0756 statute
[stǽtʃuːt]

n. ① 법규, 법령 ② 규정; 학칙

Penalties are laid down in the **statute**.
처벌 내용이 법규에 규정되어 있다.
Under the **statutes** of the university they had no power to dismiss him.
대학 학칙에 따르면 그들은 그를 퇴학시킬 권한이 없었다.

MVP stature n. (사람의) 키, 신장

0757 doze
[douz]

v. 깜빡 잠이 들다, 졸다

Dozing off at the wheel causes traffic accidents.
졸음운전은 교통사고의 원인이 된다.

MVP snooze v. 잠깐 자다, 눈을 붙이다

0758 fog
[fɔːg]

n. 안개

Because of dense **fog**, the visibility on the road was poor.
짙은 안개 때문에 도로의 시계가 좋지 않았다.

MVP mist n. (엷은) 안개
haze n. 아지랑이, 안개

0759 stupid
[stjúːpid]

a. 어리석은, 우둔한

It is very **stupid** of you to comply with his request.
네가 그의 요구에 응하는 것은 아주 어리석은 짓이다.

MVP stupidity n. 어리석음, 어리석은 짓

0760 arrow
[ǽrou]

n. 화살

He strung a bow and shot an **arrow**.
그는 활에 시위를 메우고 화살을 쐈다.

MVP archery n. 궁도; 양궁(술)
bow n. 활

0761 exist
[igzíst]

vi. ① 존재[현존, 실재]하다 ② (특히 역경에서) 살아가다

His spirit **exists** even today.
그의 정신은 오늘날에도 살아 있다.

He **exists** on a low salary.
그는 박봉으로 생활한다.

MVP existence n. 존재, 실재, 현존; 생활

0762 tradition
[trədíʃən]

n. 전통, 관습

By **tradition**, children play tricks on 1 April.
전통적으로 아이들이 4월 1일에 장난을 친다.

MVP traditional a. 전통의, 전통적인

0763 avail
[əvéil]

v. 도움이 되다, 유용하다
n. 이익, 효력, 효용

This medicine **avails** little against pain.
이 약은 통증에 거의 효험이 없다.

be of little **avail** 거의 도움이 되지 않다

MVP available a. 이용할 수 있는, 유효한

0764 debate
[dibéit]

n. 토의, 토론
v. 토의[토론]하다

Crosswalk traffic lights are causing a **debate**.
보행 신호등이 논란거리가 되고 있다.

They **debate** current issues and share opinions.
그들은 시사에 대해 토론하고 의견을 나눈다.

0765 dozen
[dʌzn]

n. 1다스, 12개

One **dozen** is equal to twelve.
1다스는 12와 같다.

MVP dozens of 수십의, 많은

0766 export
[ikspɔ́ːrt]

v. 수출하다
n. 수출(품)

The island **exports** sugar and fruit.
그 섬은 설탕과 과일을 수출한다.

Wheat is a big **export** for Canada.
밀은 캐나다의 주요 수출품이다.

MVP ↔ import v. 수입하다; n. 수입(품)

0767 hardly
[háːrdli]

ad. 거의 ~아니다[없다]

They had **hardly** spoken throughout the session.
그들은 그 시간 내내 거의 한 마디도 대화를 나누지 않았다.

0768 bin
[bin]

n. 쓰레기통; (뚜껑 달린) 큰 상자

Please deposit waste in the trash **bin**.
쓰레기는 쓰레기통에 버리세요.

MVP bean n. 콩; 열매

0769 medley
[médli]

n. ① 혼성곡, 메들리 ② 여러 가지 뒤섞인 것

He played a **medley** of popular tunes for the people to sing.
그는 사람들이 노래를 부를 수 있게 인기곡 메들리를 연주했다.

a **medley** of flavors 여러 가지가 뒤섞인 맛

0770 demand
[dimǽnd]

v. 요구하다
n. ① 요구 ② 수요

Consumers have the right to **demand** a refund.
고객들은 환불을 요구할 권리가 있다.

The company is facing a crisis over **demands** for higher pay.
그 회사는 봉급 인상 요구로 인해 위기에 직면해 있다.

Lower oil prices are expected to stimulate **demand**.
유가 하락은 수요를 진작시킬 것으로 예상된다.

0771 function
[fʌ́ŋkʃən]

n. 기능
vi. 기능하다, 작용하다

The **function** of the heart is to pump blood through the body.
심장의 기능은 전신에 혈액을 내보내는 것이다.

Despite the power cuts, the hospital continued to **function** normally.
정전에도 불구하고 병원의 기능은 계속 정상적으로 수행되었다.

MVP functional a. 기능적인, 실용적인

0772 accomodate
[əkámədèit]

v. 공간을 제공하다, 수용하다

The luxury hotel can **accommodate** up to 500 guests.
그 호화 호텔은 투숙객을 500명까지 수용할 수 있다.

MVP accommodation n. 숙박시설; 편의

0773 mainland
[méinlænd]

n. 본토

The new bridge will link the island to the **mainland**.
새 다리는 그 섬과 본토를 연결할 것이다.

0774 steer
[stiər]

v. ① 조종하다, 몰다; 이끌다 ② (어떤 방향으로) 나아가다

He **steered** the boat into the harbor.
그는 보트를 몰아 항구로 들어갔다.

She **steered** the team to victory.
그녀가 그 팀을 승리로 이끌었다.

The ship **steered** a course between the islands.
그 배는 그 섬들 사이로 나아가고 있었다.

MVP steering wheel (자동차의) 핸들

0775 hire
[haiər]

vt. 고용하다

Companies want to **hire** people who can speak Chinese.
회사들은 중국어를 할 수 있는 사람들을 고용하고 싶어 한다.

0776 armor
[ɑ́ːrmər]

n. 갑옷, 방호복, (일반적으로) 방호[보호]하는 것

The knights were clad in **armor**.
그 기사들은 갑옷으로 무장하고 있었다.

MVP body armor 방탄복, 방탄조끼
be clad in armor 갑옷을 입고 있다, 무장하고 있다

0777 duration
[djuəréiʃən]

n. 지속; (지속되는) 기간

The school was used as a hospital for the **duration** of the war.
전쟁 기간 중에 그 학교는 병원으로 쓰였다.

0778 embarrass
[imbǽrəs]

v. 당황스럽게 하다, 난처하게 만들다

The student **embarrassed** the teacher with awkward questions.
그 학생은 곤란한 질문으로 선생님을 난처하게 만들었다.

MVP embarrassed a. 부끄러운, 난처한
embarrassing a. 당황케 하는, 난처하게 하는

0779 suitable
[súːtəbl]

a. 적합한, 알맞은, 어울리는

These shoes are not **suitable** for walking.
이 신발은 산책에 적합하지 않다.

MVP ↔ unsuitable a. 적합하지[알맞지] 않은

0780 conference
[kánfərəns]

n. 회의, 학회

a well-attended **conference** 많은 사람들이 참석한 학회

0781 subconscious
[sʌbkánʃəs]

a. 잠재의식적인
n. 잠재의식

the **subconscious** mind 잠재의식적인 마음
Her answer seemed to come from the **subconscious**.
그녀의 대답은 무의식적으로 나온 것처럼 보였다.

MVP conscious a. 의식하고 있는
unconscious a. 의식하지 못하는, 무의식의

0782 right
[rait]

a. ① (도덕적으로) 옳은 ② 맞는, 정확한
ad. 정확히, 바로
n. ① 권리 ② 정의

He always does what he believes is **right**.
그는 항상 옳다고 믿는 바를 행한다.

The police identified the girl **right** away.
경찰은 즉시 그 소녀의 신원을 밝혀냈다.

the **right** to vote 투표권

MVP righteous a. (도덕적으로) 옳은; 당연한
rightful a. 합법적인, 정당한
rightly ad. 당연히, 마땅히; 옳게, 제대로
↔ wrong a. 틀린; (도덕적으로) 잘못된

More Vocabulary Power

0783 **sort**
[sɔːrt]

n. 종류, 부류
vt. 분류하다, 구분하다

Nowadays, people have various **sorts** of mobile devices.
요즘 사람들은 다양한 종류의 휴대용 기기들을 가지고 있다.

The computer **sorts** the words into alphabetical order.
컴퓨터가 그 단어들을 알파벳순으로 분류한다.

MVP sort out ~을 정리[처리]하다

0784 **fountain**
[fáuntən]

n. ① 분수 ② 원천, 근원

The **fountain** is located inside the building.
분수가 건물 안에 위치해 있다.

Greed is the **fountain** of evil.
탐욕은 악의 근원이다.

MVP fountain-pen n. 만년필

0785 **empty**
[émpti]

a. ① 빈, 비어 있는 ② 공허한, 무의미한

Children love to beat on toy drums or **empty** boxes.
아이들은 장난감 드럼이나 빈 상자를 두드리는 것을 좋아한다.

0786 **pest**
[pest]

n. 해충, 유해 동물

Tulips are free from attack by garden **pests**.
튤립에는 식물 기생충이 들러붙지 않는다.

0787 **forest**
[fɔ́ːrist]

n. 숲, 삼림

He enjoyed walking in the **forest** by himself.
그는 혼자 숲 속에서 걷는 것을 즐겼다.

MVP woods n. 숲, 삼림
grove n. 작은 숲

0788 **pull**
[pul]

v. ① 끌어[잡아]당기다 ② 뽑다
n. ① 끌기 ② 끌어당기는 힘

She took his arm and **pulled** him along.
그녀가 그의 팔을 잡고 자기 쪽으로 끌어당겼다.

The dentist **pulled** out the girl's tooth.
그 치과 의사가 소녀의 이를 뽑았다.

the earth's gravitational **pull** 지구의 중력

0789 dictionary
[díkʃənèri]

n. 사전

look up a word in a **dictionary** 단어를 사전에서 찾아보다

0790 purpose
[pə́:rpəs]

n. 목적, 의도

Our campaign's main **purpose** is to raise money.
우리 캠페인의 주된 목적은 모금을 하는 것이다.

MVP purposeful a. 목적 있는, 고의적인
on purpose 고의로, 일부러

0791 crown
[kraun]

n. 왕관, 왕권, 왕위

The queen is wearing a luxurious golden **crown**.
여왕은 호화로운 금관을 쓰고 있다.

0792 sin
[sin]

n. 죄, 죄악
v. 죄를 짓다

The Bible says that stealing is a **sin**.
성서에서는 도둑질을 죄악이라고 하고 있다.

He was more **sinned** against than **sinning**.
그는 지은 죄 이상으로 벌을 받았다.

0793 typical
[típikəl]

a. 전형적인, 대표적인

Her costume was **typical** of Indian culture.
그녀의 의상은 인도 문화를 대표했다.

MVP type n. 형태, 유형, 종류

0794 literary
[lítərèri]

a. 문학의

The Greek **literary** works were usually written on papyrus.
그리스의 문학 작품들은 대개 파피루스 위에 씌어졌다.

MVP literature n. 문학
literal a. 문자 그대로의

0795 accept
[æksépt]

v. ① 받아들이다 ② 용인[인정]하다

They **accepted** our mistakes with a smile.
그들은 미소로 우리들의 실수를 받아들였다.

MVP acceptable a. 받아들일 만한; 용인되는
acceptance n. 받아들임[수락]; 동의

0796 peer
[piər]

n. 동료, 또래, 지위가 동등한 사람
vi. 자세히[눈여겨] 보다; 응시하다

She enjoys the respect of her **peers**.
그녀는 동배들의 존경을 받고 있다.

peer at the tag to read the price
가격을 알려고 가격표를 자세히 들여다보다

> **MVP** peer group (나이·사회적 신분이 같은) 또래[동배] 집단
> without a peer 비길 데 없는

0797 error
[érər]

n. 오류, 실수

No payments were made last week because of a computer **error**.
지난주에 컴퓨터 오류로 급여가 지급되지 못했다.

0798 chat
[tʃæt]

v. 잡담하다, 채팅[대화]하다
n. 이야기, 대화

chat over the trifles of life
별 중요하지 않은 세상살이 이야기를 나누다

A couple is having a **chat** on the street corner.
한 커플이 길모퉁이에서 얘기를 나누고 있다.

0799 afraid
[əfréid]

a. 두려워[무서워]하는; 걱정하는

He is **afraid** of his own shadow.
그는 자기의 그림자를 무서워한다.

0800 ecosystem
[íkousistəm]

n. 생태계

Sharks play an important role in the ocean **ecosystem**.
상어는 해양 생태계에서 중요한 역할을 한다.

0801 tick
[tik]

vi. (시계 등이) 째깍[똑딱]거리다
n. ① 째깍째깍[똑딱똑딱] 하는 소리 ② 진드기

In the silence we could hear the clock **ticking**.
침묵 속에서 시계 째깍거리는 소리가 우리 귀에 들려 왔다.

0802 cancer
[kǽnsər]

n. 암, 악성 종양

Most skin **cancers** are completely curable.
대부분의 피부암은 완전 치유가 가능하다.

0803 beak
[biːk]

n. (새의) 부리, 주둥이

The gull held the fish in its **beak**.
그 갈매기는 부리로 그 물고기를 물었다.

0804 surface
[sə́ːrfis]

n. 표면, 외면, 외관

People used to believe that the earth's **surface** was flat.
사람들은 지구의 표면이 평평하다고 믿곤 했다.

0805 master
[mǽstər]

n. ① 주인 ② 달인 ③ (때로 M-) 석사 (학위)
vt. 숙달[통달]하다

He is a **master** at the game of tennis.
그는 테니스 경기의 달인이다.

a **Master**'s degree 석사 학위

French was a language he had never **mastered**.
프랑스어는 그가 끝내 완전히 익히지 못한 언어였다.

> **MVP** mastery n. 숙달, 통달; 지배

0806 stock
[stak]

n. ① 재고(품) ② 주식 ③ 가축

That particular model is not currently in **stock**.
그 특정 모델은 현재 재고가 없다.

The decline in the **stock** market scared investors.
증권시장의 침체가 투자자들을 위축시켰다.

Texas is famous for its **stock** farming.
텍사스는 가축 농장으로 유명한 곳이다.

> **MVP** stock market 주식 시장
> stockholder n. 주주(株主)

0807 interest
[íntərəst]

n. ① 관심, 흥미 ② 이자, 이익
vt. 관심[흥미]을 끌다

He took no **interest** in music.
그는 음악에 별로 관심을 갖지 않았다.

The **interest** rate has risen suddenly.
이자율이 갑자기 상승했다.

She has **interested** herself in charity work.
그녀는 자선 활동에 관심을 보여 왔다.

> **MVP** interested a. 관심 있어 하는; 이해관계가 있는
> interesting a. 재미있는, 흥미로운
> disinterested a. 공평한, 사심 없는; 무관심한

0808 breathe
[briːð]

v. 호흡하다, 숨을 쉬다

Fish **breathe** oxygen dissolved in water.
어류는 물속에 녹아 있는 산소로 호흡한다.

> **MVP** breath n. 숨, 호흡

0809 remark
[rimάːrk]

n. 발언, 말
v. 언급하다, 말하다

He made a number of rude **remarks** about the food.
그는 음식에 대해 무례한 발언을 몇 차례 했다.

Critics **remarked** that the play was not original.
평론가들은 그 연극이 독창적이지 못하다는 논평을 했다.

0810 stay
[stei]

vi. ① 머무르다, 남다 ② 묵다, 숙박하다 ③ (~인) 채로 있다

We **stayed** to see what would happen.
우리는 무슨 일이 있을지 보려고 그대로 남아 있었다.

stay overnight at a friend's house 친구 집에서 하룻밤 묵다
She wants to **stay** single forever.
그녀는 영원히 독신으로 살길 원한다.

0811 metropolitan
[mètrəpάlitən]

a. ① 대도시의 ② 본국의

The school will be established in a **metropolitan** area.
이 학교는 수도권에 세워질 것이다.

the **metropolitan** country and the colonies 본국과 식민지

> **MVP** metropolis n. 주요 도시
> cosmopolitan a. 세계적인

0812 compete
[kəmpíːt]

v. 경쟁하다, 겨루다

compete against other countries in trade
무역에서 다른 나라와 경쟁하다

> **MVP** competition n. 경쟁, 대회
> competitive a. 경쟁의, 경쟁력 있는

0813 beside
[bisáid]

prep. ~의 옆에, ~의 쪽에

Her house is **beside** the river.
그녀의 집은 강가에 있다.

> **MVP** besides prep. ~외에도

0814 outing
[áutiŋ]

n. 여행, 소풍

On Sunday the family went on an **outing** to the beach.
일요일에 그 가족은 해변으로 소풍을 갔다.

MVP excursion n. 짧은 여행, 유람

0815 ghost
[goust]

n. 유령, 귀신

He looked as if he had seen a **ghost**.
그는 마치 귀신이라도 본 사람 같았다.

0816 calf
[kæf]

n. 송아지 (pl. calves)

The cow gave birth to a **calf**.
소가 새끼를 낳았다.

MVP veal n. 송아지 고기

0817 rely
[rilái]

vi. 의지하다, 믿다[on, upon]

You should **rely** on your own judgement.
당신의 당신 자신의 판단을 믿어야 한다.

0818 gesture
[dʒéstʃər]

n. ① 몸짓, 제스처 ② 표현, 표시

He nodded as a **gesture** of understanding.
그는 이해했다는 표시로 고개를 끄덕였다.

0819 power
[páuər]

n. ① 힘, 능력 ② 권력 ③ 동력, 에너지

It is not within my **power** to help you.
당신을 돕는 것은 내 능력 밖이다.

His death led to a **power** struggle within the country.
그의 죽음은 나라 안에 권력 다툼을 불러일으켰다.

atomic **power** 원자력

MVP powerful a. 강력한, 강한

0820 headline
[hédlàin]

n. (신문 기사의) 표제

The scandal was in the **headlines** for several days.
그 스캔들은 며칠 동안 신문의 표제를 장식했다.

0821 prophet
[práfit]

n. ① 선지자, 예언자 ② (새로운 사상의) 선도자

There is a **prophet** who knows everything about your future.
여러분의 미래에 대해 모든 것을 알고 있는 예언자가 있다.

William Morris was one of the early **prophets** of socialism.
윌리엄 모리스는 사회주의의 초기 선도자들 중 한 명이었다.

0822 reef
[ri:f]

n. ① 암초 ② 광맥

A coral **reef** is a beautiful living organism that lives underwater.
산호초는 물속에 사는 아름다운 살아있는 유기체이다.

> **MVP** coral reef 산호초
> strike a reef 좌초하다

0823 injure
[índʒər]

vt. ① 부상을 입다 ② 해치다, 손상시키다

This tragic event killed and **injured** many.
이 비극적인 사건으로 인해 많은 이들이 죽고 다쳤다.

Her unkind words **injured** my pride.
그의 불친절한 말에 자존심이 상했다.

> **MVP** injured a. 부상을 입은, 다친; 기분이 상한
> injury n. 부상, 피해
> injurious a. 해로운, 유해한

0824 coral
[kɔ́:rəl]

n. 산호

The island is encircled by a **coral** reef.
그 섬은 산호초로 둘러싸여 있다.

0825 scan
[skæn]

v. ① 자세히 살피다 ② (대충) 훑어보다

She **scanned** his face anxiously.
그녀가 불안한 듯이 그의 얼굴을 살폈다.

She **scanned** through the newspaper over breakfast.
그녀는 아침 식사를 하면서 신문을 대충 훑어보았다.

0826 fame
[feim]

n. 명성, 명예

He has released numerous hits and achieved **fame.**
그는 수많은 히트곡을 발표해서 명성을 얻었다.

> **MVP** famous a. 유명한

0827 folk
[fouk]

a. ① 민간[민중]의 ② 민속의, 전통적인
n. 사람들

Garlic is widely used in Chinese **folk** medicine.
마늘은 중국 민간요법에서 널리 사용된다.

These **folks** are not sleeping on the job.
이 사람들은 업무 중에 잠을 자지 않는다.

0828 beware
[biwéər]

v. 조심[주의]하다

Beware of pickpockets in the marketplace.
시장에서는 소매치기를 조심해라.

0829 invoice
[ínvɔis]

n. 송장, 청구서

She held up payment on the **invoice** for three months.
그녀는 석 달 동안 송장 대금 결제를 미루었다.

0830 exit
[égzit]

n. ① 출구 ② 퇴장
vi. 퇴장하다

There is a fire **exit** on each floor of the building.
건물 층마다 비상구가 있다.

He made a quick **exit** to avoid meeting her.
그는 그녀를 만나는 것을 피하려고 급히 나갔다.

As the actors **exited** the stage, the lights went on.
배우들이 무대에서 퇴장하자 불이 켜졌다.

0831 counter
[káuntər]

n. ① 계산대; 판매대 ② 반작용, 반대
v. 반박[논박]하다

work behind the **counter** 점원으로 일하다
Such arguments are not easily **countered**.
그러한 주장은 쉽게 반박할 수 없다.

0832 stare
[stɛər]

v. 빤히 쳐다보다, 응시하다
n. 빤히 쳐다보기, 응시

She **stared** at him in wide-eyed amazement.
그녀는 눈이 휘둥그레질 정도로 깜짝 놀라서 그를 빤히 바라보았다.

She gave him a blank **stare**.
그녀가 그를 멍하니 응시했다.

0833 handle
[hǽndl]

v. 다루다; 처리하다
n. 손잡이, 핸들

She's good at **handling** her patients.
그녀는 자기 환자들을 다루는 데 능숙하다.

0834 twice
[twais]

ad. ① 두 번 ② 두 배로

The tide flows **twice** a day.
조수는 하루에 두 번 밀려온다.

Cats sleep **twice** as much as people.
고양이는 잠을 사람보다 두 배 더 많이 잔다.

0835 seed
[si:d]

n. 씨, 씨앗
v. 씨앗을 뿌리다

These vegetables can be grown from **seed**.
이 채소들은 씨앗을 이용해서 기를 수 있다.

They **seeded** their fields with wheat.
그들은 밭에 밀의 씨를 뿌렸다.

0836 pair
[pɛər]

n. 한 쌍
v. (둘씩) 짝을 짓다

a **pair** of gloves 장갑 한 켤레
They **paired** up and started to dance.
그들은 한 쌍이 되어 춤을 추기 시작했다.

0837 battle
[bǽtl]

n. 싸움, 전투

The general arrayed his troops for the **battle**.
장군은 자기 군대를 전투에 배치했다.

MVP battlefield n. 전쟁터(= battleground)
combat n. 소규모 전투
operation n. 작전

0838 imply
[implái]

vt. 함축하다, 암시하다, 넌지시 비추다, 의미하다

His self-portraits **imply** solitude and unease.
그가 그린 자화상은 고독과 불안을 넌지시 보여주고 있다.

Silence often **implies** consent.
침묵은 종종 동의를 의미한다.

0839 license
[láisəns]

n. 면허, 자격; 허가, 허락
vt. (공적으로) 허가하다

a driver's **license** 운전 면허증
The new drug has not yet been **licensed** in the US.
그 새 약품이 미국에서는 아직 허가를 받지 못했다.

MVP licensed a. 면허를 받은, 인가[허가]된

0840 support
[səpɔ́ːrt]

vt. 부양하다, 지원하다, 지지하다
n. 지지, 지원

I made every effort to **support** my precious family.
나는 나의 소중한 가족을 부양하기 위해 온갖 노력을 했다.

0841 lookout
[lúkàut]

n. ① 조심, 경계 ② 망보는 사람, 망보는 곳

They were on the **lookout** for thieves.
그들은 도둑을 경계했다.
The thieves had their **lookout** at the corner.
도둑들은 모퉁이에 파수꾼을 세워 놓았다.

MVP on the lookout (for) 망을 보고, 경계하여

0842 wilderness
[wíldərnis]

n. 황무지, 버려진 땅

Their garden is a **wilderness** of grass and weeds.
그들의 정원은 온갖 잡초들만 무성한 버려진 땅이다.

0843 wed
[wed]

v. 결혼하다

She **wedded** a lawyer's son.
그녀는 변호사의 아들과 결혼했다.

MVP wedded a. 결혼한
wedding n. 결혼(식)

0844 refract
[rifrǽkt]

vt. (물·공기·유리 등이 빛을) 굴절시키다

Light is **refracted** when passed through a prism.
빛은 프리즘을 통과할 때 굴절된다.

MVP refraction n. 굴절

0845 badge
[bædʒ]

n. ① 휘장(徽章), 배지 ② 상징, 증표

She wore a jacket with a school **badge**.
그녀는 학교 배지가 달린 재킷을 입었다.

0846 remember
[rimémbər]

v. 기억하다; 잊지 않고 ~하다

He **remembered** to turn the gas off.
그는 잊지 않고 가스 스위치를 껐다.

MVP remembrance n. 추모, 추도, 추억; 기념물

0847 tongue
[tʌŋ]

n. ① 혀 ② 언어

He clicked his **tongue** to attract their attention.
그가 그들의 관심을 모으려고 혀 차는 소리를 냈다.

None of the tribes speak the same **tongue**.
그 부족들 중 어느 부족도 같은 언어를 사용하지 않는다.

0848 alien
[éiljən]

n. ① 외국인 체류자 ② 외계인, 우주인
a. ① 외국의 ② 이질적인 ③ 지구 밖의, 우주의

Scientists have tried to contact **aliens** in the universe.
과학자들은 우주에 있는 외계인들과 연락하기 위해 노력해왔다.

The idea is **alien** to our religion.
그 사상은 우리 종교와는 이질적이다.

0849 idiot
[ídiət]

n. 바보, 멍청이

I realized I was babbling like an **idiot**.
나는 내가 바보같이 횡설수설하고 있다는 걸 깨달았다.

0850 chalk
[tʃɔːk]

n. 분필, 백묵

a picture drawn in **chalk** on the blackboard
칠판에 분필로 그린 그림

0851 miniature
[míniətʃər]

a. 아주 작은, 축소된
n. 축소 모형, 미니어처

He looks just like a **miniature** version of his father.
그는 자기 아버지의 축소판처럼 생겼다.

The family is society in **miniature**.
가정은 사회의 축소판이다.

MVP in miniature 축소된 크기로

0852 burn
[bəːrn]

v. 타다, 태우다
n. 화상

We raked up the trash in the yard and **burned** it.
우리는 마당의 쓰레기를 긁어모아 태웠다.

0853 hug
[hʌg]

v. 껴안다, 포옹하다
n. 포옹

They put their arms around each other and **hugged**.
그들은 서로의 몸을 팔로 감싸며 포옹했다.

0854 real
[ríːəl]

a. ① 진짜의, 진정한 ② 현실의, 실제의

The website required users to use their **real** names.
그 웹사이트는 이용자들에게 실명을 사용할 것을 요구했다.

The growth of violent crime is a very **real** problem.
강력 범죄의 증가는 대단히 현실적인 문제이다.

MVP reality n. 현실
realistic a. 현실적인
↔ unreal a. 실재하지 않는, 가공의

0855 lottery
[látəri]

n. 복권

She had the fortune to win the **lottery**.
그녀는 운 좋게도 복권에 당첨됐다.

0856 pilot
[páilət]

n. 조종사, 비행사
vt. (비행기·배 등을) 조종하다

The **pilot** ejected from the falling airplane.
그 조종사는 추락하는 비행기에서 탈출했다.

Boys in blue learned how to **pilot** a plane.
공군 병사들은 비행기를 조종하는 법을 배웠다.

MVP boys in blue 공군[해군] 병사

0857 aware
[əwéər]

a. 알고[의식, 자각하고] 있는

Everybody is **aware** of the hazards of drug abuse.
모든 사람이 약물 남용의 위험을 알고 있다.

MVP be[become] aware of ~을 알아차리다, ~을 알다

0858 academy
[əkǽdəmi]

n. (특수 분야의) 학교; 학술원

graduate from the police **academy** 경찰학교를 졸업하다

MVP academic a. 학업의; 학구적인, 이론적인

0859 upcoming
[ʌpkʌ́miŋ]

a. 다가오는, 곧 있을

in preparation for the **upcoming** inspection
곧 있을 점검을 대비하여

0860 band
[bænd]

n. ① (음악) 밴드 ② (사람·동물의) 한 무리, 한 떼
v. 결합시키다, 단결하다

play saxophone in a jazz **band**
재즈 밴드에서 색소폰을 연주하다
a **band** of outlaws 한 무리의 무법자들

0861 comet
[kάmit]

n. 혜성

Comets are made of ice and dust.
혜성은 얼음과 먼지로 만들어져 있다.

0862 apply
[əplái]

v. ① 지원[신청]하다 ② 적응[응용]하다

She **applied** for entrance to a university.
그녀는 대학에 입학을 지원했다.

> **MVP** apply for ~에 지원하다
> apply to ~에 적용되다
> application n. 적용, 응용; 신청
> applicant n. 응모자, 지원자
> appliance n. (가정용) 기기

0863 mystery
[místəri]

n. 신비, 불가사의, 수수께끼

They wanted to unlock the **mystery** of the universe.
그들은 우주의 신비를 밝히길 원했다.

> **MVP** mysterious a. 신비한, 불가사의한

0864 frame
[freim]

n. ① 틀, 뼈대 ② 액자
vt. ① 틀[액자]에 넣다 ② (계획·이론 등을) 세우다

Wood is commonly used to build the **frames** of a building.
나무는 흔히 건물의 뼈대를 만드는 데 사용된다.

Her photograph had been **framed**.
그녀의 사진은 액자에 넣어져 있었다.

They **framed** a plan to eliminate inefficient bureaucracy.
그들은 비효율적인 관료주의를 없앨 계획을 세웠다.

0865 repay
[ripéi]

v. ① 갚다, 상환하다 ② 보답하다

He pressured me to **repay** my debt at once.
그는 내게 빚을 당장 갚으라고 강요했다.

The firm **repaid** her hard work with a bonus.
회사는 보너스로 그녀의 노고에 보답했다.

0866 forehead
[fɔ́:rhèd]

n. 이마

She wiped her **forehead** with her handkerchief.
그녀는 손수건으로 이마를 닦았다.

0867 sight
[sait]

n. ① 시력 ② 시야, 시계 ③ 광경 ④ [the -s] 명소, 관광지

She lost her **sight**.
그녀는 실명했다.

The **sight** moved me to tears.
그 광경에 감동해서 나는 눈물을 흘렸다.

We're going to Paris for the weekend to see the **sights**.
우리는 주말 동안 파리로 관광을 하러 간다.

MVP at the sight of ~을 보고
sightseeing n. 관광, 구경, 유람

0868 native
[néitiv]

a. ① 태어난 곳의, 출신의 ② 타고난 ③ 토박이의
n. ① 출신자 ② 토착민, 현지인

Her **native** language is Korean.
그녀의 모국어는 한국어이다.

The baby has a **native** talent on the piano.
그 아기는 피아노에 타고난 재능이 있다.

You can always tell the difference between the tourists and the **natives**.
관광객들과 현지인들을 언제든지 구별할 수 있다.

0869 Easter
[í:stər]

n. 부활절

Unlike most holidays, **Easter** is celebrated on a different date every year.
다른 휴일과는 다르게, 부활절은 매년 다른 날 기념된다.

0870 determine
[ditə́:rmin]

v. 결정하다, 결심하다

The form of language **determines** specific cultural traits.
언어의 형태가 특정 문화적 특징을 결정한다.

MVP determination n. 결심, 결의
determinate a. 한정된, 명확한; 일정한

0871 endless
[éndlis]

a. 끝없는; 무한한

The journey seemed **endless**.
그 여정은 끝이 없을 것 같았다.

endless patience 무한한 인내심

0872 weak
[wiːk]

a. 약한, 허약한; 묽은

She was so **weak** that she had not the strength to walk.
그녀는 너무 쇠약해서 걸을 힘도 없었다.

MVP weaken v. 약화시키다; 묽게 하다
weakly a. 병약한, 허약한; ad. 나약하게
weakness n. 약함, 약점
↔ strong a. 강한, 강력한

0873 need
[niːd]

vt. 필요로 하다, ~해야 하다
n. ① 필요(성) ② 욕구, 요구, 수요

This shirt **needs** to be washed.
이 셔츠는 세탁을 해야 한다.

The manager emphasized the **need** to reduce expenses.
그 경영자는 비용 삭감의 필요성에 대해 강조했다.

She felt the **need** to talk to someone.
그녀는 누군가와 이야기를 나누고 싶은 욕구를 느꼈다.

MVP necessity n. 필요(성); (pl.) 필수품

0874 share
[ʃɛər]

v. 공유하다, 분배하다
n. 몫; 주식

Biological siblings **share** half their genes.
생물학적 형제들은 자신들의 유전자의 반을 공유한다.

Each person was allocated a certain **share** of the profits.
각각의 사람에게 수익의 일정 몫이 분배되었다.

0875 emigrant
[émigrənt]

n. 이민자, 이주민

The number of **emigrants** is increasing.
이민자의 수가 증가하고 있다.

MVP emigration n. 이주, 이민
emigrate v. (타국으로) 이주하다, 이민가다

0876 lid
[lid]

n. 뚜껑

She's removing the **lid** from a bottle.
그녀는 병에서 뚜껑을 벗기고 있다.

0877 worm
[wəːrm]

n. 벌레

The early bird catches the **worm**.
일찍 일어나는 새가 벌레를 잡는다.

0878 prefer
[prifə́ːr]

vt. (오히려) ~을 좋아하다

I **prefer** playing in the open air to reading indoors.
나는 집에서 독서하기보다 야외에서 놀기를 좋아한다.

MVP preference n. 선호, 애호
preferable a. 차라리 나은, 오히려 더 나은
prefer A to B B보다 A를 더 선호하다

0879 wealth
[welθ]

n. ① 부(富), 재산 ② (a[the] −) 풍부

Wealth may be a factor of happiness.
부는 행복의 한 요소일 수 있다.

a **wealth** of experience 풍부한 경험

MVP wealthy a. 부유한; 풍부한

0880 divorce
[divɔ́ːrs]

n. ① 이혼 ② 분리
v. ① 이혼하다 ② 분리[단절]하다

The marriage ended in **divorce** in 2010.
그 결혼은 2010년에 이혼으로 끝이 났다.

When he was depressed, he felt utterly **divorced** from reality.
그는 우울할 때, 현실과 완전히 단절된 기분이 들었다.

0881 erosion
[iróuʒən]

n. 부식, 침식

Planting trees can be a solution to wind **erosion**.
나무를 심는 것은 바람에 의한 침식의 해결책이 될 수 있다.

MVP erode v. 침식시키다; 약화시키다

0882 suppose
[səpóuz]

v. 가정하다, 추측하다, 추정하다, 생각하다

The theory **supposes** the existence of life on other planets.
그 이론은 다른 행성에 생명이 존재한다고 가정한다.

There is no reason to **suppose** she's lying.
그녀가 거짓말을 하고 있다고 추정할 이유가 없다.

MVP supposed a. 가정의
supposition n. 추정
be supposed to do ~하기로 되어 있다

0883 argue
[ɑ́ːrgjuː]

v. 주장하다, 논쟁하다

argue with great learning and logic
대단한 학식을 갖고 논리적으로 주장하다

MVP argument n. 논의, 논쟁

0884 deal
[di:l]

vi. 다루다, 처리하다[with]; 거래하다[in]
n. ① 거래, 합의, 처리 ② 다량

The book **deals** with ancient history.
그 책은 고대사를 다루고 있다.

The two sides want to strike a trade **deal**.
양측은 무역 협정을 타결하기를 원한다.

MVP a great deal of 다량의, 많은
dealer n. 상인, 판매업자

0885 leave
[li:v]
(leave–left–left)

v. ① 떠나다; 그만두다 ② 남기다
n. ① 허가 ② 휴가

He **left** the school because of a terrible backache.
그는 심한 요통 때문에 학교를 그만 두었다.

He **left** a large fortune to his two sons.
그는 두 아들에게 많은 유산을 남겼다.

An absentee without **leave** will get a penalty.
무단 결석자에게는 처벌이 가해진다.

0886 desire
[dizáiər]

v. 바라다, 원하다
n. 욕구, 갈망

She **desired** that he would recover from his illness.
그녀는 그의 병이 낫기를 원했다.

Greed is a fairly natural human **desire**.
탐욕은 상당히 자연스러운 인간의 욕망이다.

MVP desirable a. 바람직한, 호감 가는
desirous a. 원하는, 바라는

0887 capital
[kǽpətl]

n. ① 수도 ② 자본(금) ③ 대문자
a. ① 주요한 ② 자본의

Cairo is the **capital** of Egypt.
카이로는 이집트의 수도이다.

The cause of business failure is lack of **capital**.
사업 실패의 원인은 자본의 부족이다.

MVP capitalize v. 대문자로 쓰다; ~을 이용하다[on, upon]

0888 overshadow
[òuvərʃǽdou]

vt. 그늘을 드리우다, 빛을 잃게 만들다

The garden is **overshadowed** by tall trees.
정원에는 키 큰 나무들이 그늘을 드리우고 있다.

He had always been **overshadowed** by his elder sister.
그는 항상 누나의 그늘에 가려 빛을 보지 못했었다.

0889 destiny
[déstəni]

n. 운명, 숙명

We want to be in control of our own **destiny**.
우리는 우리의 운명을 통제하고 싶어 한다.

She bears the **destiny** of the company on her shoulders.
그녀는 그 회사의 운명을 짊어지고 있다.

MVP destine vt. 운명 짓다; (어떤 목적·용도로) 예정해두다
destined a. 예정된, 운명 지어진
destination n. 목적지, 장소, 목표

0890 philosophy
[filάsəfi]

n. 철학

Descartes was the founder of modern **philosophy**.
데카르트는 근대 철학의 시조였다.

Her **philosophy** of life is to take every opportunity.
그녀의 인생철학은 모든 기회를 잡는 것이다.

MVP philosopher n. 철학자
philosophic(al) a. 철학의, 철학에 관련된

0891 role
[roul]

n. 역할

The mass media plays a crucial **role** in forming public opinion.
여론 형성에 있어 대중매체의 역할은 매우 중요하다.

0892 telescope
[téləskòup]

n. 망원경

He enjoyed looking at the stars through his **telescope**.
그는 망원경으로 하늘을 관찰하는 것을 좋아했다.

MVP scope n. 보는[관찰하는] 기계
microscope n. 현미경

0893 tail
[teil]

n. 꼬리

The dog ran up, wagging its **tail**.
그 개가 꼬리를 흔들며 뛰어올랐다.

MVP tailgate v. (다른 차의 뒤를) 바짝 따라 달리다

0894 except
[iksépt]

prep. ~을 제외하고
vt. 제외하다

The mail arrives at noon every day **except** Sunday.
편지는 일요일을 제외하고 매일 정오에 도착한다.

Children under five are **excepted** from the survey.
5세 이하의 아동은 그 조사에서 제외되었다.

MVP exceptional a. 예외적인; 특출한

0895 abroad
[əbrɔ́ːd]

ad. ① 해외로 ② 널리; 유포되어

go **abroad** on a fellowship 장학금을 받아 해외로 나가다
The news quickly spread **abroad**.
그 소식이 금세 퍼졌다.

0896 extra
[ékstrə]

a. 여분의, 추가의
n. 추가되는 것

Breakfast is provided at no **extra** charge.
아침 식사는 추가 요금 없이 제공된다.

The price is dependent on how many **extras** you choose.
가격은 추가 사항을 얼마나 많이 선택하느냐에 달려 있다.

0897 blow
[blou]
(blow–blew–blown)

v. 불다, 바람에 날리다
n. 세게 때림, 강타, 충격

The policeman asked me to **blow** into the breathalyzer.
경찰관이 나에게 음주 측정기를 불어 보라고 했다.

strike a **blow** at a person 남에게 일격을 가하다

> **MVP** blow up 폭파하다, 터뜨리다; 폭파되다
> breathalyzer n. 음주 측정기

0898 despite
[dispáit]

prep. ~에도 불구하고

They went for a walk **despite** the rain.
그들은 비가 오는 데도 불구하고 산책을 나갔다.

0899 grieve
[griːv]

v. 비통해 하다; 몹시 슬프게 하다

They are still **grieving** for their dead child.
그들은 아직도 죽은 아이 때문에 비탄에 젖어 있다.

It **grieves** me to see her unhappy.
그녀가 불행한 것을 보니 가슴 아프다.

> **MVP** grievous a. 통탄할, 극심한
> grief n. 깊은 슬픔, 한탄, 비통

0900 marry
[mǽri]

v. 결혼하다

She was in great excitement when he asked her to **marry** him.
그가 그녀에게 결혼하자고 말했을 때 그녀는 매우 흥분하였다.

> **MVP** marriage n. 결혼, 혼인; 결혼생활

0901 lawn
[lɔːn]

n. 잔디밭, 잔디

They marked out a tennis court on the **lawn**.
그들이 잔디밭에 테니스 코트를 그렸다.

MVP mow the lawn 잔디를 깎다

0902 rule
[ruːl]

n. ① 규칙, 원칙 ② 통치, 지배
v. ① 통치하다, 지배하다 ② 결정[판결]을 내리다

Majority **rule** is the first and foremost principle of democracy.
다수결의 원칙은 민주주의의 첫 번째이자 가장 중요한 제도이다.

The King **ruled** his people wisely and well.
왕은 국민을 슬기롭게 잘 다스렸다.

The judge **ruled** in favor of the plaintiff.
판사가 원고에게 유리한 판결을 내렸다.

MVP ruler n. 통치자, 지배자; (길이 측정에 쓰는) 자
plaintiff n. 원고

0903 welcome
[wélkəm]

n. 환영, 환대
a. 반가운; 환영 받는
vt. 환영하다, 맞이하다; 기꺼이 받아들이다

The trees offered **welcome** shade from the sun.
그 나무들은 햇빛을 가리는 반가운 그늘을 제공해 주었다.

Ladybugs are **welcome** in gardens because they eat garden pests.
무당벌레들은 정원의 해충을 잡아먹기 때문에 정원에서 환영 받는 곤충이다.

welcome a new change 새로운 변화를 기꺼이 받아들이다

MVP ↔ unwelcome a. 반갑지 않은

0904 factory
[fǽktəri]

n. 공장

The **factory** was built for the production of cars.
그 공장은 자동차 생산을 위해 지어졌다.

0905 spill
[spil]

v. 흘리다, 엎질러지다
n. 유출, 유출물

Water had **spilled** out of the bucket onto the floor.
양동이에서 바닥으로 물이 흘러나와 있었다.

Many seabirds died as a result of the oil **spill**.
기름 유출로 많은 바닷새들이 죽었다.

0906 educate
[édʒukèit]

v. 교육하다, 가르치다

We must **educate** young people about pregnancy.
우리는 임신에 관해 젊은이들을 교육해야 한다.

MVP education n. 교육

0907 well
[wel]

ad. 잘, 좋게
a. 건강한; (상태 등이) 좋은
n. 우물

She did **well** on her exams.
그녀는 시험을 잘 쳤다.

She is still not **well** and doesn't feel up to going out.
그녀는 아직 몸이 좋지 않아서 외출을 할 수 없다.

The water from this **well** is not fit to drink.
이 우물의 물은 식수로 사용할 수 없다.

MVP feel up to doing ~할 기분이 들다

0908 ecology
[ikálədʒi]

n. 생태(계); 생태학

observe the **ecology** of fish 물고기의 생태를 관찰하다

MVP ecological a. 생태계의, 생태학의

0909 total
[tóutl]

a. ① 총, 전체의 ② 완전한, 전면적인
n. 합계

the **total** profit 총수익
They wanted a **total** ban on handguns.
그들은 권총의 전면 금지를 원했다.

In **total**, there are more than 100 pyramids in Egypt.
이집트에는 다 합쳐서 100개 이상의 피라미드가 있다.

MVP totally ad. 완전히, 전적으로
in total 모두 합해서, 전부

0910 clerk
[klə:rk]

n. 사무원, 행원, 점원

The **clerk** miscalculated the customer's bill.
점원이 고객의 계산서를 잘못 계산했다.

0911 hospitalize
[hɑ̀spitəlàiz]

vt. 입원시키다

He was **hospitalized** with a broken leg.
그는 한쪽 다리가 부러져 입원했다.

MVP hospitalization n. 입원, 입원 기간
hospital n. 병원

0912 hop
[hap]

n. 깡충 뛰기
vi. 깡충깡충 뛰다

A number of sparrows were **hopping** about the garden.
여러 마리의 참새가 정원을 깡충깡충 뛰어다니고 있었다.

0913 receive
[risíːv]

vt. 받다
receive a letter 편지를 받다
The play was well **received** by the critics.
그 연극은 평론가들로부터 좋은 평가를 받았다.

MVP reception n. 수용; 환영; 반응; 접수처
receptive a. 수용적인
receipt n. 영수증; 받기, 수령

0914 chronic
[kránik]

a. (병이) 만성의, 고질의; 상습적인

She is suffering from **chronic** indigestion.
그녀는 만성 소화불량에 시달리고 있다.

MVP chronicle n. 연대기(年代記), 편년사(編年史); 기록
↔ acute a. (병이) 급성의

0915 party
[páːrti]

n. ① 파티, 사교적인 모임 ② 정당 ③ 단체, 일행

the ruling **party** 집권당
The school is taking a **party** of 40 children to France.
학교에서 40여명의 아이들을 프랑스로 데려간다.

0916 sunrise
[sʌ́nràiz]

n. 일출, 해돋이, 동틀 녘

The rooster crows every morning at **sunrise**.
매일 아침 동틀 녘에 수탉이 운다.

MVP sunshine n. 햇빛, 햇살
↔ sunset n. 일몰, 해질 녘, 저녁노을

0917 guess
[ges]

v. 추측하다, 짐작하다
n. 추측, 짐작

He **guessed** that the cost would be about five dollars.
그는 비용이 5달러 정도가 될 것으로 추측했다.
What he said is only a wild **guess**.
그의 말은 어림짐작에 불과하다.

MVP wild guess 어림짐작

0918 control
[kəntróul]

n. 지배, 단속, 관리
vt. 지배하다, 제어하다, 제한하다

The city is under enemy **control**.
그 도시는 적의 지배를 받고 있다.

Many biological processes are **controlled** by hormones.
많은 생물학적 과정이 호르몬의 제어를 받는다.

0919 practice
[præktis]

n. ① 실행, 실전 ② 연습 ③ 습관, 관습
v. ① 실행하다 ② 연습하다 ③ 개업하다

Practice is more important than a grand slogan.
거창한 구호보다 실천이 더 중요하다.

He **practiced** his presentation the day before.
그는 그 전날에 발표 연습을 했다.

She's **practicing** medicine in Philadelphia.
그녀는 필라델피아에서 의사로 일하고 있다.

MVP put[bring] ~ into[in] practice ~을 실행하다, 실행에 옮기다

0920 duty
[djúːti]

n. ① 의무, 직무 ② 조세; 관세

The police have a **duty** to serve the community.
경찰은 지역 사회에 봉사할 의무가 있다.

impose a **duty** on imported cars 수입차에 관세를 부과하다

MVP do one's duty 의무를 다하다
duty-free a. 관세가 없는, 면세의
off duty 비번인; 근무 시간 외에
on duty 당번인; 근무 시간 중에

0921 occur
[əkə́ːr]

vi. ① 일어나다, 발생하다 ② (생각이) 떠오르다

Fires **occur** frequently in winter.
화재는 겨울에 빈번히 일어난다.

A bright idea **occurred** to him.
묘안이 그에게 떠올랐다.

MVP occurrence n. (사건 등의) 발생; 사건

0922 note
[nout]

n. ① 메모, 필기 ② 어조; 기색, 분위기
vt. ① 적다 ② 주목[주의]하다

He took **notes** of everything that was said.
그는 이야기되는 모든 내용을 기록했다.

There was a **note** of amusement in his voice.
그의 목소리에 재미있어 하는 기색이 어려 있었다.

The researchers **note** that ozone is widespread in many countries.
연구원들은 오존이 여러 나라에 광범위하게 분포하고 있다는 사실에 주목한다.

0923 author
[ɔ́:θər]

n. 작가, 저자; (계획 등의) 입안자

J.K. Rowling is the **author** of the *Harry Potter* book series.
J.K.롤링은 『해리포터』 시리즈의 저자이다.

0924 operate
[ápərèit]

v. ① 작동[가동]하다, 운용하다 ② 수술하다

Most domestic freezers **operate** at below −18°C.
대부분의 가정용 냉동고는 영하 18도 이하로 가동된다.

A new late-night service is now **operating**.
새로운 심야 서비스가 지금 운용되고 있다.

The surgeon **operated** on my broken leg last week.
외과의사가 지난주에 내 부러진 다리를 수술했다.

MVP operation n. 운용, 작동; 수술
operator n. 조작[운전]하는 사람

0925 lend
[lend]
(lend-lent-lent)

vt. ① 빌려주다 ② (도움·지지 등을) 주다

They refused to **lend** us the money.
그들은 우리에게 돈을 빌려주기를 거부했다.

He came along to **lend** me moral support.
그는 내게 정신적 지원을 해 주러 왔다.

0926 rid
[rid]
(rid-rid-rid)

vt. 제거하다, 없애다

She **rid** the house of dust.
그녀는 집의 먼지를 제거했다.

MVP get rid of ~을 면하다[벗어나다]; ~을 제거하다

0927 average
[ǽvəridʒ]

a. ① 평균의 ② 보통의, 일반적인
n. 평균, 평균치

40 hours is a fairly **average** working week for most people.
40시간은 대부분의 사람들에게 상당히 일반적인 주당 근무 시간이다.

0928 glove
[glʌv]

n. 장갑

Both of my **gloves** have been lost.
장갑을 두 쪽 다 잃어버렸다.

MVP mitten n. 벙어리장갑

0929 shade
[ʃeid]

n. 그늘
v. 그늘지게 하다

The trees provide **shade** for the animals in the summer.
여름에는 그 나무들이 동물들에게 그늘을 제공한다.

Pine trees **shaded** the street.
소나무가 길을 그늘지게 했다.

MVP shady a. 그늘이 드리워진

0930 yawn
[jɔːn]

v. 하품하다
n. 하품

It is bad manners to **yawn** in company.
사람들 앞에서 하품하는 것은 실례다.

MVP gape vi. (놀라서) 입을 벌리고 바라보다; 입을 크게 벌리다; 하품하다
make a person yawn ~을 지루하게 만들다

0931 hate
[heit]

vt. 몹시 싫어하다, 증오하다

Many people **hate** to wait in lines at grocery stores.
많은 사람들은 식료품점에서 줄을 서서 기다리는 것을 싫어한다.

MVP hatred n. 증오, 혐오

0932 talent
[tǽlənt]

n. 재능, (타고난) 소질, 수완

have great artistic **talent**
뛰어난 예술적 재능을 지니고 있다

MVP talented a. (타고난) 재능이 있는

0933 result
[rizʌlt]

n. 결과, 결실
vi. (~의 결과로) 발생하다

He made one big mistake, and, as a **result**, lost his job.
그는 한 가지 큰 실수를 저질렀고, 그 결과 일자리를 잃었다.

Bad data can **result** in bad decisions.
잘못된 자료들은 잘못된 결정을 유발할 수 있다.

MVP resultant a. 그 결과로 생긴, 그에 따른
result from ~이 원인이다
result in (결과적으로) ~을 낳다[야기하다]
as a result 결과적으로

0934 rainfall
[réinfɔːl]

n. 강우(량)

There has been below average **rainfall** this month.
이번 달에는 강우량이 평균 미만이었다.

0935 try
[trai]

v. ① 시도하다 ② 노력하다, 애쓰다
n. 시도

He **tried** to finish his work by noon.
그는 정오까지 일을 끝내려고 노력하였다.

The scheme is worth a **try**.
이 계획은 시도해 볼만한 가치가 있다.

MVP trying a. 괴로운, 힘든
trial n. 재판; 시도; 시련

0936 comfort
[kʌ́mfərt]

n. 위로, 위안, 안락, 편안함

shoes designed for **comfort** and performance
편안함과 기능성을 고려하여 만들어진 신발

MVP comfortable a. 쾌적한, 기분 좋은, 안락한

0937 petroleum
[pitróuliəm]

n. 석유

Korea imports **petroleum** on a massive scale.
한국은 석유를 대량으로 수입하고 있다.

0938 glory
[glɔ́ːri]

n. 영광, 명예

Behind their **glory** lies much effort.
그들의 영광 뒤에는 많은 노력이 있다.

The town shows no signs of its past **glory**.
그 도시에서 옛 영광의 자취는 찾아볼 수 없다.

MVP glorious a. 영광스러운, 명예로운

0939 secret
[síːkrit]

a. 비밀의, 기밀의
n. 비밀, 기밀

The government opened its **secret** files.
정부는 기밀 파일을 공개했다.

He was dismissed for revealing trade **secrets**.
그는 업무상의 비밀을 누설하여 해고되었다.

MVP secrecy n. 비밀 유지[엄수]
secretly ad. 비밀히, 몰래

0940 prison
[prízn]

n. 교도소, 감옥

He was sent to **prison** for five years.
그는 5년형을 받아 수감되었다.

be released from **prison** 교도소에서 석방되다

MVP prisoner n. 죄수; 포로
imprison vt. 투옥하다, 감금하다
penitentiary n. 교도소

0941 across
[əkrɔ́ːs]

prep. ① 건너서, 가로질러 ② ~의 맞은편에

a road **across** a railroad 선로를 가로지르는 길

0942 livelihood
[láivlihùd]

n. 생계, 살림

He writes for a **livelihood**.
그는 생계를 위해 글을 쓴다.

MVP live v. 살다; a. 살아 있는; 생방송의, 실황인
alive a. 살아 있는; 활동적인, 활발한
outlive vt. ~보다 더 오래 살다[지속되다]
short-lived a. 오래가지 못하는, 단명하는

0943 carbon
[káːrbən]

n. 탄소

Plants absorb **carbon** from the atmosphere.
식물은 대기 중의 탄소를 흡수한다.

MVP carbon dioxide 이산화탄소
carbon fiber 탄소 섬유
carbon footprint 탄소 발자국(온실 효과를 유발하는 이산화탄소의 배출량)

0944 smell
[smel]

v. 냄새나다[맡다]
n. ① 냄새, 향기 ② 후각

He said he could **smell** gas when he entered the room.
그가 방에 들어오면서 가스 냄새가 난다고 말했다.

Dogs have a very good sense of **smell**.
개는 후각이 아주 뛰어나다.

0945 sleeve
[sli:v]

n. (옷의) 소매, 소맷자락

a shirt with long[short] **sleeves** 긴[반] 소매 와이셔츠

0946 copper
[kápər]

n. 구리, 동

Bronze is a combination of **copper** and tin.
청동은 구리와 주석의 합금이다.

0947 mostly
[móustli]

ad. 주로; 일반적으로

Beavers **mostly** sleep during the day and are awake at night.
비버는 대부분 낮에 잠을 자고 밤에 활동한다.

Centipedes are **mostly** found in tropical climates.
지네는 주로 열대성 기후에서 발견된다.

0948 habit
[hǽbit]

n. 습관, 버릇

He has a **habit** of staying up late.
그는 늦게까지 안 자는 습관이 있다.

0949 compress
[kəmprés]

v. ① (부피·내용 등을) 압축하다 ② 요약하다

The farmer had to **compress** straw into blocks for burning.
농부는 짚을 태우기 위해 큰 덩이로 압축해야 했다.

The main arguments were **compressed** into one chapter.
주요 논거들이 한 장(章)에 요약되었다.

0950 cohesive
[kouhí:siv]

a. 응집력이 있는, 결합시키는

The members of a family are **cohesive** unit in our society.
가족 구성원은 우리 사회의 응집력이 있는 단위이다.

0951 question
[kwéstʃən]

n. ① 질문; 문제 ② 의심, 의문
vt. ① 질문하다 ② 의문을 갖다; 이의를 제기하다

She answered my **question** without difficulty.
그녀는 어렵지 않게 내 질문에 대답했다.

Her honesty is beyond **question**.
그녀의 정직성은 의심의 여지가 없다.

No one has ever **questioned** her judgement.
아무도 그녀의 판단에 이의를 제기한 적이 없었다.

MVP questionable a. 의심스러운, 미심쩍은
question mark 물음표

0952 hay
[hei]

n. 건초

The horses have plenty of **hay** to eat this winter.
말들이 올겨울에 먹을 건초가 풍부하다.

0953 long
[lɔːŋ]

a. (길이·거리·시간이) 긴
vi. 애타게 바라다; 열망[갈망]하다[for]

He looks worn-out from the **long** trip.
그는 긴 여행 때문에 지친 듯이 보인다.

We **long** for freedom and peace.
우리는 자유와 평화를 열망한다.

0954 conform
[kənfɔ́ːrm]

v. ① (규칙·관습 등에) 따르다, 순응하다[to]
② 적합[순응]시키다

He refused to **conform** to the local customs.
그는 지역 관습을 따르는 것을 거부했다.

MVP conformity n. 적합, 일치; 유사; 복종; 순응주의

0955 grave
[greiv]

n. 무덤
a. 심각한, 중대한

There were flowers on the **grave**.
그 무덤에 꽃이 놓여 있었다.

The consequences will be very **grave** if nothing is done.
아무런 조치를 취하지 않으면 결과가 몹시 심각해질 것이다.

0956 handicap
[hǽndikæp]

n. (신체적·정신적) 장애, 불리한 조건
vt. 불리하게 만들다

Short sight is a **handicap** to an athlete.
근시는 운동선수에게 불리한 조건이다.

Japanese exports have been **handicapped** by the strong yen.
일본의 수출은 엔화 강세로 불리한 입장에 처하게 되었다.

> **MVP** short sight 근시; 근시안적 견해

0957 clear
[kliər]

a. ① 맑은, 투명한 ② 명백한, 의심할 여지가 없는

The water was so **clear** we could see the bottom of the lake.
물이 너무 맑아서 호수 바닥까지 보일 정도였다.

The meaning of that sentence is **clear**.
그 문장의 의미는 분명하다.

> **MVP** clearance n. 정리, 제거, 정돈

0958 volunteer
[vàləntíər]

n. 자원 봉사자
v. 자원[자진]하다; 자원 봉사로 하다

She had an invaluable experience as a community **volunteer**.
그녀는 지역 사회의 자원 봉사자로서 아주 값진 경험을 했다.

volunteer for military service 자원입대하다

0959 dump
[dʌmp]

v. 버리다, 떨어뜨리다

Too much toxic waste is being **dumped** at sea.
너무나 많은 유독성 폐기물이 바다에 버려지고 있다.

0960 cottage
[kátidʒ]

n. 시골집, 작은 집, 오두막집

a remote **cottage** without electricity
전기가 들어오지 않는 외딴 시골집

0961 regard
[rigá:rd]

v. ~을 (…으로) 여기다, 간주하다[as]
n. ① 존경, 경의 ② 주의, 고려, 관심

Capital punishment was **regarded** as inhuman.
사형은 비인간적인 것으로 여겨졌다.

I hold her in high **regard** and want to be like her.
나는 그녀를 존경하고 그녀처럼 되고 싶다.

> **MVP** in regard of[to] ~에 관해서는
> regarding prep. ~에 관하여[대하여]
> regardless of ~에 상관없이

0962 fate
[feit]

n. 운명

A boy and a girl met by the irony of **fate**.
운명의 장난으로 소년과 소녀는 만났다.

0963 snare
[snɛər]

n. 덫, 함정
vt. 덫으로 잡다, 함정에 빠뜨리다

He set a **snare** for rabbit
그는 토끼를 잡으려고 덫을 놓았다.
He was **snared** by a lie.
그는 거짓말에 걸려들었다.

0964 technology
[teknάlədʒi]

n. 과학[공업] 기술

Modern **technology** is changing very rapidly.
현대 기술은 매우 빠르게 변하고 있다.

> MVP technological a. 과학[공업] 기술의
> biotechnology n. 생명 공학

0965 foreign
[fɔ́:rən]

a. 외국의; 이질적인

A great amount of time and effort are required to learn a **foreign** language.
외국어를 배우는 데는 많은 시간과 노력이 요구된다.

> MVP foreigner n. 외국인

0966 push
[puʃ]

v. ① 밀다 ② 누르다
n. ① 밀기 ② 누르기

She **pushed** at the door but it wouldn't budge.
그녀가 문을 밀었지만 문이 꿈쩍도 안 했다.
He **pushed** the button for the top floor.
그는 꼭대기 층 버튼을 눌렀다.

0967 essay
[ései]

n. 글, 수필; 과제물

The **essay** contains a number of factual errors.
그 과제물에는 사실이 틀린 부분이 여러 군데 있다.

0968 tablet
[tǽblit]

n. ① 평판(平板), 명판(銘板), 기념 액자 ② 정제, 알약
③ (컴퓨터) 태블릿

engrave an inscription on a **tablet** 명판에 명을 새기다
a vitamin **tablet** 비타민제

0969 dialogue
[dáiəlɔ̀:g]

n. 대화, 문답; 대화체(의 문장)

Most plays are written in **dialogue**.
대부분의 희곡은 대화체로 쓰여 있다.

0970 prairie
[prɛ́əri]

n. 대초원

There are few trees on the **prairies**.
대초원 지대에는 나무가 거의 없다.

0971 fellow
[félou]

n. 동료; 동년배

She has a very good reputation among her **fellows**.
그녀는 동료들 사이에서 평판이 아주 좋다.

0972 incurable
[inkjúərəbl]

a. ① 불치의 ② 구제 불능의

He is suffering from an **incurable** disease.
그는 불치병을 앓고 있다.

She's an **incurable** optimist.
그녀는 구제 불능의 낙관주의자이다.

MVP cure v. 치료하다, 고치다; n. 치료, 치료법
↔ curable a. 치료할 수 있는, 고칠 수 있는

0973 stomach
[stʌ́mək]

n. 배, 위(胃), 복부

Baby kangaroos live in a pouch on their mothers' **stomachs**.
아기 캥거루는 어미의 배에 달린 주머니 속에서 산다.

MVP stomachache n. 위통, 복통
abdomen n. 배, 복부

0974 scene
[si:n]

n. ① 장면, 현장 ② 경치, 풍경

The detective silently surveyed the crime **scene**.
형사는 범죄 현장을 묵묵히 조사했다.

The team's victory produced **scenes** of joy all over the country.
그 팀의 승리로 전국적으로 기쁨에 찬 장면들이 연출되었다.

a delightful rural **scene** 기분 좋은 시골 풍경

MVP scenic a. 경치가 좋은
scenery n. 경치, 풍경

0975 cost
[kɔːst]
(cost-cost-cost)

n. ① 값, 비용 ② 노력, 희생
v. ① (비용이 얼마) 들다, 요하다
② 소요되다; (귀중한 것을) 희생시키다

make enough money to cover the **cost** of the food
식품비를 충당하기에 충분한 돈을 벌다

She saved him from the fire but at the **cost** of her own life.
그녀는 그 화재에서 그를 구해 냈지만 본인은 목숨을 잃었다.

One small mistake almost **cost** him his life
작은 실수 하나로 그는 거의 목숨을 잃을 뻔 했다.

MVP costly a. 많은 돈[비용]이 드는
at the cost of ~의 비용을 지불하고, ~을 희생하고

0976 biology
[baiálədʒi]

n. 생물학

Natural sciences include **biology** and botany.
자연과학에는 생물학과 식물학이 포함된다.

0977 predict
[pridíkt]

v. 예언하다, 예보하다

The weather forecast **predicts** sunshine for tomorrow.
일기 예보에 의하면 내일은 날씨가 좋다.

MVP prediction n. 예언, 예보
predictable a. 예언[예보]할 수 있는

0978 veil
[veil]

n. ① 베일, 면사포; 장막, 덮개 ② 가장, 구실
vt. ① 베일을 쓰다 ② 가리다, 감추다

a bridal **veil** 신부의 면사포
The truth of the case is still **veiled.**
그 사건의 진상은 아직도 베일에 가려져 있다.

0979 outcome
[áutkʌm]

n. 결과, 성과

We are confident of a successful **outcome**.
우리는 성공적인 결과를 확신한다.

MVP outgo n. 지출, 출발

0980 neighbor
[néibər]

n. 이웃, 이웃 사람

A good **neighbor** is better than a brother far off.
사이좋은 이웃이 멀리 있는 형제보다 낫다.

MVP neighborhood n. 근처, 이웃; 이웃 사람들(= neighbors)

0981 itinerary
[aitínərèri]

n. 여행 일정(표)

She is really busy making out the **itinerary** now.
그녀는 지금 여행 일정을 짜기 바쁘다.

0982 eventual
[ivéntʃuəl]

a. 궁극적인, 최종적인

The village school may face **eventual** closure.
마을의 학교는 궁극적으로 폐교 사태를 맞게 될지도 모른다.

MVP eventually ad. 결국, 드디어

0983 breadth
[bredθ]

n. 폭, 너비

This street is 20 meters in **breadth**.
이 도로는 폭이 20미터이다.

MVP broad a. 폭이 넓은; 광대한
width n. 폭, 너비
length n. 길이, 장단

0984 serve
[sə:rv]

v. ① 봉사하다 ② 근무하다, 복무하다 ③ (음식을) 제공하다 ④ 도움이 되다

He **served** as a captain in the army.
그는 육군에서 대위로 복무했다.

They were **served** with a wonderful meal.
그들은 훌륭한 식사를 제공받았다.

These experiments **serve** no useful purpose.
이들 실험은 유익한 목적을 내는 데는 아무 도움이 안 된다.

MVP service n. 봉사; 근무, 복무; 예배

0985 thrust
[θrʌst]
(thrust-thrust-thrust)

v. ① 밀다 ② 찌르다

She **thrust** past him angrily and left.
그녀는 화를 내며 그를 밀치고 떠났다.

He **thrust** a knife into a watermelon.
그는 수박을 칼로 푹 찔렀다.

0986 pain
[pein]

n. ① (육체적·정신적) 아픔, 고통 ② (pl.) 노력, 노고

She ate so much that she had a **pain** in her stomach.
그녀는 너무 많이 먹어서 배가 아팠다.

No **pains**, no gains.
고통 없이는 얻는 것도 없다.

MVP painful a. 아픈, 고통스러운
painless a. 고통 없는, 아프지 않은

0987 eyelid
[áilìd]

n. 눈꺼풀

Sometimes tears flow over your lower **eyelid**.
때때로 눈물은 아래 눈꺼풀로 흘러간다.

0988 acre
[éikər]

n. ① 에이커(약 4,050평방미터에 해당하는 크기의 땅) ② (pl.) 대량, 다수[of]

Millions of **acres** have been destroyed because of a forest fire.
산불로 인해 수백만 에이커가 소실되었다.

0989 apron
[éiprən]

n. 앞치마, 행주치마

Restaurant servers are expected to wear their **aprons**.
레스토랑의 웨이터들은 앞치마를 착용해야 한다.

0990 tomb
[tuːm]

n. 무덤

from the womb to the **tomb**
태어나서 죽을 때까지(= from the cradle to the grave)

The pyramids in Egypt are a kind of **tomb**.
이집트의 피라미드들은 일종의 무덤이다.

0991 ocean
[óuʃən]

n. 바다, 대양

The man is swimming in the **ocean** with his dogs.
남자가 개 몇 마리와 바다에서 수영을 하고 있다.

0992 spectrum
[spéktrəm]

n. ① (빛의) 스펙트럼, 분광 ② (일반적인) 범위

Red and violet are at opposite ends of the **spectrum**.
빨간색과 보라색은 스펙트럼의 정반대 편 양 끝에 있다.

Curiosity helps us gain a broad **spectrum** of knowledge.
호기심은 우리가 넓은 범위의 지식을 갖도록 돕는다.

0993 carriage
[kǽridʒ]

n. 객차, 마차; 운반

A horse is pulling the **carriage**.
말이 마차를 끌고 있다.

0994 storm
[stɔːrm]

n. 폭풍(우)
v. ① 폭풍이 불다 ② 급습하다 ③ (질문 등을) ~에게 퍼붓다

The **storm** destroyed every house on the coast.
폭풍으로 해안에 있는 모든 집들이 파괴되었다.

storm a speaker with questions 연사에게 질문을 퍼붓다

> **MVP** stormy a. 폭풍우가 몰아치는; 격렬한

0995 seat
[siːt]

n. 자리, 좌석
vt. 앉히다; 앉다

She took a **seat** to his right.
그녀는 그의 오른쪽에 앉았다.

He **seated** himself behind the desk.
그가 책상에 자리를 잡고 앉았다.

> **MVP** sit v. 앉다; 앉히다, 착석시키다

0996 drop
[drap]

v. 떨어지다, 떨어뜨리다
n. 하락, 감소

The water **dropped** to the ground.
물은 지면에 똑똑 떨어졌다.

She **dropped** her handkerchief on the floor.
그녀는 바닥에 손수건을 떨어뜨렸다.

a dramatic **drop** in profits 수익 급감

0997 level
[lévəl]

n. 수준, 단계
v. 평평하게 하다
a. 평평한

A high **level** of radiation has been detected in the air.
고농도의 방사능이 대기 중에서 검출되었다.

Pitch the tent on **level** ground.
평평한 지면에 텐트를 세워라.

0998 chief
[tʃiːf]

n. 장(長), 우두머리, 상관
a. ① 최고의 ② 주요한, 주된

He was promoted to a section **chief** this time.
그는 이번에 과장으로 승진했다.

the **chief** cause of poverty 빈곤의 주된 원인

> **MVP** chiefly ad. 주로
> chief executive officer 최고 경영자(= CEO)

0999 assist
[əsíst]

v. 돕다, 도움이 되다

assist the aged to return to the labour market
노인들의 노동시장 복귀를 돕다

> **MVP** assistance n. 원조, 도움
> assistant n. 조수, 보조

1000 feather
[féðər]

n. 깃털

The little girl was as light as a **feather**.
그 어린 소녀는 깃털처럼 가벼웠다.

1001 nap
[næp]

vi. 잠깐 자다, 낮잠을 자다
n. 낮잠

The woman is **napping** in front of the fan.
그 여인은 선풍기 앞에서 낮잠을 자고 있다.

A sleepy motorist stopped along a road to take a **nap**.
졸린 한 운전자가 낮잠을 자기 위해 길가에 차를 세웠다.

1002 complete
[kəmplíːt]

a. 전부의, 완벽한
v. 완료하다, 끝마치다

We were in **complete** agreement.
우리는 완벽한 의견 일치를 보았다.

She helped me to **complete** this assignment.
그녀는 내가 이 숙제를 끝낼 수 있도록 도와주었다.

> **MVP** completion n. 성취, 완성, 완결

1003 bone
[boun]

n. ① 뼈 ② (pl.) 해골, 유골, 시체

He survived the accident with no broken **bones**.
그는 그 사고에서 뼈 하나 안 부러지고 살아남았다.

1004 active
[æktiv]

a. ① 활동적인, 활발한 ② 적극적인, 의욕적인

Although he's nearly 80, he is still very **active**.
그는 팔순이 다 되었지만 여전히 매우 활동적이다.

She takes an **active** part in school life.
그녀는 학교생활을 적극적으로 하고 있다.

> **MVP** activate vt. 작동시키다; 활성화시키다
> activity n. (활발한) 움직임, 활기; 활동

1005 kindergarten
[kíndərgà:rtn]

n. 유치원

Both of them have been best friends since **kindergarten**.
그 둘은 유치원 때부터 가장 친한 친구였다.

1006 kind
[kaind]

a. 친절한, 다정한
n. 종류, 유형

The nurse was **kind** to all patients.
그 간호사는 모든 환자들에게 친절했다.

There are many different **kinds** of resources on Earth.
지구상에는 여러 다양한 종류의 자원들이 존재한다.

1007 cope
[koup]

vi. 대처하다, 대응하다[with]

We have the courage to **cope** with this difficulty.
우리는 이 어려움에 대처할 용기가 있다.

1008 create
[kri:éit]

v. ① 창조[창출]하다, 만들다 ② 일으키다, 야기하다

The mayor promised that he would **create** more jobs.
그 시장은 더 많은 일자리를 창출하겠다고 약속했다.

The announcement only succeeded in **creating** confusion.
그 발표는 혼란만 불러일으켰을 뿐이었다.

MVP creature n. 생명이 있는 존재, 생물

1009 illness
[ílnis]

n. 병

She had no control over her mother's **illness**.
그녀는 어머니의 질병에 대해 아무것도 할 수 없었다.

1010 guard
[ga:rd]

vt. 지키다, 보호하다
n. ① 경비원 ② 보초, 감시

The dog was **guarding** its owner's luggage.
그 개는 주인의 짐을 지키고 있었다.

The **guard** stayed alert to watch for strangers.
그 경비는 낯선 사람을 감시하느라 경계를 하고 있었다.

The terrorist was kept under police **guard**.
그 테러범은 계속 경찰의 감시를 받고 있었다.

1011 invert
[invə́:rt]

vt. 뒤집다, 거꾸로 하다

The girl **inverted** the order of the puzzles by mistake.
소녀가 실수로 퍼즐의 순서를 거꾸로 했다.

1012 buckle [bʌ́kəl]

n. 버클, 잠금장치
v. 버클로 죄다, ~의 죔쇠를 채우다

It's important to **buckle** up when you're in a car.
차에 타고 있을 때는 안전벨트를 매는 것이 중요하다.

1013 pleasant [plézənt]

a. 즐거운, 쾌적한; 상냥한

He spent such a **pleasant** time with his children.
그는 자신의 아이들과 즐거운 시간을 보냈다.

MVP please v. 기쁘게 하다
pleasure n. 기쁨, 즐거운
↔ unpleasant a. 불쾌한

1014 volcano [valkéinou]

n. 화산; 분화구

An active **volcano** may erupt at any time.
활화산은 언제든지 폭발할 수 있다.

MVP volcanic a. 화산의, 화산 작용에 의한

1015 lie [lai]

① (lie-lied-lied)
② (lie-lay-lain)

n. 거짓말
vi. ① 거짓말하다 ② 눕다; 놓여있다

She told a white **lie** to protect her family.
그녀는 그녀의 가정을 보호하기 위해 선의의 거짓말을 했다.

The boy is **lying** down on the grass.
소년이 잔디 위에 누워 있다.

MVP liar n. 거짓말쟁이

1016 heaven [hévən]

n. 천국, 하늘

Christians believe that Jesus ascended into **Heaven**.
기독교인들은 예수가 하늘나라로 올라갔다고 믿는다.

MVP hell n. 지옥

1017 worth [wəːrθ]

a. ~할 가치가 있는
n. 가치, 값어치

This book is **worth** reading.
이 책은 읽을 만한 가치가 있다.

MVP worthy a. ~을 받을 만한; 훌륭한
worthwhile a. 가치[보람] 있는
worthless a. 쓸모없는, 무가치한

1018 ring
[riŋ]
(ring-rang-rung)

v. (종·벨 등이) 울리다
n. ① (종·벨 등의) 울리는 소리 ② 반지

The church bells **rang**.
교회 종이 울렸다.

There was a **ring** at the door.
문에서 초인종 소리가 났다.

1019 ban
[bæn]

vt. 금지하다
n. 금지(령)

The government **banned** publication of the magazine.
정부는 그 잡지의 발행을 금지했다.

We advocated a **ban** on nuclear weapons.
우리는 핵무기 금지를 지지했다.

1020 against
[əgénst, əgéinst]

prep. ① ~에 반대하여[맞서] ② ~에 기대어, 에 의지하여

a law **against** smoking in public 공공장소에서 흡연을 금지하는 법
lean **against** the door 문에 기대다

1021 lounge
[laundʒ]

n. (공항·호텔 등의) 라운지, 휴게실
v. ① 빈둥거리며 시간을 보내다 ② 축 늘어져 기대다[눕다]

He just **lounges** around in the living room.
그는 거실에서 빈둥거리고 있다.

lounge on a sofa 소파에 늘어져서 기대다

1022 submarine
[sʌbməríːn]

n. 잠수함
a. ① 해양의, 해저의 ② 잠수함의

The **submarine** submerged to escape enemy attack.
잠수함은 적의 공격을 피하려 물속으로 잠수했다.

submarine plants 해저 식물

1023 knowledge
[nάlidʒ]

n. 지식; 알고 있음

He has a wide **knowledge** of painting and music.
그는 그림과 음악에 폭넓은 지식을 지니고 있다.

She sent the letter without my **knowledge**.
그녀는 내가 모르게 그 편지를 보냈다.

1024 dumb
[dʌm]

a. ① 벙어리의, 말 못하는 ② 멍청한

We say someone is 'speech-impaired', not **dumb**.
우리는 누군가에게 '언어 장애가 있다'고 하지 벙어리라고 하지 않는다.

1025 comedy
[kάmədi]

n. 코미디, 희극

The new **comedy** was absolutely hilarious.
그 새 희극은 정말로 웃겼다.

1026 mistake
[mistéik]
(mistake–mistook–mistaken)

n. 실수, 잘못, 오류
v. 오해하다, 잘못 판단하다

Her essay is full of spelling **mistakes**.
그녀의 에세이는 철자 오류투성이이다.

She **mistook** me for someone else.
그녀는 나를 다른 사람으로 오인했다.

MVP mistaken a. 잘못 알고 있는, 잘못된

1027 noble
[nóubl]

a. ① 귀족의 ② 고결한, 숭고한 ③ 웅장한
n. 귀족

He died for a **noble** cause.
그는 숭고한 대의를 위해 죽었다.

a **noble** monument 웅장한 기념비

The **nobles** paid homage to the king by bowing to him.
귀족들은 왕에게 절을 하여 경의를 표했다.

MVP nobility n. 귀족; 고귀함, 고결함

1028 interfere
[ìntərfíər]

vi. ① 간섭하다, 개입하다[in] ② 방해하다[with]

She didn't want to **interfere** in family problems.
그녀는 가족의 문제에 간섭하기를 원치 않았다.

Beverages served with meals **interfere** with digestion.
식사와 함께 제공되는 음료가 소화를 방해한다.

1029 lack
[læk]

n. 부족, 결핍
v. 부족하다

Lack of education is a bar to success.
교육의 결핍은 성공을 막는 장애이다.

He **lacks** practical experience in business.
그는 사업의 실제 경험이 부족하다.

1030 advance
[ædvæns]

n. 진전, 발전
v. 전진시키다, 진보시키다

We live in an age of rapid technological **advance**.
우리는 급속한 기술 발전 시대에 살고 있다.

MVP advanced a. 선진의, 진보적인
in advance 미리[앞서]; 사전에

1031 accent
[æksent]

n. ① 악센트, 강세 ② (독특한) 발음 양식; 말씨
vt. (어떤 부분을) 강조하다

speak English with a French **accent**
프랑스어식 발음으로 영어를 말하다

1032 communist
[kámjənist]

n. 공산주의자; (C-) 공산당원
a. 공산주의(자)의

China is still **communist** but is now more capitalistic.
중국은 여전히 공산주의 국가이지만 현재는 좀 더 자본주의적이다.

MVP communism n. 공산주의
socialism n. 사회주의
capitalism n. 자본주의
nationalism n. 민족주의

1033 barbaric
[ba:rbǽrik]

a. 미개의, 야만적인

Some people think capital punishment is **barbaric**.
일부 사람들은 사형제도가 야만적이라고 생각한다.

MVP barbarian n. 야만인, 미개인
capital punishment 사형

1034 stream
[stri:m]

n. ① 시내, 개울 ② 흐름

A **stream** flows under the bridge.
개울이 다리 밑을 흐르고 있다.

This book used a **stream** of consciousness.
이 책은 의식의 흐름 기법을 사용하였다.

1035 warfare
[wɔ́:rfɛər]

n. 전쟁, 전투, 싸움

Swords are not used in modern **warfare**.
칼은 현대전에서 사용되지 않는다.

MVP war n. 전쟁
warlike a. 전쟁의; 호전적인

1036 standard
[stǽndərd]

n. 기준, 표준, 규범
a. 표준의, 일반적인, 보통의

Our products conform to international safety **standards**.
우리 상품들은 국제 안전 기준을 따르고 있다.

It is **standard** practice to search visitors as they enter the building.
방문객이 건물에 들어올 때 몸수색을 하는 것이 일반적인 관례이다.

> **MVP** standardize v. 표준화하다

1037 skirt
[skəːrt]

n. ① 치마 ② (pl.) 교외, 변두리
v. ① 가장자리를 지나다 ② 회피하다

They followed the road that **skirted** the lake.
그들은 호숫가를 빙 둘러 나 있는 도로를 따라갔다.

She **skirted** around the subject of money.
그녀는 돈 문제에 대해서는 언급을 피했다.

> **MVP** outskirts n. (도시의) 변두리, 교외

1038 booth
[buːθ]

n. ① (특정 용도의) 작은 공간 ② (시장 등의) 노점, 매점

They're waiting in line at the ticket **booth**.
그들은 매표소에서 줄을 서서 기다리고 있다.

> **MVP** tollbooth n. (유료 도로·다리의) 요금 징수소

1039 iceberg
[áisbəːrg]

n. 빙산

The news article reported only the tip of the **iceberg**.
그 뉴스 기사는 빙산의 일각만 보도했다.

1040 continue
[kəntínjuː]

v. 계속하다, 지속하다

The rain **continued** to pour down all afternoon.
비가 오후 내내 계속 쏟아졌다.

> **MVP** continual a. 잇따른, 계속되는
> continuous a. 끊이지 않는, 부단한
> continuity n. 지속성

1041 include
[inklúːd]

vt. 포함하다

The price of the table does not **include** the delivery charge.
이 식탁 가격에는 운송비가 포함되어 있지 않다.

> **MVP** including prep. ~을 포함하여
> inclusion n. 포함
> inclusive a. 포함된; 포괄적인

1042 overcome
[òuvərkÁm]
(overcome–overcame–overcome)

v. ① 이기다, 극복하다
② 〈주로 수동태로〉 꼼짝 못하게 되다, 압도당하다

overcome a crisis 위기를 극복하다
be **overcome** with guilt 죄의식에 사로잡히다

1043 cemetery
[sémətèri]

n. 공동묘지, 매장지

be buried in the National **Cemetery** 국립묘지에 안장되다

1044 wizard
[wízərd]

n. 마법사

She is the creator of the famous boy **wizard**, Harry Potter.
그녀는 유명한 소년 마법사 해리포터를 만든 사람이다.

1045 shortcut
[ʃɔ́ːrtkʌ̀t]

n. 지름길

He sometimes takes a **shortcut** to save time.
그는 시간을 절약하기 위해 때때로 지름길로 간다.

1046 duke
[djuːk]

n. 공작

The king conferred the title of **duke** on him.
왕은 그에게 공작의 작위를 내렸다.

MVP earl n. 백작
marquis n. 후작

1047 generation
[dʒènəréiʃən]

n. 세대

My family have lived in this house for **generations**.
우리 가족은 이 집에서 몇 대째 살고 있다.

1048 system
[sístəm]

n. 체계, 체제, 제도, 조직

A problem in one **system** could start a domino effect.
한 체제에 문제가 발생하면 도미노 효과가 일어날 수 있다.

MVP systematic a. 체계적인, 조직적인

1049 hurt
[həːrt]
(hurt–hurt–hurt)

v. ① 다치게 하다, 손상시키다 ② 고통을 느끼다
a. ① 다친 ② 기분이 상한

Dirty oil can **hurt** a car's engine
더러운 오일은 자동차의 엔진을 손상시킬 수 있다.

She was deeply **hurt** that she had not been invited.
그녀는 초대받지 못해서 몹시 기분이 상했다.

1050 phrase
[freiz]

n. 구, 구절, 관용구
vt. (말·글을 특정한 방식으로) 표현하다

She scored under the important **phrases**.
그녀는 중요한 구절들에 밑줄을 그었다.

Her order was **phrased** as a suggestion.
그녀의 명령은 제안처럼 표현되었다.

1051 crazy
[kréizi]

a. 미친, 흥분한; 열광한

Children are **crazy** about video games.
아이들은 비디오 게임에 열광적이다.

1052 thumb
[θʌm]

n. 엄지손가락

He caught his **thumb** in the door.
그는 엄지손가락이 문에 끼였다.

MVP forefinger n. 집게손가락, 검지(= index finger)

1053 jog
[dʒag]

v. ① 조깅하다, 천천히 달리다 ② 살짝 치다, 건드리다

She likes to **jog** for exercise.
그녀는 운동을 위해 조깅하기를 좋아한다.

Someone **jogged** her elbow, making her spill her coffee.
누군가가 그녀의 팔꿈치를 살짝 치는 바람에 그녀가 커피를 쏟았다.

1054 boom
[buːm]

n. 벼락 경기, 붐; (가격의) 폭등

a chaotic period of **boom** and bust
경기가 호황과 불황을 오가는 혼란스러운 시기

MVP ↔ slump n. (물가 등의) 폭락; 불경기, 불황

1055 carpenter
[káːrpəntər]

n. 목수

A **carpenter** climbed a ladder to fix the roof.
목수가 지붕을 고치러 사다리를 타고 올라갔다.

1056 crew
[kruː]

n. (배·비행기·열차 등의) 승무[탑승]원

The **crew** is boarding the plane.
승무원이 비행기에 탑승하고 있다.

1057 irony
[áiərəni]

n. ① 아이러니, 역설적인 점 ② 비꼼, 반어법

His life has been filled with a lot of **ironies**.
그의 삶은 많은 아이러니들로 가득해왔다.

There was a note of **irony** in his voice.
그의 목소리에 비꼬는 투가 들어 있었다.

> **MVP** ironic(al) a. 역설[모순]적인; 반어적인, 비꼬는
> ironically ad. 반어적으로; 얄궂게도

1058 regret
[rigrét]

vt. 후회하다, 유감으로 여기다
n. 유감, 후회

I **regret** not being able to work harder.
좀 더 열심히 일할 수 없었던 게 유감이다.

> **MVP** regretful a. 유감스러워 하는, 후회하는
> regrettable a. 유감스러운

1059 during
[djúəriŋ]

prep. ~동안, 사이에

Most people work **during** the day and sleep at night.
대부분의 사람들은 낮 동안 일하고 밤에는 잔다.

1060 journalism
[dʒə́:rnəlìzm]

n. 저널리즘, 언론계; 언론학

My uncle works in the field of **journalism**.
우리 삼촌은 언론계에 종사하신다.

> **MVP** journalist n. 기자
> journalistic a. 기자의

1061 congratulate
[kəngrǽtʃəlèit]

vt. 축하하다, 기뻐하다

I **congratulate** on your birthday with my sincere heart.
진심으로 당신의 생일을 축하한다.

> **MVP** congratulation n. 축하, 경하

1062 fling
[fliŋ]
(fling-flung-flung)

v. 던지다, 내던지다

An angry man had **flung** a brick through the window.
화가 난 남자가 창문 안으로 벽돌 하나를 내던졌다.

1063 govern
[gʌ́vərn]

v. ① 통치하다 ② 지배[좌우]하다, 통제하다

The country is **governed** by elected representatives of the people.
그 나라는 선출된 국민의 대표들이 통치한다.

Prices are **governed** by market demand.
가격은 시장의 수요에 의해 좌우된다.

MVP government n. 정부, 정권; 행정, 통치

1064 integrity
[intégrəti]

n. ① 성실, 정직, 고결 ② 완전한 상태, 무결, 보전(保全)

The judge was a man of the cleanest **integrity**.
그 판사는 가장 청렴한 사람이었다.

The old Roman walls may still be seen, but not in their **integrity**.
고대 로마의 성벽은 지금도 있지만 본래의 상태는 아니다.

MVP integral a. 완전한, 완전체의; 필수적인

1065 costume
[kάstju:m]

n. 복장, 의상

Princess **costumes** are particularly popular.
공주 복장이 특히 인기가 있다.

1066 rope
[roup]

n. 밧줄
v. (밧줄로) 묶다

He cut the **rope** with his knife.
그는 그의 칼로 밧줄을 잘랐다.

The man **roped** the goat to a post.
그 남자는 염소를 말뚝에 묶었다.

1067 utilize
[jú:təlàiz]

vt. 이용하다, 활용하다

We need to **utilize** the technology to the utmost.
우리는 과학기술을 최대한 활용할 필요가 있다.

MVP utilization n. 이용, 활용

1068 valley
[vǽli]

n. 계곡, 골짜기

The hotel commands a fine view of the **valley**.
그 호텔은 계곡이 잘 내려다보이는 위치에 있다.

1069 wave
[weiv]

n. ① 파도 ② (감정·형세 등의) 물결, 고조
v. 흔들리다

Huge **waves** were breaking on the shore.
거대한 파도가 해안에 부딪쳐 부서지고 있었다.

A **wave** of fear swept over him.
두려움이 물밀듯이 그를 엄습했다.

The branches **waved** in the breeze.
가지들이 미풍에 흔들렸다.

1070 visit
[vízit]

v. 방문하다, 찾아가다
n. 방문, 구경

He went to **visit** relatives in Wales.
그는 웨일스에 있는 친척을 방문하러 갔다.

1071 earn
[əːrn]

vt. (돈을) 벌다, 얻다

To **earn** more money, you have to buy a building.
더 많은 돈을 벌려면 건물을 사야 한다.

MVP earnings n. 소득, 수익

1072 bible
[báibəl]

n. 성경, 성서

The **Bible** says that stealing is a sin.
성서에서는 도둑질을 죄악이라고 한다.

1073 captivate
[kǽptəvèit]

vt. 마음을 사로잡다, 매혹하다

The film **captivated** audiences throughout the world.
그 영화는 전 세계의 관객을 사로잡았다.

MVP captive a. 사로잡힌, 억류된; n. 포로

1074 display
[displéi]

n. ① 전시, 진열 ② 표현, 과시
vt. ① 전시하다; 보여주다 ② (감정·성질을) 드러내다

Shoes are on **display** in the shop window.
신발이 쇼윈도에 진열되어 있다.

He made a **display** of his new car.
그는 자신의 새 차를 과시했다.

I have rarely seen her **display** any sign of emotion.
나는 그녀가 감정을 조금이라도 드러내는 것을 본 적이 거의 없다.

1075 charm
[tʃɑːrm]

n. 매력, 마력
v. 매혹하다, ~의 마음을 빼앗다

a style with a peculiar **charm** 독특한 매력이 있는 문체
He was **charmed** by her beauty.
그는 그녀의 미모에 매혹 당했다.

> **MVP** charmed a. 매혹된; 마법에 걸린
> charming a. 매력적인, 멋진

1076 store
[stɔːr]

n. 가게, 상점
v. 저장하다, 비축하다

There's a grocery **store** across the way.
길 건너편에 생필품 가게가 있다.
Bees **store** away their honey.
꿀벌들은 꿀을 저장해 둔다.

> **MVP** storage n. 저장, 보관

1077 path
[pæθ]

n. 길

The **path** led up a steep hill.
그 길은 가파른 언덕으로 이어져 있었다.
the **path** to success 성공에 이르는 길

1078 ceiling
[síːliŋ]

n. ① 천장 ② 최고 한도, 상한

raise the **ceiling** for the price 가격을 최고 한도로 인상하다

1079 misuse
[mìsjúːs]

n. 남용, 오용, 악용
vt. 남용[오용, 악용]하다

Misuse of medicine can cause serious problems.
약물 오용은 심각한 문제를 일으킬 수 있다.
individuals who **misuse** power for their own ends
자기 자신의 목적을 위해 권력을 남용하는 개인들

1080 bow
[bau]

v. (허리를 굽혀) 절하다, 인사하다
n. ① 절, 경례 ② 활

In Korea, people **bow** to each other.
한국에서 사람들은 서로에게 고개 숙여 인사한다.
He was armed with a **bow** and arrow.
그는 활과 화살로 무장하고 있었다.

1081 fund
[fʌnd]

n. 기금, 자금
vt. 자금[기금]을 대다

government **funds** 정부 자금
The work of the charity is **funded** by voluntary donations.
그 자선 사업은 자발적인 기부금들로 자금을 마련했다.

1082 leap
[li:p]

v. ① 뛰다, 도약하다 ② 급증하다
n. ① 뛰기, 도약 ② 급증

A dolphin **leaped** out of the water.
돌고래 한 마리가 물 밖으로 뛰어올랐다.

It was a small step for a man but a giant **leap** for mankind.
그것은 한 인간에게는 작은 발걸음이었지만 인류에게는 큰 도약이었다.

a **leap** in profits 수익 급증

1083 whisker
[wískər]

n. 수염, 구레나룻

Seals use their **whiskers** to find their food.
물개들은 먹이를 찾기 위해 수염을 이용한다.

1084 industrial
[indʌ́striəl]

a. 산업[공업]의; 공업용의

The nineteenth century saw the **Industrial** Revolution.
19세기에 산업혁명이 발생했다.

MVP industrialization n. 산업[공업]화
industry n. 산업, 공업; 근면
industrialize v. 산업[공업]화하다
industrious a. 근면한, 부지런한

1085 athlete
[ǽθli:t]

n. 경기자, 운동선수

The **athletes** are running along the track.
운동선수들이 트랙을 따라서 뛰고 있다.

MVP athletic a. 운동의; 강건한

1086 tilt
[tilt]

v. 기울다
n. 기울기; 기운 상태[자세]

Suddenly the boat **tilted** to one side.
갑자기 보트가 한쪽으로 기울어졌다.

The table is at a slight **tilt**.
그 탁자가 약간 기울어져 있다.

1087 dislike
[disláik]

vt. 싫어하다
n. 반감, 싫음

He is fair even to people he **dislikes**.
그는 자기가 싫어하는 사람들한테조차 공평하다.

He did not try to hide his **dislike** of his boss.
그는 상사에 대한 반감을 숨기려 하지 않았다.

1088 surround
[səráund]

vt. 둘러싸다, 에워싸다

Tall trees **surround** the lake.
키 큰 나무들이 호수를 둘러싸고 있다.

MVP surrounding a. 주위의, 인근의; n. (pl.) 환경

1089 ashore
[əʃɔ́ːr]

a. 물가[해변]에; 물가로

The ship ran **ashore** a sunken rock.
그 배는 암초에 좌초되었다.

MVP shore n. 기슭, 해안[해변]

1090 shoot
[ʃuːt]
(shoot–shot–shot)

v. ① (총·화살 등을) 쏘다, 발사하다 ② 촬영하다

He was **shot** in the leg.
그는 다리에 총을 맞았다.

The movie was **shot** in black and white.
그 영화는 흑백으로 촬영되었다.

1091 fortune
[fɔ́ːrtʃən]

n. ① 부, 재산, 큰 돈 ② 운, 운명

He has made a **fortune** through his own efforts.
그는 스스로 노력해서 큰돈을 모았다.

By a stroke of **fortune** he found work almost immediately.
운 좋게도 그는 거의 즉시 일을 구했다.

MVP fortunately ad. 다행스럽게도, 운 좋게도
by a stroke of fortune[good luck] 운수 좋게, 요행히도

1092 occupy
[ákjupài]

vt. ① 차지하다, 점령하다 ② 종사하다, 전념하다[in, with]

An old piano **occupies** one corner.
낡은 피아노 한 대가 방 한쪽 구석을 차지하고 있다.

He was deeply **occupied** in translating a French novel.
그는 프랑스 소설을 번역하는 데 전념하고 있었다.

MVP occupation n. 직업; 점령
occupant n. 점유자, 거주자

1093 victim
[víktim]

n. 희생(자), 피해자, 제물

She was the innocent **victim** of an arson attack.
그녀는 방화 사건의 무고한 희생자였다.

MVP victimize vt. 희생시키다, 괴롭히다
arson n. 방화(죄)

1094 early
[ə́:rli]

ad. 일찍이, 초기에
a. 초기의, 이른

Early morning is a good time to exercise.
이른 아침 시간은 운동하기 참 좋다.

1095 envy
[énvi]

n. 질투, 부러움
vt. 부러워하다, 선망하다

All this was done through **envy**.
이 모든 것은 질투에서 일어났다.

His friends **envy** his enormous wealth.
그의 친구들은 그의 엄청난 재산을 부러워한다.

1096 devise
[diváiz]

v. 궁리하다, 고안하다

A new system has been **devised** to ease traffic congestion.
교통 체증을 완화하기 위해 새로운 체제가 고안되었다.

MVP device n. 장치, 기구
traffic congestion 교통 체증, 교통 혼잡

1097 history
[hístəri]

n. ① 역사(학), 역사책 ② 경력, 이력

The Industrial Revolution changed the course of **history**.
산업혁명은 역사의 흐름을 바꿔놓았다.

There is a **history** of heart disease in my family.
우리 집안은 심장병 가족력이 있다.

MVP historian n. 사학자
historic a. 역사적으로 중요한
historical a. 역사적인, 역사상의

1098 topic
[tápik]

n. 화제, 주제

The article covered a wide range of **topics**.
그 글은 폭넓은 주제를 다루었다.

MVP topical a. 화제의, 주제에 관한; 시사 문제의

1099 instead
[instéd]

ad. 대신에

He uses paper bags for his shopping **instead** of plastic bags.
그는 쇼핑할 때 비닐봉투 대신 종이봉투를 사용한다.

MVP instead of ~대신에

1100 conviction
[kənvíkʃən]

n. ① 유죄 선고[판결] ② 신념, 확신

appeal against his **conviction** 유죄 판결에 불복해 항소하다
She was motivated by religious **conviction**.
그녀는 깊은 종교적 신념에서 동기를 부여받았다.

MVP convict vt. 유죄를 선고하다; n. 기결수, 재소자

1101 screw
[skru:]

n. 나사
v. 나사로 고정시키다

He is turning the **screw** to the right.
그는 나사를 오른쪽으로 돌리고 있다.

The bookcase is **screwed** to the wall.
그 책꽂이는 나사로 벽에 고정되어 있다.

1102 province
[právins]

n. ① 주(州), 지방 ② 분야, 영역

The show will tour the **provinces** after it closes in London.
그 쇼는 런던 공연을 마감하면 지방 순회를 할 것이다.

History is not my **province**.
역사는 내 전문분야 밖이다.

MVP provincial a. 주(州)[도(道)]의, 지방의

1103 recreation
[rèkriéiʃən]

n. 휴양, 기분 전환, 오락

I am considering that place as a summer **recreation** site.
나는 그 장소를 여름 휴양지로 고려중이다.

MVP recreate v. 기분 전환을 시키다, 즐겁게 하다
re-create vt. 개조하다, 다시 만들다; 재현하다
re-creation n. 개조; 재현

1104 fulfil(l)
[fulfíl]

vt. 실행하다, 다하다, 이루다

continuously try to **fulfill** the parents' demands
부모님이 요구하는 것을 이루어내기 위해 계속해서 노력하다
He suspended his college education to **fulfill** his military commitment.
그는 군 복무를 하기 위해 대학을 휴학했다.

MVP fulfil(l)ment n. 실현, 달성

1105 hurry
[hə́:ri]

v. 서두르다; 재촉하다
n. 서두름, 급함

The children **hurried** to open their presents.
아이들은 급히 선물을 풀었다.

He received a call from home and left in a **hurry**.
그는 집에서 온 전화를 받고는 황급히 떠났다.

MVP in a hurry 서둘러, 급히

1106 useful
[jú:sfəl]

a. 유용한, 쓸모 있는

This Internet site offers **useful** information on cars.
이 인터넷 사이트는 자동차에 대한 유용한 정보를 제공한다.

MVP ↔ useless a. 소용없는, 쓸모없는

1107 mind
[maind]

n. ① 마음, 정신 ② 신경, 정신
v. 언짢아하다, 신경을 쓰다

She was in a disturbed state of **mind**.
그녀는 불안정한 정신 상태였다.

Her **mind** is completely occupied by the new baby.
그녀는 신경이 온통 새로 태어난 아기에게 쏠려 있다.

He **minded** that he hadn't been asked.
그는 자기에게 물어보지 않은 것을 언짢아했다.

MVP mindful a. ~을 의식하는, ~에 유념하는

1108 arise
[əráiz]
(arise-arose-arisen)

vi. 생기다, 발생하다

Accidents **arise** from carelessness.
사고는 부주의에서 일어난다.

MVP rise vi. (물가·수준이) 오르다, 일어나다(rise-rose-risen)
raise vt. 들어 올리다; 인상하다(raise-raised-raised)

1109 remarkable
[rimá:rkəbl]

a. 놀라운, 주목할 만한

Korea has made **remarkable** progress in pop music.
한국의 대중음악은 놀라운 발전을 이룩했다.

1110 speak
[spiːk]
(speak–spoke–spoken)

v. ① 말하다, 이야기하다 ② 연설하다

She **spoke** with him for an hour.
그녀는 그와 한 시간 동안 이야기했다.

She does not like to **speak** in public.
그녀는 대중 앞에서 연설하는 것을 싫어한다.

MVP speaker n. 이야기[말]하는 사람, 연설가

1111 sew
[sou]

v. 바느질하다, 꿰매다

She looked for a needle and thread to **sew** the button.
그녀는 단추를 달려고 바늘과 실을 찾았다.

MVP saw v. 톱질하다
sow v. (씨를) 뿌리다

1112 encourage
[inkə́ːridʒ]

vt. ① 용기를 돋우다, 격려하다 ② 권장[장려]하다

She **encouraged** her son to go to college.
그녀는 아들을 격려하여 대학에 가도록 했다.

The government takes active measures to **encourage** childbirth.
정부는 출산을 장려하기 위해 적극적인 조치를 취한다.

MVP encouragement n. 격려
encouraging a. 격려의, 힘을 북돋아 주는

1113 heat
[hiːt]

n. 열기; 더위
v. ~을 뜨겁게 하다, 가열하다

The fire gave out a fierce **heat**.
불에서 맹렬한 열기가 뿜어져 나왔다.

That empty house is not **heated** in the winter.
저 빈 집은 겨울에는 난방을 하지 않는다.

1114 boil
[bɔil]

v. 끓다, 비등(沸騰)하다

Water **boils** at 100°C.
물은 섭씨 100도에서 끓는다.

MVP boil down ~을 졸이다; 요약하다

1115 order
[ɔ́:rdər]

n. ① 순서, 질서 ② 명령
v. ① 명령하다, 지시하다 ② 주문하다

The names are listed in alphabetical **order**.
그 이름들은 알파벳순으로 나열되어 있다.

The government has **ordered** an investigation into the accident.
정부는 그 사고에 대한 조사를 지시했다.

MVP orderly a. 정돈된
↔ disorder n. 무질서, 혼란

1116 forum
[fɔ́:rəm]

n. 토론회, 좌담회

an open **forum** 공개 토론회

1117 full
[ful]

a. 가득한, 가득 채워진

My suitcase was **full** of books.
내 여행 가방에는 책이 가득 들어 있었다.

1118 adventure
[ædvéntʃər]

n. 모험, 모험심

her **adventures** travelling in the unknown world
미지의 세계를 여행한 그녀의 모험

MVP adventurer n. 모험가; 투기꾼
adventurous a. 모험심이 강한, 모험을 즐기는

1119 sharp
[ʃa:rp]

a. ① 날카로운, 뾰족한 ② 급격한 ③ 선명한, 뚜렷한

a **sharp** increase in unemployment 실업 급증
The photograph is not very **sharp**.
그 사진은 별로 선명하지가 않다.

MVP sharpen v. 날카롭게 하다
sharply ad. 날카롭게; 급격히; 선명하게

1120 shortage
[ʃɔ́:rtidʒ]

n. 부족, 결핍

A **shortage** of food can lead to war.
식량 부족은 전쟁으로 이어질 수 있다.

MVP short a. 짧은; 부족한
shortly ad. 곧, 이내; 간단히
shorten v. 짧게 하다, 단축하다; 짧아지다

1121 **prevent**
[privént]

v. 막다, 방지하다, 예방하다

The snow **prevented** him from going out.
눈 때문에 그는 외출할 수 없었다.

> **MVP** prevention n. 방지, 예방
> preventable a. 막을 수 있는, 방해[예방]할 수 있는

1122 **seldom**
[séldəm]

ad. 좀처럼[거의] ~않는

He had **seldom** seen a child with so much talent.
그는 그처럼 재능이 많은 아이는 좀처럼 보지 못했었다.

1123 **bit**
[bit]

n. 조금, 약간, 일부

He looks a **bit** old for his age.
그는 나이에 비해 조금 늙어 보인다.

> **MVP** a bit 조금, 약간

1124 **shy**
[ʃai]

a. 수줍은, 부끄러워하는

She was too **shy** to ask anyone for help.
그녀는 너무 수줍음이 많아서 누구에게 도와 달라고 하지를 못했다.

1125 **fold**
[fould]

v. ① 접다 ② 감싸다

He **folded** the paper and put it in his pocket.
그는 종이를 접어 호주머니에 넣었다.

She carefully **folded** the baby in a blanket.
그녀는 조심스럽게 아기를 담요로 감쌌다.

> **MVP** folder n. 서류철, 폴더
> ↔ unfold v. 펼치다; 밝혀지다

1126 **goods**
[gudz]

n. (pl.) 상품, 제품

The store sells wide range of **goods**.
그 가게는 광범위한 물품을 팔고 있다.

1127 **emotion**
[imóuʃən]

n. 감정, 정서

He is not good at expressing his **emotions**.
그는 자신의 감정을 표현하는 데 서투르다.

1128 ladder
[lǽdər]

n. 사다리

The man is climbing up the **ladder**.
남자가 사다리를 타고 올라가고 있다.

1129 combat
[kámbæt]

n. 전투, 싸움
v. ~와 싸우다; 분투하다

Women were still barred from **combat**.
여성들은 여전히 전투에서 제외되었다.

Colony people **combated** for freedom.
식민지 사람들은 자유를 위해 싸웠다.

MVP combatant n. 전투원
combative a. 전쟁[싸움]을 좋아하는, 호전적인

1130 salary
[sǽləri]

n. 급여, 봉급, 월급

He saves up part of his **salary** every month.
그는 봉급의 일부를 매달 적립하고 있다.

1131 army
[á:rmi]

n. 군대, 육군

He served as a military officer in the **army**.
그는 군에서 장교로 복무했다.

MVP an army of 큰 무리[떼], 대군
navy n. 해군
air force n. 공군

1132 forecast
[fɔ́:rkæst]

n. 예측, 예보
v. 예측하다, 예보하다

The **forecast** says it will be misty and raining tomorrow.
일기 예보에 의하면 내일은 안개가 끼고 비가 올 것이라고 한다.

Experts are **forecasting** a recovery from the financial crisis.
전문가들은 금융 위기로부터의 회복을 예측하고 있다.

1133 murder
[mə́:rdər]

n. 살인, 살해
v. 살해하다, 살인하다

He was found guilty of **murder**.
그는 살인죄로 유죄 판결을 받았다.

He denied **murdering** his wife's lover.
그는 아내의 애인을 살해한 것을 부인했다.

MVP murderer n. 살인범, 살해범
murderous a. 사람을 죽일 것 같은, 살인적인

1134 jealousy
[dʒéləsi]

n. 질투, 시샘, 시기

She was so sick with **jealousy**.
그녀는 질투심에 너무 괴로웠다.

MVP jealous a. 질투하는, 시샘하는
jealously ad. 질투하여, 시샘하여

1135 finish
[fíniʃ]

v. 마치다, 끝나다

They worked around-the-clock to **finish** the project on time.
그들은 제 시간에 그 프로젝트를 끝내기 위해 24시간 일했다.

1136 spell
[spel]

v. 철자를 말하다[쓰다]
n. ① 한동안 ② 주문, 마법 ③ 매력

In English few words are pronounced as they are **spelled**.
영어에서는 철자대로 발음되는 단어가 거의 없다.

a **spell** of warm weather 한동안의 따뜻한 날씨
All her students came under her **spell**.
그녀의 학생들 모두가 그녀의 매력에 사로잡혀 있었다.

MVP spell out 철자를 옳게 말하다[쓰다]
spelling n. 철자(법), 맞춤법

1137 joint
[dʒɔint]

a. 공동의, 합동의
n. 관절

They were **joint** owners of the house.
그들은 그 주택의 공동 소유자였다.

Joints are parts of the body between two bones that meet together.
관절은 서로 붙어 있는 두 개의 뼈 사이에 있는 신체 부위다.

MVP join v. 결합하다; 참가하다
jointly ad. 함께, 공동으로

1138 century
[séntʃəri]

n. 100년, 1세기

Science opened a new horizon of the 21st **century**.
과학은 21세기의 새 지평을 열었다.

MVP centennial a. 100년(째)의; n. 100주년(기념제), 100년 기념일
millennium n. 천년(간)

1139 equal
[íːkwəl]

a. ① 평등한 ② 동일한

All men are **equal** under the law.
누구나 법 앞에 평등하다.

There are an **equal** number of boys and girls in the class.
그 학급에는 동일한 숫자의 남학생과 여학생이 있다.

MVP equality n. 평등, 균등
equally ad. 똑같이, 동일하게

1140 outfit
[áutfit]

n. ① (한 벌로 된) 옷, 복장 ② 장비
v. (복장·장비를) 갖추어 주다; 채비[준비]하다

a wedding **outfit** 결혼식 예복
a climber's **outfit** 등산가의 장비
The ship was **outfitted** with a 12-bed hospital.
이 배에는 병상이 12개인 병원 시설이 갖춰져 있었다.

1141 sound
[saund]

n. 소리
v. ~인 것 같다[~처럼 들리다]
a. 건전한, 건강한

She heard the **sound** of footsteps outside.
그녀는 밖에서 들려오는 발자국 소리를 들었다.

She didn't **sound** surprised when I told her the news.
내가 그녀에게 그 소식을 들려주었을 때 그녀는 놀라는 것 같지 않았다.

A **sound** mind in a sound body.
건강한 신체에 건전한 정신(이 깃든다).

1142 clock
[klak]

n. 시계, 시간

He worked around the **clock** these days.
그는 요즘 밤낮으로 일했다.

MVP around the clock 24시간 내내[밤낮으로]

1143 cling
[kliŋ]
(cling–clung–clung)

vi. 매달리다, 집착하다, 고수하다

Geckos can **cling** to glass walls or ceilings.
도마뱀들은 유리로 된 벽이나 천장에 매달릴 수 있다.

She had **clung** to the belief that he was innocent.
그녀는 그가 무죄라는 믿음을 고수했다.

1144 fool
[fuːl]

n. 바보
v. ① 속이다 ② 장난치다

Comedians often form the **fool**.
개그맨들은 종종 바보 흉내를 낸다.

We were **fooled** by his innocent look.
우리는 그의 순진한 모습에 속았다.

> **MVP** foolish a. 어리석은, 바보 같은
> form the fool 바보 흉내를 내다

1145 plan
[plæn]

n. 계획; 방안, 방침
v. 계획하다

The government has announced **plans** to create new training places.
정부는 새로운 수습 일자리를 창출할 방안을 발표했다.

My vacation has been **planned** for months.
나는 여러 달 전부터 휴가 계획을 세웠다.

1146 camel
[kǽməl]

n. 낙타

A **camel** is well adapted to desert life.
낙타는 사막 생활에 잘 적응되어 있다.

> **MVP** hump n. (낙타 등의) 혹
> oasis n. 오아시스; 휴식처, 위안의 장소

1147 mental
[méntl]

a. 정신의, 마음의

Depression is one of the most common **mental** illnesses.
우울증은 가장 일반적인 정신병 중 하나이다.

> **MVP** mentality n. 정신, 심리; 사고방식
> mentally ad. 정신적으로
> ↔ physical a. 육체의

1148 cricket
[kríkit]

n. ① 귀뚜라미
② 크리켓(11인 2팀으로 하는 영국의 구기(球技))

Crickets are thought to bring good luck in many countries.
귀뚜라미는 많은 나라에서 행운을 가져다주는 것으로 여겨진다.

1149 mirror
[mírər]

n. 거울
vt. 반영하다, 비추다

He looked at his face reflected in the **mirror**.
그는 거울 속에 비친 자기 얼굴을 보았다.

The music of the time **mirrored** the feeling of optimism in the country.
그 당시의 음악이 그 나라에 존재하던 낙관주의적 감정을 잘 보여주었다.

She saw herself **mirrored** in the window.
그녀는 창문에 비친 자기 모습을 보았다.

1150 tendency
[téndənsi]

n. 성향, 경향; 추세

I have a **tendency** to talk too much when I'm nervous.
나는 초조하면 말을 너무 많이 하는 성향이 있다.

Prices are steadily on an upward **tendency**.
물가가 꾸준히 상승하는 추세이다.

1151 main
[mein]

a. 주요한, 주된

We investigated the **main** cause of the explosion.
우리는 그 폭발의 주된 원인을 조사했다.

MVP mainly ad. 주로; 대부분, 대개

1152 image
[ímidʒ]

n. ① 그림 ② 인상, 이미지

The advertisements are intended to improve the company's **image**.
그 광고는 그 회사의 이미지를 개선하기 위해 만들어진 것이다.

1153 devil
[dévl]

n. 악령, 마귀

They believed she was possessed by **devils**.
그들은 그녀가 악령에 씌었다고 믿었다.

MVP devilish a. 사악한, 악마 같은

1154 near
[niər]

a. 가까운
ad. 가까이
prep. ① ~에서 가까이 ② 거의

The conflict is unlikely to be resolved in the **near** future.
그 갈등이 가까운 장래에는 해결될 것 같지 않다.

We plan to open a new office **near** the downtown area.
우리는 시내 가까이에 새 사무실을 열 계획이다.

a period of **near** thirty years 거의 30년의 기간

MVP nearly ad. 거의

1155 raise
[reiz]

vt. ① 올리다; 높이다 ② (아이·동물을) 키우다
③ (자금·사람 등을) 모으다
n. (임금·물가 등의) 인상, 상승

People want to **raise** the standard of living.
사람들은 생활수준을 높이길 원한다.

This place is an ideal environment to **raise** children.
이곳은 아이들을 양육하는 데 이상적인 환경이다.

We are **raising** money for charity.
우리는 자선 모금을 하고 있다.

MVP charity n. 자선 (행위); 자선 단체

1156 continent
[kántənənt]

n. 대륙

Asia is the biggest **continent** in the world.
아시아는 세계에서 가장 큰 대륙이다.

1157 puzzle
[pʌ́zl]

n. 퍼즐; 수수께끼
v. 어리둥절하게 만들다

It remains an unsolved **puzzle**.
그것은 아직도 풀리지 않는 수수께끼로 남아 있다.

The question by the teacher **puzzled** her.
선생님의 질문이 그녀를 어리둥절하게 했다.

MVP puzzled a. 어리둥절하는, 얼떨떨한

1158 column
[káləm]

n. ① 기둥, 지주; 원주 ② (신문·잡지의) 정기 기고란[칼럼]

Massive **columns** are at the top of the steps.
거대한 기둥들이 계단 꼭대기에 있다.

Paul Krugman writes a **column** for the *New York Times*.
폴 크루그먼은 『뉴욕타임스』에 칼럼을 쓴다.

1159 gross
[grous]

a. ① 총, 전체의 ② 역겨운, 기분 나쁜

The **gross** weight of the product is two tons.
상품의 총량은 2톤이다.

Most people think that insects are **gross**.
대부분의 사람들은 벌레가 역겹다고 생각한다.

1160 head
[hed]

n. ① 머리, 고개 ② 책임자
v. ① 가다, 향하다 ② ~을 이끌다

She resigned as **head** of department.
그녀는 부서 책임자에서 사직했다.

City folks **head** everywhere in the country during vacation.
도시인들은 휴가 때면 전국 어디든지 간다.

She has been appointed to **head** the research team.
그녀가 그 연구팀을 이끌도록 임명되었다.

1161 tire
[taiər]

v. ① 지치다 ② 싫증나다

He is inclined to **tire** easily.
그는 금세 지치는 경향이 있다.

The child soon **tired** of playing with his toys.
그 아이는 곧 장난감놀이에 싫증이 났다.

MVP tired a. 지친, 피곤한; 싫증난
tiring a. 피곤한, 피곤하게 만드는
tiresome a. 성가신, 짜증스러운
tireless a. 지칠 줄 모르는

1162 beneath
[biníːθ]

prep. ① 아래[밑]에 ② (수준 등이) ~보다 못한

The boat sank **beneath** the waves.
그 배는 파도 속으로 가라앉았다.

1163 balance
[bǽləns]

n. ① 균형, 평형 ② 잔고, 잔액
v. ① 균형을 유지하다 ② 비교하여 헤아리다, 가늠하다

Try to keep a **balance** between work and relaxation.
일과 휴식 사이의 균형을 이루도록 하라.

1164 concert
[kánsərt]

n. ① 음악회, 연주회 ② 협력, 협조, 제휴

Numerous people attended the rock **concert**.
수많은 사람들이 록 콘서트에 참석했다.

They work alone or in **concert** with small teams.
그들은 혼자 일하거나 작은 팀과 협력하여 일을 한다.

MVP in concert 일제히; 제휴하여[with]
recital n. 독주회, 독창회

1165 territory
[térətɔ̀:ri]

n. 지역, 영토, 영역

The large male lion protects the pride's **territory** against other prides.
큰 수컷 사자는 무리의 영역을 다른 무리로부터 보호한다.

MVP pride n. 자랑, 자존심, (사자 따위의) 떼, 무리

1166 chapel
[tʃǽpəl]

n. 예배당, 소교회당

I prayed for him in the **chapel**.
그는 예배당에서 그를 위해 기도를 했다.

1167 ordinary
[ɔ́:rdənèri]

a. 보통의, 평범한

She writes stories about **ordinary** people.
그녀는 보통 사람들에 대한 이야기들을 쓴다.

MVP ordinarily ad. 보통, 대개, 통상

1168 silly
[síli]

a. 어리석은, 바보 같은

It is **silly** to ask a needless question.
불필요한 질문을 하는 것은 어리석은 짓이다.

1169 fiction
[fíkʃən]

n. 소설, 허구

This story is **fiction**, but based on fact.
이 이야기는 소설이지만 사실을 바탕으로 하고 있다.

1170 disappear
[dìsəpíər]

vi. 사라지다, 보이지 않게 되다

The plane **disappeared** behind a cloud.
그 비행기가 구름 뒤로 사라졌다.

MVP ↔ appear vi. 나타나다

1171 mania
[méiniə]

n. 열광, 열기

Football **mania** is sweeping the country.
축구 열기가 온 나라를 휩쓸고 있다.

MVP maniac n. 미치광이; 광적인 애호가, ~광

1172 bring
[briŋ]
(bring-brought-brought)

vt. ① 가져오다, 데려오다 ② 초래하다, 일으키다

Four-leaf clovers **bring** good luck.
네 잎 클로버는 행운을 가져다준다.

MVP bring about 초래하다
fetch v. (가서) 가지고 오다, 데리고 오다

1173 nun
[nʌn]

n. 수녀, 여승

The **nun** led a holy life.
그 수녀는 성스러운 삶을 보냈다.

MVP monk n. 수도사, 수사
priest n. 사제, 신부

1174 dome
[doum]

n. 둥근 천장, 반구형 지붕

The **dome** of the cathedral was beautiful.
대성당의 둥근 지붕은 아름다웠다.

1175 uprising
[ʌ́pràiziŋ]

n. 반란, 폭동

an armed **uprising** against the government 반정부 무장 봉기

1176 settle
[sétl]

v. ① 해결하다 ② 정착하다 ③ 진정시키다

He **settled** his affair.
그는 자신의 문제를 해결했다.

She had decided to **settle** permanently in France.
그녀는 프랑스에 영구 정착하기로 결심했었다.

This pill will help to **settle** your nerves.
이 알약이 네 신경을 진정시키는 데 도움을 줄 것이다.

MVP settlement n. 합의, 해결; 정착(지)
settler n. 정착민

1177 scratch
[skrætʃ]

v. 긁다, 할퀴다
n. 긁힌[할퀸] 자국

She **scratched** at the insect bites on her arm.
그녀는 팔의 벌레 물린 데를 긁었다.

He escaped without a **scratch**.
그는 긁힌 데 하나 없이 빠져나왔다.

MVP from scratch 아무런 사전 준비 없이; 맨 처음부터

1178 jail
[dʒeil]

n. 교도소, 감옥
vt. 투옥하다, 수감하다

He has been released from **jail**.
그는 교도소에서 석방되었다.

He was **jailed** for life for murder.
그는 살인죄로 종신형에 처해졌다.

1179 urgent
[ə́ːrdʒənt]

a. 긴급한, 절박한

Nobody recognized how **urgent** the situation was.
상황이 얼마나 긴박한지를 아무도 인식하지 못했다.

MVP urgently ad. 긴급하게, 절박하게
urgency n. 긴급, 화급

1180 survive
[sərváiv]

v. 살아남다, ~보다 오래 살다

These plants **survived** the terrible drought.
이 식물들은 끔찍한 가뭄에서 살아남았다.

She **survived** her husband by ten years.
그녀는 남편보다 10년 더 오래 살았다.

MVP survival n. 생존
survivor n. 생존자

1181 sane
[sein]

a. 제정신의, 분별 있는

In the opinion of doctor, he was **sane** at the time of the murder.
의사의 의견에 따르면, 그는 살인을 저지를 당시 제 정신이었다고 한다.

MVP ↔ insane a. 정신 이상의, 미친

1182 advise
[ædváiz]

v. ① 조언하다, 충고하다 ② 통지[통고]하다, 알리다

I **advised** him to study harder.
나는 그에게 좀 더 열심히 공부하라고 충고했다.

MVP advice n. 충고, 조언, 권고
adviser n. 충고자, 조언자, 고문(= advisor)

1183 vigor
[vígər]

n. 활력, 활기, 정력

My grandfather is old, but he has great **vigor**.
나의 할아버지는 나이가 드셨지만 원기 왕성하다.

MVP vigorous a. 원기 왕성한, 활발한

1184 state
[steit]

n. ① 상태 ② 국가, 나라, 정부 ③ 주(州)
vt. (정식으로) 말하다, 진술하다; 명시하다
a. ① 국가의, 국영의 ② 주(州)[주립]의

The building is in a bad **state** of repair.
그 건물은 보수 상태가 좋지 못하다.

The **state** has a duty to protect its citizens.
국가는 자국민을 보호할 의무가 있다.

The witness **stated** that he had seen the man enter the building.
증인은 그 남자가 건물로 들어가는 것을 보았다고 진술했다.

state education 공교육

MVP statement n. 성명(서), 진술(서), 서술
statesman n. 정치인, 정치가

1185 brave
[breiv]

a. 용감한, 용맹한

It was very **brave** of you to tell him the truth.
당신이 그에게 진실을 말한 것은 매우 용기 있는 행동이었다.

MVP bravery n. 용감(성)

1186 castle
[kǽsl]

n. 성, 성채

The princess lived in a beautiful **castle**.
그 공주는 아름다운 성에 살았다.

1187 sneeze
[sni:z]

vi. 재채기하다
n. 재채기

Some dust in the room started him **sneezing**.
방에 있는 먼지 때문에 그가 재채기를 하기 시작했다.

She gave a violent **sneeze**.
그녀가 심하게 재채기를 했다.

1188 shut
[ʃʌt]
(shut-shut-shut)

v. 닫다, 닫히다
a. 닫힌, 잠긴

He went into his room and **shut** the door behind him.
그는 자기 방으로 들어가 문을 닫았다.

Keep your eyes **shut**.
눈을 감고 있어.

1189 pay
[pei]
(pay-paid-paid)

v. ① 지불하다 ② 이득이 되다
n. ① 지불 ② 급료, 보수

I **paid** a lot of money for this fancy car.
나는 이 멋진 차를 사기 위해 많은 돈을 지불했다.

It will **pay** you to hire an accountant.
회계사를 고용하는 것이 당신에게 이득이 될 것이다.

MVP payment n. 지불, 지급
payoff n. 급료 지급(일)
payable a. 지불해야 하는; 지불할 수 있는

1190 tag
[tæg]

n. 꼬리표, 태그
vt. 꼬리표를 붙이다

He put name **tags** on all his shirts.
그는 자기 셔츠 모두에 이름표를 붙였다.

Each animal was **tagged** with a number for identification.
각 동물에게는 식별용 숫자가 적힌 꼬리표가 붙여졌다.

1191 quarrel
[kwɔ́:rəl]

n. 말다툼, 싸움
vi. 말다툼하다, 싸우다

After the **quarrel** he refused to speak to me.
말다툼 후에 그는 내게 말을 걸려고 하지 않았다.

MVP quarrelsome a. 싸우기[말다툼하기] 좋아하는

1192 pet
[pet]

n. 애완동물
v. 귀여워하다; (동물·아이를 다정하게) 쓰다듬다

Keeping **pets** teaches us responsibility.
애완동물을 기르는 것은 우리에게 책임감을 가르쳐 준다.

The woman is **petting** a small dog.
여인이 작은 강아지를 쓰다듬고 있다.

1193 algebra
[ǽldʒəbrə]

n. 대수학

an effective method of teaching **algebra** 대수의 효과적인 교수법

1194 race
[reis]

n. ① 인종, 종족, 민족 ② 경주, 레이스 ③ 경쟁
v. 경주[경쟁]하다

He tried hard to bring equality between **races**.
그는 인종 간의 평등을 위해 힘썼다.

He won the presidency **race** with a comfortable majority.
그는 충분한 표 차이로 대권 경쟁에서 승리했다.

Bicycle riders **race** each year for big prizes.
자전거를 타는 사람들은 매년 큰 상을 놓고 경주한다.

MVP racial a. 인종[민족]의, 인종[민족]간의
racist n. 인종 차별주의자

1195 leak
[liːk]

v. ① 새다 ② 누설[유출]되다
n. 누출, 유출

Every time it rains, the roof **leaks**.
비가 올 때마다 지붕이 샌다.

Details of the plan soon **leaked** out.
그 계획의 세부 내용이 곧 누설되었다.

The first sign of a gas **leak** is the smell.
가스 누출의 첫 번째 신호는 냄새이다.

MVP leakage n. 누출, 새어나감
leaky a. 새는, 구멍이 난

1196 enable
[inéibl]

vt. ① (사람을) ~을 할 수 있게 하다 ② 가능[용이]하게 하다

Good health **enabled** her to carry out the plan.
건강했기 때문에 그녀는 그 계획을 수행할 수 있었다.

Insulin **enables** the body to use and store sugar.
인슐린은 인체의 당 이용과 저장을 가능하게 한다.

MVP ↔ disable vt. 무력하게 하다, 장애를 입히다

1197 moisture
[mɔ́istʃər]

n. 습기, 수분

Rising air dries **moisture** in clouds.
상승하는 공기는 구름의 수분을 건조시킨다.

MVP moist a. 습기 있는, 축축한
moisten v. 축축하게 하다, 젖다

1198 toss
[tɔːs]

v. ① 던지다 ② 흔들리게 하다
n. 던지기; (무엇을 결정하기 위한) 동전 던지기

The boy **tossed** newspapers over the wall.
그 소년은 담장 너머로 신문을 던졌다.

Our boat was being **tossed** by the huge waves.
우리 보트는 거대한 파도에 마구 흔들리고 있었다.

The final result was decided by the **toss** of a coin.
마지막 결과는 동전 던지기로 결정되었다.

1199 fee
[fiː]

n. 수수료; 요금

There is no entrance **fee** to the gallery.
그 미술관에는 입장료가 없다.

1200 poison
[pɔ́izn]

n. 독, 독약

Some mushrooms contain a deadly **poison**.
일부 버섯에는 치명적인 독이 있다.

MVP poisonous a. 유독한, 독이 있는
toxin n. 독소
venom n. (뱀 등의) 독, 독액

1201 witness
[wítnis]

n. 목격자, 증인
v. ① (사건·사고를) 목격하다 ② 증언[증명]하다

attend a court of law as a **witness** 증인으로서 법정에 출두하다
A passer-by **witnessed** the accident.
지나가는 사람이 그 사고를 목격했다.
He **witnessed** that it was the driver's fault.
그는 그것이 운전사의 과실임을 증언했다.

MVP passer-by n. 지나가는 사람, 행인

1202 danger
[déindʒər]

n. 위험 (상태), 위난

Driving under the influence puts people in **danger**.
음주운전은 사람들을 위험에 빠뜨린다.

MVP endanger vt. 위험에 빠뜨리다
dangerous a. 위험한, 위태로운
under the influence 술에 취하여(= drunk)

1203 suffer
[sʌ́fər]

v. 고통을 받다, 겪다, 당하다

They **suffered** from cold and hunger.
그들은 추위와 배고픔에 고통 받았다.

Several cities used to **suffer** water shortages.
몇몇 도시들은 물 부족을 겪곤 했다.

1204 usage
[júːsidʒ]

n. ① 용법, 어법, 사용 ② 관습, 관례

We must master both grammar and **usage** for writing good English.
훌륭한 영어를 쓰기 위해서 문법과 어법 둘 다 숙달해야만 한다.

She had to marry him by **usage**.
관례상 그녀는 그와 결혼해야 했다.

MVP by usage 관례상, 관례에 따라
use v. 쓰다, 사용[이용]하다

1205 lane
[lein]

n. 차선; (좁은) 도로, 길

The bus is moving into another **lane**.
버스가 다른 차선으로 움직이고 있다.

1206 pause
[pɔːz]

v. 잠시 중지하다
n. 중지, 멈춤

She **paused** the video and went to answer the phone.
그녀는 비디오를 정지시켜 놓고 전화를 받으러 갔다.

The nomad had a brief **pause** at an oasis for water.
유목민은 물을 마시기 위해 오아시스에 잠시 멈추었다.

MVP nomad n. 유목민; 방랑자

1207 fort
[fɔːrt]

n. 요새

The **fort** was attacked by the enemies with cannon.
그 요새는 적들에게 대포로 공격당했다.

1208 shell
[ʃel]

n. (달걀·조개 따위의) 껍질, 껍데기

We collected **shells** on the beach.
우리는 해변에서 조개껍데기를 모았다.

1209 meal
[miːl]

n. 식사

Eating regular **meals** is good for health.
규칙적인 식사를 하는 것은 건강에 좋다.

1210 memory
[méməri]

n. 기억(력); 추억

Her bad **memory** obscured the facts about the accident.
그녀의 기억력이 나빠서 그 사건의 사실들이 모호해졌다.

The photos bring back a lot of good **memories**.
사진을 보니 좋은 기억들이 많이 떠오른다.

MVP memorize vt. 암기하다
memorable a. 기억할 만한
memorial a. 기념하기 위한, 추도[추모]의; n. 기념비
memoir n. 회고록, 자서전

1211 indebt
[indét]

vt. ~에게 빚을 지게 하다; ~에게 은혜를 입히다

They are **indebted** to people who supported them.
그들은 지원해 준 사람들에게 감사의 빚을 지고 있다.

MVP indebted a. 부채가 있는; 신세를 진

1212 casual
[kǽʒuəl]

a. ① 우연한, 우발적인 ② 격식을 차리지 않은
n. (pl.) 평상복

He went out for a walk in **casual** wear.
그는 간편한 차림으로 산책을 나갔다.

1213 religion
[rilídʒən]

n. 종교

She used to find a refuge in **religion**.
그녀는 종교에서 위안을 찾곤 했다.

MVP religious a. 종교의; 신앙심이 깊은

1214 gravel
[grǽvəl]

n. 자갈

His truck was sliding on the **gravel** road.
그의 트럭이 자갈길에 미끄러지고 있었다.

1215 enclose
[inklóuz]

vt. ① 둘러싸다, 에워싸다 ② 동봉하다

The house is **enclosed** with walls.
그 집은 담으로 둘러싸여 있다.

She **enclosed** a check in the envelope with her rent bill.
그녀는 봉투 속에 집세 청구서와 수표를 함께 동봉하였다.

MVP enclosed a. 에워싸인; 동봉된
enclosure n. 둘러쌈, 포위; 울타리, 담; 동봉

1216 solve
[salv]

vt. 해결하다, 풀다

Poverty is a hard problem to **solve**.
빈곤은 해결하기 어려운 문제이다.

MVP solution n. 해법, 해결책; 용액

1217 fine
[fain]

a. 훌륭한, 좋은
n. 벌금, 과료
vt. 벌금을 과하다

He was **fined** for driving under the influence of alcohol.
그는 음주운전으로 벌금을 물었다.

1218 build
[bild]
(build-built-built)

v. ① 건설[건축]하다 ② 이룩[확립]하다

In some areas, most people **build** their homes out of wood.
어떤 지역에서는 대부분의 사람들이 나무로 집을 짓는다.

build a reputation 명성을 얻다

1219 treasure
[tréʒər]

n. 보물, 귀중품, 소중한 것
vt. 소중히 하다

In a series of adventures Tom found a secret **treasure**.
일련의 탐험에서 톰은 감춰진 보물을 찾았다.

I **treasure** his friendship.
나는 그의 우정을 귀하게 여긴다.

MVP treasurer n. 회계 담당자

1220 consider
[kənsídər]

v. ① 숙고하다, 고찰하다 ② 간주하다, 여기다

consider a matter in all aspects
문제를 모든 면에서 고찰하다

consider him worthy of confidence
그를 신뢰할 만한 사람으로 여기다

MVP consideration n. 고려, 숙고

1221 errand
[érənd]

n. 심부름

Mother sent me on an **errand** to pick up the laundry.
어머니는 내게 세탁물을 찾아오라고 심부름을 시켰다.

More Vocabulary Power

1222 review
[rivjúː]

n. ① 재검토 ② 논평[비평] ③ 복습
v. ① 재검토하다 ② 논평[비평]하다 ③ 복습하다

The present system is in want of a total **review**.
현 체제는 전면적인 재검토가 필요하다.

a book **review** 서평

She is **reviewing** what she's learned today.
그녀는 오늘 배운 내용을 복습하고 있다.

1223 norm
[nɔːrm]

n. 표준, 규범, 기준

Older parents seem to be the **norm** rather than the exception nowadays.
요즘에는 학부형들이 나이가 많은 것이 예외가 아니라 일반적인 것 같다.

social **norms** 사회적 규범

1224 portrait
[pɔ́ːrtrit]

n. ① 초상화 ② 묘사

The man is posing for the **portrait**.
남자가 초상화를 위해 포즈를 취하고 있다.

a **portrait** of life at the French court 프랑스 궁전 생활에 대한 묘사

1225 satellite
[sǽtəlàit]

n. 위성, 인공위성

The country launched an artificial **satellite** last month.
그 나라는 지난달에 인공위성을 쏘아 올렸다.

1226 smooth
[smuːð]

a. ① 매끄러운, 부드러운 ② (일의 진행이) 순조로운

Rocks found on the beach usually have a **smooth** surface.
해변에서 발견된 돌은 대개 표면이 부드럽다.

The landing of our airplane was **smooth**.
우리 비행기는 순조롭게 착륙했다.

1227 mislead
[mislíːd]
(mislead-misled-misled)

vt. 잘못 인도하다; 속이다

He was **misled** by his elder brother into a life of gambling.
형의 꼬임에 빠져 그는 도박의 삶으로 잘못 들어섰다.

The salesman **misled** me about the watch's guarantee.
그 외판원은 시계의 보증에 대해 나를 속였다.

MVP misleading a. 오도하는, 오해의 소지가 있는

1228 debt
[det]

n. 빚, 채무, 부채

Greece suffers from a huge **debt**.
그리스는 막대한 부채로 고통 받고 있다.

MVP debtor n. 채무자[국]
creditor n. 채권자

1229 violence
[váiələns]

n. ① 폭력, 폭행 ② 격렬함

the growing problem of domestic **violence**
점점 커지는 가정 폭력 문제

The **violence** of her feelings surprised him.
그녀의 격렬한 감정에 그는 놀랐다.

MVP violent a. 폭력적인, 격렬한
violently ad. 격렬하게

1230 cry
[krai]

v. 울다, 외치다
n. 울음, 고함, 외침

He felt like **crying** with rage.
그는 너무 화가 나서 울고 싶은 심정이었다.

They heard a **cry** for help.
그들은 도움을 청하는 외침을 들었다.

MVP tear n. (보통 pl.) 눈물; vi. 눈물을 흘리다
↔ laugh v. 웃다; n. 웃음; 웃음소리

1231 ancient
[éinʃənt]

a. 고대의; 아주 오래된

Papyrus is a type of paper used in **ancient** Egypt.
파피루스는 고대 이집트에서 사용되던 종이이다.

1232 let
[let]
(let-let-let)

v. ① (~하게) 놓아두다, 내버려 두다 ② 허락하다
③ 빌리다, 세를 주다

She **lets** her children stay up as late as they like.
그녀는 아이들이 원하는 만큼 밤늦게까지 있도록 내버려 둔다.

She wanted to lend me some money but I wouldn't **let** her.
그녀는 내게 돈을 좀 빌려주고 싶어 했지만 내가 허락하지 않았다.

They **let** their house for the winter.
그들은 겨울 동안 집을 세준다.

1233 attend
[əténd]

v. ① 참석하다, ~에 다니다
② (결과로서) ~에 따르다, 수반하다
③ (~에게) 시중들다, 수행하다; 간호하다
④ ~에 주의하다

All supervisors are required to **attend** the meeting.
모든 관리자들은 회의에 참석해야 한다.

The enterprise was **attended** with much difficulty.
그 사업에는 많은 애로가 따랐다.

> **MVP** attendant n. 시중드는 사람, 수행원
> attendance n. 출석, 참석
> attentive a. 주의 깊은, 세심한
> attention n. 주의(력), 주목
> pay attention to ~에 주목[유의]하다

1234 pearl
[pə:rl]

n. 진주

She wears a **pearl** necklace on special occasions.
그녀는 특별한 날에는 진주목걸이를 한다.

1235 patrol
[pətróul]

n. 순찰(대)
v. 순찰하다

Security guards make regular **patrols** at night.
밤에는 경비원들이 정기적으로 순찰을 돈다.

Troops **patrolled** the border day and night.
군인들이 밤낮으로 국경을 순찰했다.

1236 catch
[kætʃ]
(catch-caught-caught)

v. ① 붙들다, 잡다 ② 발견하다, 목격하다
③ (버스·열차 등을 시간 맞춰) 타다

The dog **caught** the stick in its mouth.
개가 입으로 막대기를 받았다.

thieves **caught** at the scene of the crime
범죄 현장에서 붙잡힌 도둑들

> **MVP** catch up with 따라가다, 따라잡다; 체포하다
> catch-22 n. 진퇴양난, 딜레마

1237 benefit
[bénəfit]

n. 혜택, 이득
v. 득을 보다, 이익을 얻다

He received a great **benefit** from her advice.
그는 그녀의 조언으로부터 많은 혜택을 받았다.

She didn't get **benefit** financially from the deal.
그녀는 그 거래에서 재정적으로 이익을 얻지 못했다.

1238 ministry
[mínəstri]

n. ① (M-) (정부의 각) 부처
② 목사의 직무; (집합적) 목사, 성직자

the **Ministry** of Defence 국방부
He is bound by fate to enter the **ministry**.
그는 성직자가 될 몸이다.

1239 clause
[klɔːz]

n. ① 절(節) ② (조약·법률의) 조항, 조목

The **clause** is a larger unit than the phrase in the sentence.
문장에서 절은 구보다 더 큰 단위이다.

Lawmakers have amended a **clause** in the bill.
국회의원들이 그 법안의 조항을 수정했다.

1240 easygoing
[íːzigòuiŋ]

a. 태평한, 느긋한

My brother is an **easygoing** person by nature.
내 동생은 천성이 느긋하다.

1241 highway
[háiwèi]

n. 고속도로

The bus broke down in the middle of the **highway**.
그 버스는 고속도로 한 가운데서 고장 났다.

1242 object
n. [ábdʒikt]
v. [əbdʒékt]

n. ① 물건, 물체 ② 목적, 목표
v. 반대하다, 이의를 제기하다

The Sun is the largest **object** in our solar system.
태양은 태양계에서 가장 큰 물체다.

Local people **object** to the building of the new airport.
지역 주민들이 새 공항 건설에 반대한다.

MVP objection n. 이의, 반대
objective n. 목적, 목표; a. 객관적인

1243 strange
[streindʒ]

a. 이상한, 낯선

A **strange** noise broke his sleep.
이상한 소리에 그는 잠이 깼다.

He awoke to find himself in a **strange** place.
그는 깨어보니 낯선 곳에 있었다.

MVP stranger n. 낯선 사람, 모르는 사람

1244 nevertheless
[nèvərðəlés]

ad. 그렇기는 하지만, 그럼에도 불구하고

Our defeat was expected but it is disappointing **nevertheless**.
우리의 패배는 예상했던 것이지만 그럼에도 불구하고 실망스럽다.

1245 nephew
[néfjuː]

n. 남자 조카

The estate descended to his **nephew**.
재산은 그의 조카에게 물려졌다.

> **MVP** niece n. 조카딸

1246 village
[vílidʒ]

n. 마을

A **village** has grown into a large town.
마을이 발달하여 대도시가 되었다.

> **MVP** villager n. 마을 사람

1247 mill
[mil]

n. ① 방앗간; 제분[분쇄]기 ② 공장

Water provides the motive power that operates the **mill**.
물은 방앗간을 움직이는 동력을 제공한다.

a cotton **mill** 면직공장

> **MVP** water mill 물레방아
> windmill n. 풍차
> treadmill n. 트레드밀(걷거나 달리기용 운동 기구);
> 단조롭고 고된 일

1248 final
[fáinl]

a. 마지막의, 최종적인
n. 결승전

The project has now reached its **final** stages.
그 프로젝트는 이제 마지막 단계에 다다랐다.

The winner of each contest goes through to the grand **final**.
각 대회의 우승자들이 총 결승전에 진출하게 된다.

> **MVP** finally ad. 마침내; 마지막으로

1249 formal
[fɔ́ːrməl]

a. ① 격식을 차린, 정중한 ② 공식적인 ③ 형식적인

The dinner was a **formal** affair.
그 저녁식사는 격식을 차리는 행사였다.

abandon the **formal** conventions of the past
과거의 형식적인 관례를 버리다

1250 provide
[prəváid]

v. ① 제공하다, 주다 ② 준비하다, 대비하다[for, against]

The book will **provide** students with invaluable information.
그 책은 학생들에게 매우 귀중한 정보를 제공할 것이다.

He has **provided** for his retirement.
그는 은퇴 생활을 대비했다.

1251 cross
[krɔːs]

n. 십자가
v. ① 교차시키다; 교차하다 ② 건너다, 넘다

The man is waiting to **cross** the street.
남자는 길을 건너려고 기다리는 중이다.

1252 slavery
[sléivəri]

n. 노예; 노예제도

During his presidency, he ended **slavery**.
그는 대통령 임기 중에 노예제도를 종식시켰다.

MVP slave n. 노예

1253 tend
[tend]

v. ① (~하는) 경향이 있다 ② 돌보다, 보살피다

People **tend** to overuse credit cards.
사람들은 신용카드를 너무 많이 사용하는 경향이 있다.

Doctors and nurses **tended** the injured.
의사와 간호사들이 부상자들을 보살폈다.

1254 rank
[ræŋk]

n. 지위, 계급
v. (등급·등위·순위를) 매기다; 차지하다

She was not used to mixing with people of high social **rank**.
그녀는 사회적 지위가 높은 사람들과 어울리는 데 익숙하지 않았다.

At the height of her career she **ranked** second in the world.
경력이 최고조일 때에는 그녀가 세계 2위를 차지했었다.

1255 miracle
[mírəkl]

n. 기적, 놀라운 일, 경이

The economic **miracles** of the 20th century were powered by fossil fuels.
20세기 경제 기적은 화석연료들에 의해 추진되었다.

MVP miraculous a. 기적적인

1256 fuel
[fjúːəl]

n. 연료
v. ① 연료를 공급하다 ② 부채질하다, 자극하다

Plastic bottles use a lot of fossil **fuels**.
플라스틱 병은 많은 화석 연료를 사용한다.

Higher salaries helped to **fuel** inflation.
높아진 급여가 인플레이션을 부채질하는 데 일조를 했다.

1257 mention
[ménʃən]

vt. 말하다, 언급하다
n. 언급, 거론

He bitterly regretted ever having **mentioned** it.
그는 그것을 언급한 것을 쓰라리게 후회했다.

She could not help the tears at the **mention** of her father.
부친 이야기가 나오자 그녀는 울음을 터뜨렸다.

MVP at the mention of ~의 이야기가 나오자
not to mention ~은 말할 것도 없고, 물론이고

1258 apart
[əpáːrt]

ad. ① 따로따로, 뿔뿔이 ② (시간·공간적으로) 떨어져

We've decided to live **apart**.
우리는 별거하기로 결정했다.

1259 charge
[tʃɑːrdʒ]

v. ① 청구하다 ② 기소[고소]하다 ③ 비난하다
n. ① 요금 ② 기소, 고발 ③ 비난 ④ 책임, 담당

The restaurant **charged** £20 for dinner.
그 식당은 저녁 식사비로 20파운드를 청구했다.

He was **charged** with murder.
그는 살인죄로 기소되었다.

He is in **charge** of public relations of the company.
그는 회사의 홍보 업무를 담당하고 있다.

MVP in charge of ~을 맡아서, 담당해서
recharge vt. 충전하다; (휴식으로 에너지를) 재충전하다

1260 republic
[ripʌ́blik]

n. 공화국

The declaration proclaimed the full sovereignty of the **republic**.
그 선언서는 그 공화국이 완전한 자주국임을 나타냈다.

MVP republican a. 공화국의, 공화주의의; 공화당의

1261 feedback
[fíːdbæk]

n. 피드백, 반응, 의견

Their **feedback** was generally positive.
그들의 반응은 대체로 긍정적이었다.

1262 immigrate
[íməgrèit]

v. (타국에서) 이주해오다; (새로운 거주지로) 이주하다

More and more people are **immigrating** to South Korea.
점점 더 많은 사람들이 한국으로 이민 오고 있다.

MVP immigration n. 이주, 이민; 입국심사
immigrant n. 이민자, 이주민

1263 still
[stil]

ad. ① 아직, 여전히 ② 그런데도, 그럼에도 불구하고
a. 가만히 있는, 고요한, 정지한

Science has many fields **still** unexplored.
과학계에는 아직 미개척 분야가 많다.

The weather was cold and wet. **Still**, we had a great time.
날씨가 춥고 궂었다. 그런데도 우리는 대단히 즐거운 시간을 보냈다.

The kids found it hard to stay **still**.
그 아이들은 가만히 있기가 힘들었다.

MVP stillness n. 고요, 정적

1264 Atlantic
[ætlǽntik]

n. (the ~) 대서양(= the Atlantic Ocean)
a. 대서양(상)의

The **Atlantic** separates Europe from America.
대서양이 유럽과 미국을 가른다.

MVP the Pacific (Ocean) 태평양

1265 wish
[wiʃ]

v. 바라다, 기원하다
n. 바람, 소망, 소원

She **wished** for peace with her whole heart.
그녀는 진심으로 평화를 원했다.

The genie granted him three **wishes**.
그 요정이 그에게 세 가지 소원을 들어주겠다고 했다.

MVP wishful a. 갈망하는; 희망적인

1266 canal
[kənǽl]

n. 운하, 수로

The Suez **Canal** joins the Mediterranean and the Red Sea.
수에즈 운하는 지중해와 홍해를 연결한다.

1267 lot
[lat]

n. ① 제비 ② 부지, 대지 ③ 많음, 다량

a parking **lot** 주차장
This book contains a **lot** of useful information.
이 책에는 유익한 정보가 많이 포함되어 있다.

MVP a lot of 많은(= lots of)

1268 galaxy
[gæləksi]

n. 은하(계), 은하수

Each **galaxy** has hundreds of millions of stars.
각 은하계는 수억 개의 별들을 가지고 있다.

1269 beloved
[bilʌ́vid]

a. 사랑하는, 소중한
n. 아주 사랑하는 사람, 애인

He was one of my **beloved** students.
그는 내가 소중히 여기는 학생들 중 하나였다.

1270 unify
[júːnəfài]

vt. 통일하다, 통합하다

The new leader hopes to **unify** the country.
새 지도자는 국가를 통합시키기를 희망한다.

MVP unification n. 통일, 통합

1271 data
[déitə]

n. 자료, 데이터 (sing. datum)

They are loading **data** into the computer.
그들은 컴퓨터에 자료를 입력하고 있다.

1272 kneel
[niːl]

vi. 무릎을 꿇다

As a sign of surrender he **kneeled** down to the ground.
그는 항복의 표시로 땅에 무릎을 꿇었다.

MVP knee n. 무릎
lap n. 무릎(앉아서 허리에서 무릎까지의 부분)

1273 probably
[prάbəbli]

ad. 아마도, 아마

The trend will **probably** continue in the future.
그 추세는 아마 미래에도 계속될 것이다.

MVP probable a. 있음직한; 가망이 있는
probability n. 개연성; 확률

1274 anniversary
[ænəvə́ːrsəri]

n. (해마다의) 기념일; 기일(忌日)

celebrate wedding **anniversary** 결혼기념일을 축하하다

1275 recent
[ríːsnt]

a. 최근의, 새로운

The **recent** fire destroyed the west wing of the school.
최근의 화재로 학교의 서관이 소실되었다.

MVP recently ad. 최근에

1276 influenza
[ìnfluénzə]

n. 유행성 감기, 독감

Influenza is prevailing throughout the country.
유행성 독감이 전 세계적으로 창궐하고 있다.

1277 coil
[kɔil]

v. (고리 모양으로) 감다, 휘감다
n. 고리, 소용돌이

coil a wire around a stick 막대기에 철사를 둘둘 감다
The man has a **coil** of wire between his feet.
남자의 발 사이에 전선 다발이 놓여 있다.

1278 senior
[síːnjər]

a. 연상의; 선배의, 상급의
n. 연장자; 상급자

He was unqualified for his job as a **senior** manager.
그는 상급 관리자로서의 자기 일에 대해 자격을 갖추고 있지 못했다.

She was ten years his **senior**.
그녀는 그보다 열 살 손위였다.

MVP ↔ junior a. 나이가 어린; 하급의; n. 아랫사람; 하급자

1279 petal
[pétəl]

n. 꽃잎

Flower **petals** were swirling about in the wind.
꽃잎이 바람에 흩날리고 있었다.

1280 borrow
[bárou]

v. 빌리다, 차용하다

I asked him if I could **borrow** his book.
나는 그에게 책을 빌려 달라고 부탁했다.

MVP lend v. 빌려주다

1281 rush
[rʌʃ]

v. ① 급히 서두르다 ② 재촉하다
n. ① 돌진(급작스럽고 세찬 움직임)
② 분주(바삐 서둘러야 하는 상황)

They **rushed** him to finish the job.
그들은 그에게 그 일을 끝내라고 재촉했다.

Shoppers made a **rush** for the exits.
쇼핑객들이 출구 쪽으로 황급히 몰려들었다.

The words came out in a **rush**.
그 말들은 급하게 나왔다.

MVP in a rush 아주 바쁘게

1282 quiet
[kwáiət]

a. 조용한
v. 조용해지다

All students must keep **quiet** in the library.
모든 학생은 도서관에서는 조용히 해야 한다.

The demonstrators **quieted** down when the police arrived.
경찰이 도착하자 시위자들이 조용해졌다.

> **MVP** quietly ad. 조용히; 침착하게

1283 unit
[júːnit]

n. ① 구성단위 ② (계량·측정의) 단위

The family is the **unit** of society.
가족은 사회의 단위다.

A calorie is a **unit** of measuring energy.
칼로리는 에너지를 측정하는 단위다.

1284 overhang
[òuvərhǽŋ]

v. ~위에 걸리다[돌출하다]
n. 돌출(부분)

A dark cloud is **overhanging** the summit.
검은 구름이 산꼭대기 위에 걸려 있다.

The roof has an **overhang** to protect the walls from the rain.
지붕에 돌출부가 있어서 벽에 비가 들이치지 않게 해준다.

1285 nest
[nest]

n. 둥지, 보금자리

The bird hovered over its **nest**.
새가 둥지 위를 맴돌고 있었다.

1286 community
[kəmjúːnəti]

n. 공동사회, 공동체

Some offenders were released into the **community**.
몇몇 범죄자들이 석방되어 사회로 돌아갔다.

1287 magazine
[mæ̀gəzíːn]

n. 잡지

Her designer clothes were from the pages of a fashion **magazine**.
그녀가 입은 유명 디자이너 옷은 패션 잡지 속에 나오는 것이었다.

1288 goal
[goul]

n. ① 목표 ② 골, 득점

Our ultimate **goal** must be the preservation of the environment.
우리의 궁극적인 목표는 환경 보존이 되어야 한다.

He shot a winning **goal** while playing soccer yesterday.
그는 어제 축구 경기에서 결승골을 넣었다.

1289 shake
[ʃeik]
(shake-shook-shaken)

v. 흔들다, 떨다

He **shook** his head in disbelief.
그는 믿기지 않는다는 듯 고개를 흔들었다.

She was **shaking** with cold.
그녀는 추위로 덜덜 떨고 있었다.

MVP shaky a. 흔들리는, 떨리는

1290 permit
[pərmít]

v. 허용하다, 허락하다
n. 허가증

Visitors are not **permitted** to take photographs.
방문객들의 사진 촬영은 허용되지 않습니다.

The parking **permit** runs for three months.
그 주차 허가증은 3개월 동안 유효하다.

MVP permission n. 허락, 허가

1291 merchant
[mə́ːrtʃənt]

n. 상인, 무역상

Venice was once a city of rich **merchants**.
베니스는 과거 한때 부유한 상인들의 도시였다.

1292 ratio
[réiʃou]

n. 비율

The school has a very high teacher-student **ratio**.
그 학교는 교사 대 학생 비율이 아주 높다.

1293 pour
[pɔːr]

v. ① 붓다, 따르다 ② 마구 쏟아지다

The waiter **poured** water into a glass.
웨이터가 유리컵에 물을 따랐다.

Tears **poured** down his cheeks.
눈물이 그의 두 뺨 위로 마구 흘러내렸다.

1294 general
[dʒénərəl]

a. 일반적인, 대체적인
n. 장군, 대장

People don't always follow **general** rules.
사람들은 항상 일반적인 규칙을 따르지는 않는다.

The **general** was a role model to his inferiors.
그 장군은 그의 부하들에게 롤모델이었다.

MVP generalize v. 일반[보편]화하다
generalization n. 일반[보편]화
generally ad. 일반적으로, 대개

1295 escort
[éskɔːrt]

n. 호위대; 호위, 호송
vt. 호위하다

Prisoners are taken to court under police **escort**.
죄수들은 경찰의 호위 하에 법원으로 이송된다.

The President arrived, **escorted** by twelve soldiers.
군인 열두 명의 호위를 받으며 대통령이 도착했다.

1296 entrance
[éntrəns]

n. ① 입구, 문 ② 입장, 등장 ③ 가입; 입학

A high gate blocks the only **entrance** to the rear.
높은 대문이 뒤쪽으로 들어가는 유일한 입구를 가로막고 있다.

His sudden **entrance** took everyone by surprise.
그가 갑자기 등장하는 바람에 모두가 깜짝 놀랐다.

a university **entrance** exam 대학 입학시험

1297 mixture
[míkstʃər]

n. 혼합, 혼합물

We listened to the news with a **mixture** of surprise and horror.
우리는 놀람과 공포가 뒤섞인 심정으로 그 소식을 들었다.

MVP mix v. 섞(이)다, 혼합하다

1298 indoor
[índɔːr]

a. 실내의

Indoor air has less oxygen than outdoor air.
실내공기는 실외공기보다 산소가 부족하다.

MVP indoors ad. 옥내[실내]에서
↔ outdoor a. 옥외[야외]의
outdoors ad. 옥외[야외]에서

1299 claw
[klɔː]

n. (새·짐승의) 발톱

Cats have sharp **claws**, but dogs have blunt ones.
고양이의 발톱은 날카롭지만, 개의 발톱은 무디다.

MVP toenail n. (사람의) 발톱

1300 twist
[twist]

v. ① 비틀다 ② 꼬다 ③ 왜곡하다
n. ① 비틀기 ② 꼬기 ③ (예상 밖의) 전환[전개]

He was taken to the police station with his arms **twisted** behind him.
그는 팔이 비틀린 채 경찰서로 끌려갔다.

The newspaper was accused of **twisting** the facts.
그 신문은 사실을 왜곡한다는 비난을 받았다.

The disappearance of a vital witness added a new **twist** to the case.
결정적인 증인이 사라짐으로써 사건은 새로운 방향으로 전개되었다.

1301 pass
[pæs]

v. ① 지나가다, 통과하다 ② (물건을) 건네주다 ③ 합격하다

The road was so narrow that cars were unable to **pass**.
도로가 너무 좁아서 차들이 지나가지를 못했다.

Please **pass** me the salt.
소금 좀 건네주세요.

He **passed** the exam with ease.
그는 그 시험에 수월하게 합격했다.

MVP passage n. 통행, 통과; 경과; 통로

1302 hut
[hʌt]

n. 오두막, 막사

The **hut** will not endure a strong wind.
그 오두막집은 강풍을 견디지 못할 것이다.

1303 metal
[métl]

n. 금속

The frame is made of **metal**.
그 틀은 금속으로 되어 있다.

Metal detectors are used in airports to find guns.
공항에서는 총을 찾아내기 위해 금속 탐지기를 사용한다.

1304 choose
[tʃuːz]
(choose-chose-chosen)

v. 고르다, 선택하다

You should **choose** substance over appearance.
겉모습보다는 내용을 보고 골라야 한다.

MVP choice n. 선택

1305 admit
[ædmít]

v. ① 인정[시인]하다 ② 허락하다, 받아들이다

He was too stubborn to **admit** that he was wrong.
그는 너무 완고해서 자기 잘못을 인정하지 않았다.

1306 phobia
[fóubiə]

n. 공포증

He has a **phobia** about flying.
그는 비행 공포증이 있다.

1307 pretend
[priténd]

v. ~인 체하다, 가장하다

He **pretended** to take a nap.
그는 낮잠을 자고 있는 척했다.

1308 notwithstanding
[nὰtwiðstǽndiŋ]

prep. ~에도 불구하고
ad. 그럼에도 불구하고, 그래도

Notwithstanding the danger, he climbed the mountain.
위험에도 불구하고 그는 그 산에 올라갔다.

1309 gulf
[gʌlf]

n. ① 만(灣) ② (사고·생활 방식 등의 큰) 격차

The Persian **Gulf** is between Iran and Arabia.
페르시아 만은 이란과 아라비아 반도 사이에 있다.

The **gulf** between rich and poor is enormous.
빈부 격차가 엄청나다.

MVP bay n. 만(cove보다 크고 gulf보다 작음)
cove n. 작은 만

1310 disposition
[dìspəzíʃən]

n. 기질, 경향, 성향

He has an artistic **disposition**.
그는 예술가 기질이 있다.

1311 sign
[sain]

n. ① 기호 ② 신호, 표시 ③ 징후, 조짐, 흔적
v. ① 서명하다 ② 신호하다

She nodded as a **sign** for us to sit down.
그녀는 우리에게 앉으라는 표시로 고개를 끄덕였다.

A dark cloud is a **sign** of rain.
먹구름은 비가 올 징후이다.

The woman is **signing** a contract.
여자가 계약서에 서명하고 있다.

She **signed** to him to stop talking.
그녀는 그에게 말을 그만하라고 신호[손짓]했다.

MVP signal n. 신호
sign up for ~을 신청하다

1312 shower
[ʃáuər]

n. ① 소나기 ② 샤워
v. 퍼붓다

We were caught in a heavy **shower**.
우리는 심한 소나기를 만났다.

The truck **showered** tiny pieces of coal all over the road.
트럭이 작은 석탄 조각들을 도로에 쏟아 부었다.

1313 lap
[læp]

n. 무릎(자리에 앉았을 때 허리부터 무릎까지의 부분)

She sat with her hands in her **lap**.
그녀는 두 손을 무릎 위에 올리고 앉아 있었다.

1314 opportunity
[ὰpərtjúːnəti]

n. 기회, 호기

We had a fortunate **opportunity** to visit Turkey.
우리는 터키를 방문할 행운의 기회를 얻었다.

1315 awesome
[ɔ́ːsəm]

a. 굉장한, 아주 멋진

The performance was really **awesome**.
그 공연은 정말 멋졌다.

1316 ability
[əbíləti]

n. ① 능력 ② 재능, 기량

a child's innate linguistic **ability** 아동의 선천적 언어 능력

MVP able a. ~할 수 있는
be able to do ~할 수 있다
disability n. 무력, 무력; 정신적[육체적] 결함
↔ inability n. 무능, 불능

1317 poor
[puər]

a. ① 가난한 ② 초라한, 빈약한 ③ 서투른

Since he was **poor**, he could not go to university.
그는 가난했기 때문에 대학에 갈 수 없었다.

be **poor** at[in] English 영어가 서투르다

MVP poverty n. 가난, 빈곤

1318 adjust
[ədʒʌ́st]

v. ① 조정[조절]하다 ② 적응하다

Immigrants try to **adjust** to new life.
이민자들은 새로운 삶에 적응하려고 노력한다.

After a while his eyes **adjusted** to the dark.
잠시 후에 그의 눈이 어둠에 익숙해졌다.

MVP adjustment n. 수정[조정]; 적응

1319 homework
[hóumwə̀:rk]

n. 숙제, 과제

The children are doing their **homework**.
아이들이 숙제를 하고 있다.

MVP assignment n. 숙제, 연구 과제

1320 noise
[nɔiz]

n. 소리, 소음, 잡음

She held her breath when she heard a strange **noise**.
그녀는 이상한 소리를 듣자 숨을 죽였다.

We had to shout above the **noise** of the traffic.
차량 소음 때문에 우리는 고함을 질러대야 했다.

MVP noisy a. 시끄러운, 시끌벅적한
hold one's breath 숨을 죽이다

1321 part
[pa:rt]

n. ① 부분, 일부 ② 부품 ③ 지역 ④ 직분, 본분

The paper excerpted **parts** of his speech.
그 논문은 그의 연설 내용 일부를 인용했다.

The factory produces metal **parts** for cars.
그 공장은 자동차의 철제 부품을 생산한다.

Humans live in almost every **part** of the earth.
인간은 지구상의 거의 모든 지역에 산다.

It's not my **part** to interfere.
내가 간섭할 일이 아니다.

MVP partial a. 부분적인, 일부분의; 편파적인
partly ad. 부분적으로, 어느 정도
excerpt vt. 발췌하다, 인용하다

1322 wood
[wud]

n. 나무, 목재; (pl.) 숲

All the furniture was made of **wood**.
가구는 모두 목재로 만들어져 있었다.

a walk in the **woods**
숲 속 산책

MVP wooden a. 나무로 된, 목재의
woody a. 나무가 우거진; 나무 같은

1323 credible
[krédəbəl]

a. 믿을[신뢰할] 수 있는, 확실한

A **credible** argument is always supported by evidence.
신뢰할 수 있는 논쟁은 항상 증거에 의해 뒷받침된다.

MVP credibility n. 믿을 수 있음, 신용
credibly ad. 확실히
↔ incredible a. 엄청난, 놀라운, 믿을 수 없는

1324 personnel
[pə̀ːrsənél]

n. ① (조직·군대의) 인원[직원들] ② 인사과
a. 직원[인사]의

The company president sent a memo to all **personnel**.
회사의 사장은 회사 전 직원에게 메모를 보냈다.

Personnel are currently reviewing pay scales.
인사과에서 현재 급여 등급을 재검토 중이다.

The manager said there will be some major **personnel** shifts this spring.
부장은 올봄에 대대적인 인사이동이 있을 거라고 말했다.

1325 bride
[braid]

n. 신부

The **bride** threw the bouquet to her friends.
신부가 친구들에게 부케를 던졌다.

MVP groom n. 신랑(= bridegroom)
bridesmaid n. 신부 들러리
best man n. (신랑의) 들러리

1326 manage
[mǽnidʒ]

v. ① 간신히[용케] 해내다 ② 관리하다

She **managed** to keep a cool head in a difficult situation.
그녀는 어려운 상황에서 가까스로 냉정함을 유지했다.

MVP management n. 경영, 관리
manageable a. 관리[처리]할 수 있는(↔ unmanageable)
manager n. 관리자, 경영자; (연예인 등의) 매니저

1327 quit
[kwit]
(quit-quit-quit)

v. 그만두다

He has to **quit** smoking and start exercising.
그는 담배를 끊고 운동을 시작해야 한다.

1328 material
[mətíəriəl]

a. ① 물질적인, 물리적인 ② 중요한, 주목할 만한
n. 재료, 원료, 자료

Material wealth is not the key to happiness.
물질적인 부가 행복의 열쇠는 아니다.

The detective omitted information that was **material** to the case.
그 형사는 그 사건에 중요한 정보를 빠뜨렸다.

Cacao is the raw **material** of chocolate.
카카오는 초콜릿의 원료다.

MVP materialize v. 구체화하다, 실현하다
materialism n. 물질주의; <철학> 유물론

More Vocabulary Power

1329 cute [kju:t]
a. 귀여운, 매력적인
The cartoon character is fresh and **cute**.
그 만화 캐릭터는 신선하고 귀엽다.

1330 cooperate [kouápərèit]
vi. 협력하다, 협동하다
Both sides agreed to **cooperate** on energy problem.
양측은 에너지 문제에 협력하기로 합의했다.

> **MVP** cooperation n. 협력, 협동, 제휴
> cooperative a. 협력적인, 협조적인

1331 chaos [kéias]
n. 무질서, 혼란
sink to a state of **chaos** 혼돈 상태에 빠지다

1332 eyesight [áisàit]
n. 시력, 시야
He was rejected because of his poor **eyesight**.
그는 눈이 나빠서 불합격이 되었다.

1333 jellyfish [dʒélifiʃ]
n. 해파리
Jellyfish does not have a brain, stomach, or heart.
해파리는 뇌와 위 또는 심장을 갖고 있지 않다.

1334 height [hait]
n. ① 높이 ② 키, 신장 ③ 최고조, 절정
At that **height** (3,300 meters), the ice is usually permanent.
그 높이(3,300미터)에서는 보통 일 년 내내 얼음이 녹지 않는다.
The child's **height** doesn't even reach his shoulder.
아이의 키는 그의 어깨에도 미치지 못한다.

1335 simple [símpl]
a. 단순한, 간단한
My husband proposed a **simple** solution.
내 남편은 간단한 해결책을 제안했다.

> **MVP** simplicity n. 간단, 단순
> simplify vt. 단순화하다
> simply ad. 간단히, 단순히

1336 clergy [klə́:rdʒi]
n. (사제·목사 등의) 성직자
The **clergy** was opposed to the bill.
성직자측은 법안에 반대했다.

1337 spare
[spɛər]

v. ① (시간·돈 등을) 할애하다[내다]
② (비용·노력 등을) 아끼다, 절약하다
a. 예비의, 여분의

I'd love to have a break, but I can't **spare** the time just now.
나는 쉬고 싶지만, 지금 당장은 시간을 낼 수가 없다.

He **spared** no effort to make her happy.
그는 그녀를 행복하게 해 주기 위해 노력을 아끼지 않았다.

Take some **spare** clothes in case you get wet.
비에 젖을 경우에 대비해서 여벌옷을 좀 챙겨 가거라.

1338 tax
[tæks]

n. 세금
vt. ① 세금을 부과하다 ② 힘들게 하다, 많은 부담을 주다

income **tax** 소득세

Liquor and cigarettes are heavily **taxed**.
술과 담배에는 높은 세금이 붙는다.

The problem is currently **taxing** the brains of the nation's experts.
그 문제가 현재 국내 전문가들의 머리를 쥐어짜게 만들고 있다.

MVP taxation n. 조세; 과세
taxing a. 아주 힘든, 부담이 큰

1339 exterior
[ikstíəriər]

n. 외부, 외면
a. 외부의

The **exterior** of the house needs painting.
그 집은 외부에 페인트칠을 해야 한다.

MVP ↔ interior n. 내부, 실내; a. 내부의

1340 whole
[houl]

a. 전체[전부]의, 온전한
n. 전체, 전부

He spent the **whole** day writing.
그는 온전히 하루를 글을 쓰면서 보냈다.

Four quarters make a **whole**.
4분의 1이 네 개면 전체가 된다.

MVP wholly ad. 완전히, 전적으로

1341 fix
[fiks]

v. ① 고정시키다 ② 결정하다, 정하다 ③ 수리하다, 바로잡다

fix a shelf to the wall 선반을 벽에 고정시키다
fix a date for the marriage 결혼식 날짜를 정하다
It took 40 days to **fix** the cracks and holes on the statue.
동상의 금과 구멍을 수리하는 데 40일이 걸렸다.

MVP fixed a. 고정된; 확고한
fixation n. 집착, 고정

1342 matter
[mǽtər]

n. ① 문제, 일, 사안 ② 물질, 성분
vi. 중요하다; 문제되다

a **matter** of life and death 사활이 걸린 문제, 중대사
the **matter** of which the earth is made 지구를 구성하고 있는 물질
It doesn't **matter** to me what you do.
네가 무엇을 하든 내겐 중요하지 않다.

1343 prescribe
[priskráib]

v. ① 규정[지시]하다, 명하다 ② 처방하다

Convention **prescribes** that we should wear black at a funeral.
관례에 따라 장례식에서는 상복을 입기로 되어 있다.

The doctor **prescribed** new medicine for her heart problem.
의사는 그녀의 심장병에 신약을 처방해 주었다.

MVP prescription n. 규정, 명령; 처방, 처방전; 처방약
proscribe vt. 금지하다; 추방하다

1344 post
[poust]

n. ① 우편(물) ② 직책
vt. ① (우편물을) 발송하다 ② (정보·메시지를) 게시하다

She sent a parcel by **post**.
그녀는 우편으로 소포를 보냈다.

He has held the **post** for three years.
그는 그 직책을 3년 동안 맡고 있다.

Weekend schedules are **posted** in every subway station.
지하철역마다 주말 운행 시간표가 게시되어 있다.

MVP post office 우체국

1345 carve
[kaːrv]

v. 새기다, 조각하다

Sculptors use chisels to **carve** statues.
조각가들은 상을 새기기 위해 끌을 사용한다.

MVP carving n. 조각(술); 조각물

1346 perfume
[pə́ːrfjuːm]

n. 향수; 향기
vt. ① 향기를 풍기다 ② (향수를) 뿌리다

She always smells of strong **perfume**.
그녀에게서는 항상 향수 냄새가 짙게 풍긴다.

The garden was **perfumed** with the smell of roses.
정원은 장미 향으로 향기로웠다.

1347 commemorate
[kəmémərèit]

vt. 기념하다, 축하하다

We **commemorated** our third wedding anniversary last night.
우리는 어젯밤 결혼 3주년을 기념했다.

1348 arrive
[əráiv]

vi. ① 도착하다 ② 이르다, 도달하다

The flight from New York will **arrive** on time.
뉴욕에서 들어오는 비행기는 정시에 도착할 것이다.

MVP arrival n. 도착

1349 flour
[fláuər]

n. 밀가루, (곡물의) 가루

There was an insufficient amount of **flour** to bake bread.
빵을 구울 만큼 밀가루가 충분히 있지 않았다.

1350 describe
[diskráib]

vt. 말하다[서술하다], 묘사하다

The miserable life of refugees is really hard to **describe**.
난민들의 비참한 삶은 정말 형언하기 어렵다.

MVP description n. 서술, 기술, 묘사

1351 sink
[siŋk]
(sink–sank–sunk)

v. ① 가라앉다 ② 감소하다

The ship **sank** to the bottom of the sea.
그 배는 해저로 가라앉았다.

The population there **sank** to 500.
그곳의 인구는 500명으로 감소하였다.

1352 fail
[feil]

v. 실패하다

She **failed** to get into art college.
그녀는 미술 대학에 들어가지 못했다.

MVP failure n. 실패

1353 photograph
[fóutəgræf]

n. 사진
v. 사진을 찍다

I **photographed** my cousin's wedding.
나는 사촌의 결혼식 사진을 찍었다.

MVP photographer n. 사진사, 촬영자
photography n. 사진술; 사진 촬영
photographic a. 사진(술)의

1354 jewel
[dʒúːəl]

n. 보석, 장신구

The family **jewels** are locked away in a safe.
집안의 보석류는 금고에 넣어 잠가 두었다.

MVP jewelry n. 보석류, 장신구
jeweler n. 보석 세공인
safe n. 금고

1355 inquire
[inkwáiər]

v. ① 묻다, 알아보다 ② 조사하다[into]

He **inquired** the way to the library.
그는 도서관으로 가는 길을 물었다.

The policeman **inquired** into the details of the accident.
경찰관은 그 사고를 상세히 조사했다.

MVP inquiry n. 연구; 질문, 문의
inquisitive a. 탐구적인; 호기심이 많은

1356 homesick
[hóumsìk]

a. 향수병을 앓는, 고향을 그리워하는

After traveling for a month, I began to feel **homesick**.
한 달간 여행하고 나니 나는 향수에 젖기 시작했다.

MVP nostalgia n. 향수, 향수병(= homesickness)

1357 ground
[graund]

n. ① 땅바닥, 지면 ② 근거, 이유

He lost his balance and fell to the **ground**.
그가 몸의 균형을 잃고 땅바닥으로 넘어졌다.

There is some **ground** for the rumor.
이 풍설에는 어떤 근거가 있다.

1358 cancel
[kǽnsəl]

v. 취소하다, 철회하다

All flights have been **cancelled** because of bad weather.
날씨가 나빠 모든 항공기 운항이 취소되었다.

1359 shout
[ʃaut]

v. 외치다, 소리치다
n. 외침, 고함 (소리)

She **shouted** at him to shut the gate.
그녀가 그에게 문을 닫으라고 소리 질렀다.

a **shout** of anger 성난 고함 소리

1360 base
[beis]

n. ① 토대, 기저 ② 근거, 기초 ③ 근거지, 본사
v. 기초[근거]를 형성하다, ~에 근거하다

the debate **based** on logical assumptions
논리적인 추정에 근거한 주장

MVP basis n. 근거, 이유; 토대, 기초

1361 bind
[baind]
(bind-bound-bound)

v. ① 묶다, 잡아매다 ② 결속시키다, 의무를 지우다

They **bound** his hands together.
그들이 그의 양손을 함께 묶었다.

We are **bound** to obey the laws.
우리는 법률을 반드시 지켜야 한다.

MVP be bound to do 반드시 ~하다

1362 infrastructure
[ínfrəstrʌ̀ktʃər]

n. 사회[공공] 기반 시설

The lack of transportation **infrastructure** is a major obstacle to efficient distribution.
제반 교통 시설의 부족이 효율적인 유통망에 최대 걸림돌이다.

1363 enough
[inʌ́f]

a. 충분한
ad. 충분히

He doesn't spend **enough** time with his peers.
그는 또래들과 충분한 시간을 보내지 않는다.

The girl was strong **enough** to ride the problem out.
소녀는 문제를 혼자 이겨낼 수 있을 만큼 충분히 강했다.

MVP ride out (곤경을) 이겨내다, 잘 참고 견디다

1364 bite
[bait]
(bite-bit-bitten)

v. 물다, 물어뜯다
n. ① 물기, 무는 행위 ② 한 입 (베어 문 조각), 소량의 음식

The dog **bit** me in the left leg.
개가 내 왼쪽다리를 물었다.

1365 abbey
[ǽbi]

n. 대수도[수녀]원

Westminster **Abbey** stands on the Thames.
웨스트민스터 성당은 템스 강변에 있다.

1366 picture
[píktʃər]

n. ① 그림, 사진 ② (머릿속으로 그려지는) 모습, 묘사
vt. ① 상상하다 ② 묘사하다

The police are trying to build up a **picture** of what happened.
경찰은 무슨 일이 있었는지를 그려 보려고 노력 중이다.

We found it hard to **picture** him as the father of teenage sons.
우리는 그가 십대 아들들을 둔 아버지라는 게 상상이 잘 안 되었다.

It is hard to **picture** his sufferings.
그의 수난은 이루 다 묘사할 수 없다.

MVP pictorial a. 그림이 포함된, 그림의
picturesque a. 그림 같은; 생생한

1367 theme
[θi:m]

n. 주제, 테마, 제목
the main **theme** of discussions 토론의 주요 주제

1368 merry
[méri]

a. 즐거운, 명랑한
We had a **merry** time at the party last night.
우리는 어젯밤 파티에서 즐거운 시간을 보냈다.

MVP merriment n. 명랑함, 왁자지껄
merrily ad. 즐겁게, 명랑하게

1369 feel
[fi:l]
(feel–felt–felt)

v. 느끼다, 감지하다
n. 느낌, 분위기

Many people want to **feel** the nature in the raw.
많은 사람들이 있는 그대로의 자연을 느끼고 싶어 한다.

The room has a comfortable **feel** to it.
이 방은 느낌이 아늑하다.

1370 cord
[kɔ:rd]

n. ① 끈, 새끼, 가는 밧줄 ② 삭상(索狀) 조직, 인대(靭帶)
a silk bag tied with a gold **cord** 금색 끈이 달린 실크 가방
the spinal **cord** 척추

1371 beautiful
[bjú:təfəl]

a. 아름다운, 멋진, 훌륭한
Jeju is one of the most **beautiful** islands in the world.
제주는 전 세계에서 가장 아름다운 섬들 중 하나이다.

MVP beauty n. 아름다움, 미; 미인
beau n. 멋쟁이 남자, 미남

1372 last
[læst]

a. ① 마지막의 ② 지난, 가장 최근의
ad. ① 마지막에 ② 가장 최근에
v. 계속되다, 지속되다

He changed his plans at the **last** minute.
그는 마지막 순간에 계획을 바꿔 버렸다.

The **last** letter I received was from Paris.
가장 최근 받은 편지는 파리에서 온 것이었다.

He came **last** in the race.
그는 그 경주에서 맨 끝에 들어왔다.

Each game **lasts** about an hour.
각 게임은 한 시간 가량 계속된다.

1373 coal
[koul]

n. 석탄, 숯

Coal has originated from the decay of plants.
석탄은 식물이 부식되어 생겼다.

MVP charcoal n. 숯, 목탄

1374 luxury
[lʌkʃəri]

n. 호화로움, 사치(품)

lead a life of **luxury** 호화로운 생활을 하다
It was a **luxury** if you had a washing machine in those days.
그 당시에 세탁기를 가지고 있었다면 그것은 사치였다.

MVP luxuriate vi. 사치스럽게 지내다; 탐닉하다
luxurious a. 아주 편안한; 호화로운

1375 surprise
[sərpráiz]

vt. 놀라게 하다
n. 놀라운 일[소식]; 놀라움

He **surprised** others with his brilliant ideas.
그는 재기가 번뜩이는 아이디어로 다른 사람들을 놀라게 했다.

Her letter came as a complete **surprise**.
그녀의 편지는 전혀 뜻밖이었다.

MVP surprising a. 놀라운

1376 sum
[sʌm]

n. ① 합계, 합 ② 액수
v. ① 총계[합계]하다 ② 요약하다

The **sum** of 15 and 8 is 23.
15와 8의 합은 23이다.

a large **sum** of money 많은 액수의 돈
She **summed** up bills at the grocery store.
그녀는 식료품점의 계산서를 합계했다.

The judge **summed** up the whole to the jury.
판사는 배심원에게 사건의 전체 개요를 설명하였다.

1377 escape
[iskéip]

v. 탈출하다, 벗어나다
n. 탈출, 도피

She managed to **escape** from the burning car.
그녀는 불타는 차에서 간신히 빠져 나왔다.

1378 private
[práivət]

a. 사적인, 개인적인; 비밀의

Few people know much about his **private** life.
그의 사생활을 아는 사람은 거의 없다.

> **MVP** privacy n. 사생활
> privately ad. 개인적으로; 은밀히(= secretly)
> in private 비공식으로, 은밀히(↔ in public)
> ↔ public a. 공공의

1379 blood
[blʌd]

n. ① 피, 혈액 ② 혈통, 가문

He lost a lot of **blood** in the accident.
그는 그 사고로 많은 피를 흘렸다.

> **MVP** bleed v. 피를 흘리다, 출혈하다
> bloodstream n. 혈류(량)
> blood pressure 혈압
> blood donation 헌혈
> blood transfusion 수혈

1380 outdated
[àutdéitid]

a. 구식인

People hope to see substantial progress in reforming **outdated** rules.
국민들은 시대에 뒤진 법의 개정에 큰 진전이 있기를 기대하고 있다.

> **MVP** outdate vt. 구식이 되게 하다, 시대에 뒤지게 하다

1381 triangle
[tráiæŋgl]

n. 삼각형

A right **triangle** has an angle of 90 degrees.
직각삼각형은 90도인 각을 하나 가지고 있다.

MVP triangular a. 삼각형의; 3자간의

1382 temperature
[témpərətʃər]

n. 온도, 기온; 체온

The high **temperatures** are abnormal for this time of year.
일 년 중 이맘때 온도가 높은 건 이상한 일이다.

A doctor is measuring a patient's **temperature**.
의사가 환자의 체온을 측정하고 있다.

1383 greet
[griːt]

vt. ① 인사하다, 환영하다 ② 반응을 보이다, 받아들이다

He **greeted** all the guests warmly as they arrived.
그는 손님들이 도착하면 모두 따뜻이 맞았다.

The changes were **greeted** with suspicion.
그 변화는 의혹을 받았다.

MVP greeting n. 인사

1384 financial
[fainǽnʃəl]

a. 금융의, 재정의

London is one of the major **financial** centers.
런던은 주요 금융 중심지 중 하나이다.

MVP financially ad. 재정적으로, 재정상
finance n. 재정; 재원, 자금; v. 자금을 공급하다

1385 honest
[ánist]

a. 정직한, 솔직한

He appeared to be an **honest** person to me.
그는 나에게 정직한 사람처럼 보였다.

MVP honesty n. 정직성, 솔직함
↔ dishonest a. 부정직한, 불성실한

1386 bullet
[búlit]

n. 총알, 총탄

He was killed by a **bullet** in the head.
그는 머리에 총을 한 방 맞고 숨졌다.

MVP bulletproof a. 방탄이 되는
rifle n. 소총

More Vocabulary Power

1387 bright
[brait]

a. ① (빛이) 밝은, 눈부신, 빛나는 ② 머리가 좋은, 영리한

The light is too **bright** in my eyes.
빛이 너무 눈부시다.

1388 owl
[aul]

n. 올빼미, 부엉이

The **owl** can see well in the dark.
부엉이는 어둠 속에서도 잘 본다.

> **MVP** nocturnal a. 밤의, 야간의; 야행성의

1389 regular
[régjulər]

a. 규칙적인, 정기적인

Regular exercise helps prevent weight gain.
규칙적인 운동은 체중 증가를 막는 데 도움이 된다.

> **MVP** regularity n. 규칙적임
> regularly ad. 규칙[정기]적으로
> ↔ irregular a. 불규칙한

1390 schedule
[skédʒuːl]

n. 일정, 스케줄
vt. 예정하다

The tunnel project has already fallen behind **schedule**.
그 터널 공사 사업은 이미 일정보다 늦어졌다.

The meeting is **scheduled** for Friday afternoon.
그 회의는 금요일 오후에 예정되어 있다.

> **MVP** behind schedule 예정보다 늦게
> on schedule 예정대로

1391 differ
[dífər]

vi. 다르다, 의견을 달리하다

English **differs** from French in many respects.
영어는 많은 점에서 프랑스어와 다르다.

> **MVP** different a. 다른, 상이한
> difference n. 다름, 차이
> differentiate v. 구별하다, 구분 짓다

1392 tight
[tait]

a. 꽉 조이는, 단단히 맨

He was uneasy in **tight** clothes.
그는 꽉 끼는 옷을 입어 불편했다.

She twisted her hair into a **tight** knot.
그녀는 머리카락을 틀어 단단히 매듭을 묶었다.

> **MVP** tightly ad. 단단히, 꽉

1393 judge
[dʒʌdʒ]

v. ① 판단하다, 평가하다 ② 재판하다, 판결하다
n. 판사

Schools should not be **judged** only on exam results.
학교가 시험 결과만으로 판단되어서는 안 된다.

The jury **judged** the woman to be guilty.
배심원은 그 여자에게 유죄 판결을 내렸다.

The **judge** condemned the criminal to life in prison.
판사는 그 범인에게 종신형을 선고했다.

MVP judgment n. 판단; 판결
jury n. 배심원

1394 recover
[rikʌ́vər]

v. 되찾다, 회복하다

He has fully **recovered** from his knee injury.
그는 무릎 부상에서 완전히 회복했다.

MVP recovery n. 회복

1395 indicate
[índikèit]

vt. ① 나타내다, 보여주다 ② 내비치다

Research **indicates** that eating habits are changing fast.
연구가 보여주는 바에 의하면 식습관이 빠르게 바뀌고 있다.

He **indicated** his willingness to cooperate.
그는 기꺼이 협력할 것임을 내비쳤다.

MVP indication n. 암시, 조짐
indicator n. 지표

1396 expert
[ékspə:rt]

n. 숙련가, 전문가
a. 숙련된, 전문가의

She was presented as a computer **expert**.
그녀는 컴퓨터 전문가로서 소개되었다.

He is **expert** in international human rights law.
그는 국제 인권법에 정통하다.

1397 recommend
[rèkəménd]

vt. 추천하다, 권하다

She **recommended** the young man to our firm.
그녀는 그 청년을 우리 회사에 추천했다.

Doctors **recommended** people cut down on trans fat.
의사들은 사람들에게 트랜스지방의 섭취를 줄일 것을 권한다.

MVP recommendation n. 추천; 추천장
a letter of recommendation 추천장

1398 essence
[ésns]

n. 본질, 핵심

Tolerance is the **essence** of friendship.
관용이 우정의 본질이다.

> **MVP** essential a. 필수적인; 근본적인
> essentially ad. 근본적으로
> in essence 본질적으로

1399 underline
[ʌ̀ndərláin]

vt. 밑줄을 긋다[치다]; 강조하다(= underscore)

The report **underlines** the importance of pre-school education.
그 보고서는 취학 전 교육의 중요성을 강조하고 있다.

1400 tread
[tred]
(tread-trod-trodden)

v. (발을) 디디다, 걷다
n. 걸음걸이; 발소리

Few people had **trod** this path before.
그 전에 이 오솔길에 발을 디딘 사람은 거의 없었다.

The ground shook under his heavy **tread**.
지면이 그의 무거운 발걸음으로 흔들렸다.

1401 antarctic
[æntɑ́ːrktik]

a. 남극(지방)의
n. (the A-) 남극 지방[권]

Penguins live in the **Antarctic** Ocean.
펭귄들은 남극해에서 산다.

> **MVP** Antarctica n. 남극 대륙(= the Antarctic Continent)

1402 manner
[mǽnər]

n. ① 방법, 방식 ② (pl.) 예절, 예의

She came to Korea to study Korean **manners** and customs.
그녀는 한국의 예절과 풍습을 연구하기 위해 한국에 왔다.

1403 gap
[gæp]

n. 틈, 간격; 차이

There was only a narrow **gap** between the bed and the wall.
침대와 벽 사이에는 좁은 틈만 나 있었다.

the **gap** between rich and poor 빈부 격차

1404 ash
[æʃ]

n. 재, 잿더미

The town was reduced to **ashes** in the war.
그 도시는 전쟁으로 잿더미가 되어 버렸다.

The volcanic **ash** completely covered the city.
화산재가 도시를 완전히 뒤덮었다.

1405 excess
[iksés]

n. 과도, 과잉, 초과

Excess in any exercise strains the heart.
어떤 운동이든 지나치게 하면 심장에 무리가 온다.

MVP excessive a. 과도한, 지나친
to excess 지나치게

1406 custom
[kʌ́stəm]

n. ① 관습, 풍습, 관행, 습관 ② (pl.) 관세, 세관

Custom is settled by a long experience.
습관은 오랜 경험에 의해 고정[확립]된다.

You must undergo **customs** inspection when entering a country.
입국할 때는 세관 심사를 받아야 한다.

MVP customary a. 습관적인, 통례의
customable a. 관세가 붙는(= dutiable)

1407 oversea(s)
[óuvərsíː(z)]

ad. 해외로, 외국으로
a. 해외의, 외국의

The product is sold both at home and **overseas**.
그 상품은 국내외에서 모두 판매된다.

1408 middle
[mídl]

n. 중앙, 가운데
a. 중앙의, 가운데의

He was standing in the **middle** of the room.
그는 방 한가운데에 서 있었다.

MVP mid a. 중앙의, 한가운데의
in the middle of ~의 도중에, ~의 중앙에, 중간 무렵에

1409 protect
[prətékt]

v. 보호하다, 지키다

She wore dark glasses to **protect** her eyes from the sun.
그녀는 햇빛에서 눈을 보호하기 위해 검은 안경을 썼다.

MVP protection n. 보호
protective a. 보호하는

1410 harmony
[háːrməni]

n. 조화, 일치, 화합

In nature, living things find ways to live in **harmony**.
자연에서 생명체들은 조화를 이루며 살아갈 방법들을 찾는다.

1411 fact
[fækt]

n. 사실, 실제

I could no longer ignore the **fact** that he was deeply unhappy.
나는 그가 몹시 불행하다는 점을 더 이상 모른 척 할 수가 없었다.

> **MVP** factual a. 사실을 담은, 사실에 기반을 둔
> in fact 사실은

1412 position
[pəzíʃən]

n. 위치, 지위, 입장, 자세
vt. (특정한 위치에) 두다, 자리를 잡다

He didn't seek either high **position** or fame.
그는 높은 지위도 명성도 추구하지 않았다.

His resignation placed us in a difficult **position**.
그의 사직으로 우리가 곤란한 입장에 처하게 되었다.

The company is now well **positioned** to compete in foreign markets.
그 회사는 이제 해외 시장에서 경쟁을 잘 할 수 있는 자리에 있다.

1413 popular
[pápjulər]

a. 인기 있는, 대중적인

Soccer is one of the most **popular** sports.
축구는 가장 인기 있는 운동 중 하나이다.

> **MVP** popularity n. 인기
> popularize vt. 대중화하다

1414 wonder
[wʌ́ndər]

n. 놀라움, 경이
v. 놀라다, 이상하게 여기다

The Grand Canyon is one of the natural **wonders** of the world.
그랜드 캐니언은 세계의 경이로운 자연 경관 가운데 하나이다.

She **wondered** at her own stupidity.
그녀는 자신의 어리석음에 크게 놀랐다.

> **MVP** wonderful a. 놀라운, 훌륭한

1415 tide
[taid]

n. ① 조수(潮水) ② (the -) 〈비유적〉 추세, 경향, 형세

the ebb and flow of the **tide** 조수 간만
The **tide** turned to[against] him.
형세가 그에게 유리[불리]해졌다.

> **MVP** tidal a. 조수의
> ebb and flow 조수의 간만; (사업·인생의) 성쇠

1416 mode
[moud]

n. ① 방식, 양식 ② 유행

a **mode** of communication 의사소통 방식
Miniskirts were all the **mode** in the 60s.
미니스커트는 60년대에 엄청나게 유행했다.

> **MVP** out of mode 유행이 지난
> be all the mode 대유행이다

1417 print
[print]

v. ① 인쇄하다; 출간[발행]하다 ② 찍다, 새기다

The journal is **printed** quarterly.
회보는 분기별로 발행된다.

The tracks of the large animal were clearly **printed** in the sand.
그 큰 동물의 발자국이 모래 위에 선명하게 찍혀 있었다.

1418 tune
[tju:n]

n. 곡조, 선율
v. (악기를) 조율하다

He was humming a familiar **tune**.
그가 귀에 익은 곡조를 흥얼거리고 있었다.

1419 sale
[seil]

n. ① 판매 ② 매출(량) ③ 할인판매

The legislature adopted a law to stop the **sale** of guns.
입법부는 총기 판매 금지법을 가결했다.

We expect growth in **sales** to double by the end of the year.
금년 말에는 매출이 두 배 성장할 것으로 기대된다.

All the merchandise is on **sale**.
모든 상품이 할인판매 중에 있다.

> **MVP** salesman n. 판매원, 외판원
> on sale 판매되는; 할인 중인
> clearance sale 창고 정리 판매, 염가 처분 판매

1420 amaze
[əméiz]

vt. ~을 놀라게 하다, 경악하게 하다

We were quite **amazed** at the news.
우리는 그 소식에 꽤 놀랐다.

> **MVP** amazing a. 놀라운, 대단한, 흥미로운
> amazed a. 깜짝 놀란, 경악한
> amazement n. 놀람, 경탄

1421 idiom
[ídiəm]

n. 숙어, 관용구; 방언

To understand **idioms** can help you learn the language.
관용어를 이해하는 것은 언어를 배우는 데 도움이 될 수 있다.

1422 sorrow
[sárou]

n. 슬픔, 비애

He expressed his **sorrow** at the news of her death.
그는 그녀의 사망 소식에 슬픔을 표했다.

MVP sorrowful a. 슬픈

1423 spit
[spit]
(spit-spat-spat)

v. (침·음식 등을) 뱉다
n. 침

He coughed and **spat**.
그가 기침을 하고 침을 뱉었다.

He wet his hand with **spit** and gripped the rope.
그는 손에 침을 묻히고 밧줄을 잡았다.

MVP saliva n. 침, 타액

1424 trophy
[tróufi]

n. ① 트로피, 우승 기념품 ② 전리품; 노획물

The winning captain held the **trophy** in the air.
우승팀 주장이 트로피를 높이 들어 올렸다.

1425 grow
[grou]
(grow-grew-grown)

v. 자라다, 성장하다; 증가하다

The seed **grew** into a huge tree.
그 씨앗은 커다란 나무로 자랐다.

The company profits **grew** by 8% last year.
작년에 회사의 수익이 8% 증가했다.

MVP growth n. 성장, 발전, 증가; <병리> 종양

1426 dispute
[dispjú:t]

v. ① 논쟁하다, 토의하다 ② 논박하다, 이의를 제기하다
n. 논쟁, 논의; 말다툼

I **disputed** with him about world peace.
나는 그와 세계 평화에 관해서 논쟁했다.

He took neither side in the **dispute**.
그는 그 논쟁에서 어느 쪽 편도 들지 않았다.

1427 zoology
[zouálədʒi]

n. 동물학

Zoology is the scientific study of animals.
동물학은 동물에 관한 과학적인 연구이다.

MVP zoologist n. 동물학자
zoological a. 동물학의
botany n. 식물학

1428 bump
[bʌmp]

v. 부딪치다, 충돌하다
n. 혹; (도로 등의) 융기

bump one's head against the wall 벽에 머리를 부딪치다
get a large **bump** in one's head 머리에 큰 혹이 나다

1429 legal
[líːgəl]

a. 법률과 관련된, 합법적인

The residents tried to resist through **legal** appeals.
주민들은 법적 항소를 통해 저항을 시도했다.

The **legal** minimum driving age in Korea is 18 years old.
한국의 합법적인 최소 운전 가능 연령은 18세이다.

> **MVP** legalization n. 적법화, 합법화
> legalize vt. 합법화하다; 법률상 정당하다고 인정하다
> ↔ illegal a. 불법의, 비합법적인
> illegalize vt. 불법화하다

1430 characterize
[kǽriktəràiz]

vt. 특징짓다, 기술하다, 규정하다

His style is **characterized** by simplicity.
그의 문체는 간결한 게 특징이다.

> **MVP** character n. 성격, 특성; 인물; 문자

1431 transit
[trǽnsit]

n. ① (사람·화물의) 수송, 운반 ② 통과, 횡단

The cost includes **transit**.
비용에는 수송이 포함되어 있다.

the **transit** system of a city 도시의 교통 기관
make a **transit** across the Pacific 태평양을 횡단하다

1432 present
a. n. [préznt]
v. [prizént]

a. ① (어떤 장소에) 있는, 참석한 ② 현재의
n. ① 현재, 오늘날 ② 선물
v. 증정하다

Each student **present** at the meeting expressed his opinion.
그 회의에 참석한 학생들은 제각기 의견을 제시했다.

He doesn't want to quit his **present** job.
그는 현재의 직장을 그만두기를 원하지 않는다.

I **presented** him a book as a prize.
나는 그에게 상으로 책을 증정했다.

> **MVP** presence n. 존재; 출석, 참석
> presently ad. 현재; 곧, 이내(= soon)
> ↔ absent a. 부재의, 결석한, 결근한

1433 rational
[ræʃənl]

a. 합리적인, 이성적인

There is no **rational** explanation for his actions.
그의 행동에 대해서는 합리적인 설명이 없다.

MVP rationalize v. 합리화하다
rationality n. 합리성
↔ irrational a. 비이성[비논리]적인

1434 lecture
[léktʃər]

n. ① 강의, 강연 ② 설교, 훈계
v. ① 강의[강연]하다 ② 설교[훈계]하다, 잔소리하다

The professor was assailed with questions after his **lecture**.
그 교수는 강의 후에 질문 공세를 받았다.

He was always **lecturing** me about the way I dress.
그는 내가 옷 입는 걸 두고 맨날 잔소리를 했다.

1435 soul
[soul]

n. ① 영혼, 혼 ② 마음, 정신

Many people pray for the cure of **souls**.
많은 사람들은 영혼의 구원을 위해 기도한다.

There was a feeling of restlessness deep in her **soul**.
그녀의 마음 깊은 곳에는 답답한 느낌이 있었다.

1436 shine
[ʃain]
(shine–shone–shone)

v. 빛나다, 비추다

The sun **shone** brightly in a cloudless sky.
구름 한 점 없는 하늘에서 해가 밝게 빛났다.

He **shone** the flashlight around the cellar.
그가 회중전등으로 지하실을 이리저리 비추었다.

MVP shiny a. 빛나는, 반짝거리는

1437 background
[bǽkgràund]

n. 배경; 배후사정

The job would suit someone with a business **background**.
그 일은 사업 경험이 있는 사람에게 맞을 것이다.

1438 engineer
[èndʒiníər]

n. 기술자, 기사
v. ① (설계해서) 제작하다 ② 꾀하다, 공작하다

The car is beautifully **engineered** and a pleasure to drive.
이 승용차는 멋지게 제작되어 운전하는 게 아주 즐겁다.

engineer a robbery 강도질을 꾀하다

MVP engineering n. 공학; 공학 기술

1439 guide
[gaid]

n. ① 안내인 ② 안내서
v. 안내하다, 인도하다

The person **guided** them to the top of the mountain.
그 사람은 그들을 산 정상으로 안내했다.

1440 vow
[vau]

v. 맹세[서약]하다
n. 맹세, 서약

They **vowed** eternal friendship.
그들은 영원한 우정을 맹세했다.

The witness was under a **vow** to tell the truth.
그 증인은 진실을 말하기로 맹세했다.

MVP be under a vow to do ~할 것을 맹세하다

1441 once
[wʌns]

ad. ① 한 번 ② (과거) 언젠가[한때, 한동안]
conj. 일단[한 번] ~하면, ~하자마자

He cleans his car **once** a week.
그는 일주일에 한 번 세차를 한다.

This book was famous **once**, but nobody reads it today.
이 책이 한때는 유명했지만 오늘날에는 아무도 읽지 않는다.

Her nervousness quickly disappeared **once** she was on stage.
일단 무대 위에 올라가자 그녀의 초조감은 곧 없어졌다.

1442 hell
[hel]

n. 지옥

To different minds, the same world is a **hell**, and a heaven.
같은 세계이지만 마음이 다르면 지옥도 되고 천국도 된다.

1443 nightmare
[náitmɛər]

n. 악몽, 아주 끔찍한 일

He still has **nightmares** about the accident.
그는 아직도 그 사건에 대한 악몽을 꾼다.

The trip turned into a **nightmare** when they both got sick.
그들이 둘 다 병이 나면서 그 여행은 악몽이 되었다.

MVP mare n. 암말

1444 fresh
[freʃ]

a. 신선한, 상쾌한

Many people prefer the **fresh** taste of natural foods.
많은 사람들이 자연 식품의 신선한 맛을 선호한다.

She left the window open to let some **fresh** air in.
그녀는 상쾌한 공기가 들어오도록 창문을 열어 놨다.

1445 divide
[diváid]

v. ① 나누다; 갈라지다 ② 분열시키다

We **divided** the money equally among ourselves.
우리는 그 돈을 우리끼리 균등하게 나누었다.

The issue has **divided** the government.
그 쟁점이 정부를 분열시켜 놓았다.

MVP divisible a. 나눌 수 있는
division n. 분할, 분배; 분열

1446 headlong
[hédlɔːŋ]

ad. ① 저돌적으로 ② 거꾸로, 곤두박질쳐서
a. 성급한, 경솔한

The airplane was falling **headlong** to the ground.
그 비행기는 지면을 향해 곤두박질치고 있었다.

a **headlong** decision 성급한 결정

1447 resolute
[rézəlùːt]

a. 단호한, 확고한

She expressed her refusal in a **resolute** voice.
그녀는 단호한 음성으로 거절의 뜻을 밝혔다.

He became even more **resolute** in his opposition to the plan.
그는 그 계획에 대한 반대가 훨씬 더 확고해졌다.

MVP resolution n. 다짐, 결심; 해결

1448 huge
[hjuːdʒ]

a. 거대한, 엄청난, 막대한

The company suffered **huge** losses in the last financial year.
그 기업은 지난 회계 연도에 막대한 손실을 입었다.

1449 rough
[rʌf]

a. ① 거친 ② 대강의, 개략적인

The skin on her hands was hard and **rough**.
그녀의 손은 피부가 딱딱하고 거칠었다.

There were about 20 people there at a **rough** guess.
거기에는 사람들이 대충 어림잡아서 20명쯤 있었다.

MVP roughly ad. 거칠게; 대충, 대략
at a rough guess[estimate] 대충 어림잡아

1450 loyal
[lɔ́iəl]

a. 충성스러운, 성실[충실]한

He has always remained **loyal** to his political principles.
그는 항상 자신의 정치적 원칙에 변함없이 충실해 왔다.

MVP loyalty n. 충성, 성실, 충실
↔ disloyal a. 불충한, 불성실한

1451 rite
[rait]

n. 의식, 의식 절차

He participated in a religious **rite** yesterday.
그는 어제 한 종교 의식에 참여했다.

1452 break
[breik]
(break-broke-broken)

v. ① 깨다, 부수다 ② (법을) 어기다 ③ (기록을) 깨뜨리다
n. 중단, 중지; 휴식시간

She dropped the plate and it **broke** into pieces.
그녀는 접시를 떨어뜨려 접시가 산산조각이 났다.

The movie **broke** all box-office records.
그 영화는 모든 흥행 기록을 갈아치웠다.

1453 target
[tá:rgit]

n. ① 목표, 대상 ② 표적 ③ 과녁
vt. 목표[표적]로 삼다, 겨냥하다

Our company reached the **target** level last month.
우리 회사는 지난달에 목표 수준에 도달했다.

The missiles were launched against enemy **targets**.
미사일이 적의 표적을 향해 발사되었다.

Smaller banks have been **targeted** by criminals.
소규모 은행들이 범죄자들의 표적이 되었다.

1454 blanket
[blǽŋkit]

n. 담요, 모포
a. 총괄적인, 포괄적인, 전면적인

She folded a **blanket** around the baby.
그녀는 아기를 담요로 감쌌다.

a **blanket** ban on tobacco advertising 담배 광고 전면 금지

1455 feed
[fi:d]
(feed-fed-fed)

v. ① 음식[먹이]을 주다; 부양하다 ② ~을 먹이로 하다

Children love to **feed** the swans in the pond.
아이들은 연못에 있는 백조들에게 먹이 주는 것을 좋아한다.

Hyenas **feed** on small dead animals and birds.
하이에나는 죽어있는 작은 동물과 새를 먹고 산다.

1456 culture
[kʌltʃər]

n. ① 문화, 정신문명 ② 교양, 세련

Anthropologists found **culture** from human experience.
인류학자들은 인간의 경험에서 문화를 발견했다.

She is a woman of considerable **culture**.
그녀는 대단한 교양을 갖춘 여자이다.

1457 proud
[praud]

a. ① 자랑스러운 ② 자존심이 강한

He was **proud** of himself for not giving up.
그는 포기하지 않은 자신이 자랑스러웠다.

He was too **proud** to apologize.
그는 사과하기에는 너무나 자존심이 강했다.

MVP pride n. 자부심; 자존심
be proud of ~을 자랑으로 여기다

1458 discover
[diskʌ́vər]

vt. ① 발견하다 ② 알다, 깨닫다

We finally **discovered** the truth about their origins.
우리는 마침내 그들의 기원에 대한 진실을 발견했다.

They **discovered** that she was in trouble.
그들은 그녀가 곤경에 처해 있다는 것을 알게 되었다.

MVP discovery n. 발견

1459 foam
[foum]

n. 거품

The waves left the beach covered with **foam**.
파도가 해변을 거품으로 뒤덮었다.

1460 warehouse
[wɛ́ərhàus]

n. ① 창고 ② 도매점, 큰 상점

The building is currently being used as a **warehouse**.
그 건물은 현재 창고로 쓰이고 있다.

1461 compare
[kəmpɛ́ər]

v. 비교하다[with]; 비유하다[to]

My professor **compared** Korean with Japanese.
나의 교수님은 한국어와 일본어를 비교했다.

The philosopher **compared** sleep to death.
그 철학자는 잠자는 것을 죽음에 비유했다.

MVP comparable a. 비슷한, 비교할 만한
comparative a. 비교의, 상대적인
comparison n. 비교, 대조

1462 refund
[ríːfʌnd]

n. 환불(금)
v. 환불하다

Consumers have the right to demand a **refund**.
고객들은 환불을 요구할 권리가 있다.

Tickets will be **refunded** at full price.
티켓들은 전액 환불될 것이다.

1463 **grain** [grein]

n. ① 곡물 ② 알갱이 ③ 아주 조금, 티끌

A hen is pecking at the **grain**.
암탉이 곡식을 쪼아 먹고 있다.

There isn't a **grain** of truth in those rumors.
그런 소문들에는 진실성이 티끌만큼도 없다.

1464 **net** [net]

n. 그물, 망
a. (돈의 액수에 대해) 순(純)-

A fish was caught in the **net**.
물고기가 그물에 걸렸다.

> **MVP** net income 순소득
> net profit 순이익
> ↔ gross a. 총체[총계]의, 총(總)-

1465 **alike** [əláik]

a. (서술적) 서로 같은, 비슷한
ad. 마찬가지로, 한결같이, 동등하게

These twins are very much **alike**.
이 쌍둥이는 아주 꼭 닮았다.

> **MVP** like a. 같은, 비슷한; prep. ~처럼, ~와 마찬가지로
> likely a. ~할 것 같은; 그럴듯한
> likewise ad. 똑같이, 비슷하게; 또한

1466 **fry** [frai]

v. ① 튀기다 ② 몹시 덥다, 볕에 타다

Some people **fry** foods in lard.
어떤 사람들은 돼지기름에 음식을 튀긴다.

> **MVP** grill v. 석쇠에 굽다
> roast v. (고기를 오븐 속이나 불 위에 대고) 굽다

1467 **dive** [daiv]

v. (물속으로) 뛰어들다; 물속에 잠기다

We **dived** into the river to cool off.
우리는 더위를 식히려고 강물 속으로 뛰어들었다.

> **MVP** nose-dive vi. 폭락하다; n. 급락, 폭락

1468 **adult** [ədʌ́lt]

n. 성인, 어른
a. 성인의; 어른다운, 성숙한

develop from a child into an **adult** 아이에서 어른으로 성장하다

> **MVP** adulthood n. 성인(임), 성년

1469 bust
[bʌst]

n. ① 흉상, 반신상 ② 상반신 ③ 실패; 파산; 불황
v. ① 파열하다[시키다]; 부서지다 ② 파멸[파산]하다

a plaster **bust** of Julius Caesar 줄리어스 시저의 석고 흉상
the cycle of boom and **bust** 호황과 불황의 주기
The company **bust** up last week.
그 회사는 지난주에 파산했다.

> **MVP** burst v. 터지다, 파열하다

1470 pride
[praid]

n. ① 자부심, 자랑거리 ② 자존심

The sight of her son graduating filled her with **pride**.
아들이 졸업하는 모습을 보니 그녀는 자랑스러워서 마음이 뿌듯했다.
Pride would not allow him to accept the money.
그가 그 돈을 받는 것을 자존심이 허락하지 않았다.

1471 dawn
[dɔ:n]

n. 새벽, 동틀 녘, 여명

He works from **dawn** till dusk.
그는 새벽부터 밤까지 일한다.

> **MVP** at dawn 새벽에, 여명에
> daybreak n. 새벽, 동틀 녘
> dusk n. 땅거미, 황혼(= twilight)
> at dusk 해질 무렵에

1472 captain
[kǽptən]

n. 선장, (항공기의) 기장, 우두머리

The **captain** ordered his crews to lower a sail.
선장이 선원들에게 돛을 내리라고 명령했다.

1473 punch
[pʌntʃ]

vt. ① 주먹으로 때리다 ② 구멍을 뚫다
n. 펀치, (주먹으로) 한 대 치기

A man **punched** him on the nose.
한 남자가 주먹으로 그의 코를 쳤다.
The machine **punches** a row of holes in the metal sheet.
그 기계는 금속판에 한 줄로 구멍을 뚫는다.

1474 skillful
[skílfəl]

a. 숙련된, 솜씨 있는, 능숙한

He is **skillful** at handling his new mobile phone.
그는 자신의 새 휴대전화를 다루는 데 능숙하다.

> **MVP** skill n. 기술, 기량, 솜씨
> skilled a. 숙련된

1475 journal
[dʒə́:rnl]

n. ① 신문; 잡지, 정기 간행물 ② 일기

Her paper was published in a scientific **journal**.
그녀의 논문이 과학 잡지에 실렸다.

He kept a **journal** of his travels across Asia.
그는 아시아 횡단 여행에 대해 일기를 썼다.

MVP keep a journal 일기를 쓰다

1476 symbol
[símbəl]

n. 상징; 기호, 부호

Halloween has some strange **symbols** such as jack-o'-lantern.
할로윈에는 호박등과 같은 몇 가지 특이한 상징물들이 있다.

She is not used to English phonetic **symbols**.
그녀는 영어 발음기호에 익숙하지 않다.

MVP symbolic a. 상징적인, 상징하는
symbolize v. 상징하다

1477 denote
[dinóut]

vt. 나타내다, 표시하다; 의미하다

A fever usually **denotes** sickness.
열은 보통 병이 있음을 나타낸다.

1478 stop
[stap]

v. ① 멈추다, 정지하다 ② 막다, 저지하다
n. ① 멈춤, 중단 ② 정류장

A traveler **stopped** to rest under a tree.
한 여행자가 나무 아래서 쉬려고 멈춰 섰다.

He flung out an arm to **stop** her from falling.
그는 그녀가 넘어지는 것을 막으려고 팔을 쑥 내밀었다.

The bus **stop** was crowded with people.
버스 정류장은 사람들로 북새통을 이루고 있었다.

MVP stop by 잠시 들르다

1479 nobody
[nóubàdi]

pron. 아무도 ~않다(= no one)
n. 보잘 것 없는 사람

Nobody knew what to say.
아무도 무슨 말을 해야 할지 몰랐다.

She rose from being a **nobody** to become a superstar.
그녀는 보잘 것 없는 사람에서 슈퍼스타가 되었다.

MVP somebody pron. 어떤 사람, 누군가; n. 대단한 사람
none pron. 아무[하나]도 ~않다[없다]

1480 lace
[leis]

n. ① 레이스 ② 끈

Her dress was ornamented with **lace**.
그녀의 옷은 레이스로 장식되어 있었다.

1481 bull
[bul]

n. 황소

The bullfighter uses his red cape to beat the **bull**.
투우사는 빨간 망토를 사용해 황소를 제압한다.

> **MVP** bullish a. (주가가) 상승세의; 낙관적인
> bull market (주식 시장의) 상승 장세[호황]
> bear market (주가의) 하락세, 하락 장세

1482 office
[ɔ́:fis]

n. ① 사무실, 근무처 ② 직무, 직책

The company is moving to new **offices** on the other side of town.
그 회사는 도시 반대편에 있는 신사옥으로 이전한다.

There were doubts about her fitness to hold **office**.
그녀가 직책을 맡는 것이 적합한가에 대해 의구심들이 있었다.

1483 capture
[kǽptʃər]

n. 포획, 체포
vt. ① 붙잡다, 포획하다 ② (사람·마음 등을) 사로잡다

the **capture** of a criminal 범인의 체포
Many wild animals are **captured** in nets and sold to zoos.
많은 야생 동물들이 그물로 포획되어 동물원에 팔린다.
capture the attention of the whole world
전 세계의 관심을 사로잡다

1484 frost
[frɔ:st]

n. 서리, 성에

The windows of the car were covered with **frost**.
차창이 성에로 뒤덮여 있었다.

> **MVP** frosted a. 서리에 뒤덮인
> frosty a. 서리가 내리는, 몹시 추운

1485 marine
[mərí:n]

a. 바다의, 해양의
n. (때로 M-) 해병대원; (the M-s) 해병대

The sea horse is a very small **marine** animal.
해마는 아주 작은 해양 동물이다.

He is serving the country as a **Marine**.
그는 해병대원으로서 나라에 봉사하고 있다.

> **MVP** maritime a. 바다의, 해상의

1486 sociology [sòusiálədʒi]

n. 사회학

She has a degree in **sociology** and politics.
그녀는 사회학과 정치학 학위가 있다.

MVP sociologist n. 사회학자

1487 cage [keidʒ]

n. 새장, 우리

The tiger escaped from its **cage**.
호랑이가 우리에서 도망쳤다.

1488 awful [ɔ́ːfəl]

a. 끔찍한, 지독한

the **awful** horrors of war 전쟁의 끔찍한 공포

1489 palace [pǽlis]

n. 궁전; 대저택

He arrived at the **palace** where the king lived.
그는 왕이 살고 있는 궁전에 도착했다.

1490 renew [rinjúː]

v. ① 재개하다 ② 갱신하다 ③ 되찾다, 회복하다

renew peace talks 평화 회담을 재개하다
He **renewed** his subscription to Time Magazine.
그는 타임지의 구독을 갱신했다.
renew one's original strength 원래의 기운을 회복하다

MVP renewal n. 재개, 부활; 갱신

1491 cover [kʌ́vər]

v. ① 덮다, 씌우다, 가리다 ② 다루다; 포함시키다
n. ① 덮개, 커버 ② (책이나 잡지의) 표지

Snow **covered** the ground.
눈이 땅바닥을 덮고 있었다.
The survey **covers** all aspects of the business.
그 조사는 그 사업의 모든 측면을 다룬다.
put a **cover** on a sleeping child 자는 아이에게 이불을 덮어주다

1492 concession [kənséʃən]

n. ① 양보, 용인 ② (당국의) 면허, 특허

The President pledged never to make **concessions** to terrorists.
대통령은 테러리스트들에게 절대 양보하지 않을 것이라고 맹세했다.
The firm received a **concession** to drill for oil.
그 회사는 석유 시추권을 얻었다.

MVP concede v. 인정하다, 용인하다; 양보하다

1493 important
[impɔ́ːrtənt]

a. 중요한; 큰 영향력을 가지는

Regular exercise is **important** for a person's health.
규칙적인 운동은 사람의 건강에 중요하다.

MVP importance n. 중요성, 중대성

1494 colleague
[káliːg]

n. (관직·직업상의) 동료

She gets on well with her **colleagues**.
그녀는 동료들과 잘 지낸다.

MVP get on well with ~와 잘 지내다

1495 found
[faund]

vt. 설립하다, 세우다

Her family **founded** the company in 1990.
그녀의 가문이 1990년에 그 기업을 설립했다.

MVP foundation n. 토대, 기초; 설립, 창립

1496 lord
[lɔːrd]

n. ① 주인, 우두머리, 군주 ② (the L-) 주님, 하느님

Man is the **lord** of all creation.
인간은 만물의 영장이다.

A loyal subject will not serve a second **lord**.
충신은 두 임금을 섬기지 않는다.

1497 cruel
[krúːəl]

a. 잔인한, 무자비한, 모진

Life is often **cruel**, both to animals and human beings.
동물에게나 인간에게나 삶은 종종 잔인하다.

MVP cruelty n. 잔인함

1498 cheap
[tʃiːp]

a. ① (값이) 싼, 돈이 적게 드는 ② 보잘 것 없는, 하찮은

Her watch is a **cheap** imitation.
그녀의 손목시계는 값싼 모조품이다.

He's just a **cheap** crook.
그는 그저 하찮은 사기꾼일 뿐이다.

1499 sensational
[senséiʃənl]

a. 세상을 놀라게 하는, 선풍적인, 선정적인

Her new novel has gained **sensational** popularity.
그녀의 새 소설은 선풍적인 인기를 얻었다.

MVP sensation n. 느낌, 감각; 센세이션

1500 rent
[rent]

v. 임대하다, 빌리다; 임대되다
n. 집세, 임차료

He **rents** rooms in his house to students.
그는 자기 집의 방을 학생들에게 세놓는다.

The landlord has put the **rent** up again.
집주인이 집세를 다시 올렸다.

MVP rental n. 사용[임대]료; 임대[대여](물)

1501 mood
[muːd]

n. ① 기분 ② 분위기

You seem to be in a good **mood**.
기분이 좋아 보인다.

The **mood** of the meeting was desperate.
회의 분위기는 절망적이었다.

1502 sick
[sik]

a. ① 병든 ② 물려서, 넌더리나는

He stayed and helped his **sick** friend all night.
그는 밤새 머무르면서 아픈 친구를 도와주었다.

He was **sick** of journalists prying into his personal life.
그는 기자들이 그의 사생활을 캐묻는 것에 넌더리가 났다.

MVP sicken v. 구역질나게 하다; 병들다
sickness n. 병; 욕지기, 구역질
pry into ~을 캐다

1503 passenger
[pǽsəndʒər]

n. 승객, 여객

The airline limits carry-on baggage to two pieces per **passenger**.
그 항공사는 기내 휴대용 수하물을 승객 한 명당 두 개로 제한한다.

MVP carry-on a. 기내 휴대용의

1504 reach
[riːtʃ]

v. ① 도착하다 ② 뻗다, 내밀다
n. 손발이 닿는 범위[한도]

We **reached** our destination very quickly.
우리는 목적지에 매우 빨리 도착했다.

She **reached** out her hand to her child.
그녀는 자신의 아이에게 손을 내밀었다.

1505 bore
[bɔ:r]

v. ① 지루하게[따분하게] 만들다 ② (깊은 구멍을) 뚫다[파다]

He **bored** us by boasting for hours about his new car.
그는 자기의 새 차에 대해 몇 시간 동안 떠들어 대어서 우리를 지루하게 했다.

bore a **hole** in the wall 벽에 구멍을 뚫다

MVP boring a. 재미없는, 지루한
boredom n. 지루함, 따분함

1506 kid
[kid]

n. 아이, 어린이
vi. 농담하다, 놀리다

The fireman saved a **kid** from the fire.
그 소방관은 화재로부터 한 아이를 구했다.

She cracked a smile, so I knew she was **kidding**.
그녀가 씽긋 미소 지었으므로, 나는 그녀가 농담하고 있다는 것을 알았다.

1507 disclose
[disklóuz]

vt. ① (비밀 등을) 밝히다, 폭로하다 ② 드러내다

He **disclosed** the secret to his friend.
그는 친구에게 비밀을 털어놓았다.

The door swung open, **disclosing** a long dark passage.
문이 휙 열리자 어두운 긴 통로가 드러났다.

MVP disclosure n. 발각, 폭로; 발표

1508 secretary
[sékrətèri]

n. 비서; (S-) 장관

His **secretary** wrote down his daily schedule.
비서가 그의 하루 일정을 받아 적었다.

The President nominated him as **Secretary** of State.
대통령은 그를 국무장관으로 임명했다.

1509 impressive
[imprésiv]

a. 인상적인, 감명 깊은

She was very **impressive** in the interview.
그녀는 그 인터뷰에서 대단히 인상적이었다.

MVP impress v. 감명을 주다; 인상지우다
impression n. 인상, 감명

1510 pure
[pjuər]

a. 순수한, 깨끗한

This movie depicts **pure** love between two individuals.
이 영화는 두 인물 사이의 순수한 사랑을 묘사한다.

> **MVP** purify v. 정화하다, 깨끗이 하다
> purity n. 순수, 청결
> purely ad. 순수하게; 순전히
> ↔ impure a. 순수하지 않은, 불결한

1511 sail
[seil]

v. 항해하다
n. ① 돛 ② 항해

He wanted to **sail** to India and the nearby islands.
그는 인도와 근처 섬들로 항해하고 싶어 했다.

The sailors extended the **sail** on the boat.
선원들이 배 위에 돛을 폈다.

a two-hour **sail** across the bay 만을 가로지르는 두 시간 동안의 항해

1512 cliff
[klif]

n. 벼랑, 절벽

The car skidded in the rain and went off a **cliff**.
차가 빗길에 미끄러져 절벽 아래로 추락했다.

1513 method
[méθəd]

n. ① 방법, 방식 ② 체계, 질서

This teaching **method** of English has wide usage.
이 영어 교수법은 널리 쓰이고 있다.

a man of **method** 빈틈없는 사람

> **MVP** methodical a. 체계적인, 꼼꼼한
> methodically ad. 질서 있게; 조직적으로

1514 calorie
[kǽləri]

n. 열량, 칼로리

This food seems to be high in **calories**.
이 음식은 칼로리가 높은 것 같다.

1515 mount
[maunt]

v. ① 오르다, 올라타다 ② 증가하다

She slowly **mounted** the steps.
그녀는 천천히 계단을 올라갔다.

The death toll continues to **mount**.
사망자 수가 계속 증가하고 있다.

1516 elect
[ilékt]

v. 선출하다, 선택하다

She became the first black woman to be **elected** to the Senate.
그녀는 상원의원에 선출된 최초의 흑인 여성이 되었다.

MVP election n. 선거; 당선

1517 colonize
[kálənàiz]

v. 식민지로 개척하다; (사람들을) 이주시키다

The English **colonized** New England.
영국인들은 뉴잉글랜드를 식민지로 개척했다.

MVP colony n. 식민지, 거주지; 집단
colonial a. 식민(지)의

1518 busy
[bízi]

a. 분주한, 바쁜

He was too **busy** doing too many chores.
그는 자질구레한 일을 너무 많이 하느라 바빴다.

1519 shovel
[ʃʌvəl]

n. 삽
v. 삽질하다

People are **shoveling** snow in the park.
사람들이 공원에서 삽으로 눈을 치우고 있다.

1520 inaugural
[inɔ́ːgjurəl]

a. ① 취임(식)의 ② 최초의

I heard him deliver an **inaugural** address before.
나는 전에 그가 취임 연설하는 것을 들었다.

The **inaugural** meeting of the group took place last Saturday.
그 그룹의 첫 모임은 지난주 토요일에 있었다.

MVP inaugurate vt. 취임하게 하다; 개관을 선언하다

1521 bound
[baund]

n. (pl.) 경계, 한계(내), 출입 허가 구역
v. ① 껑충껑충 달리다
② 경계[한계]를 이루다

go beyond the **bounds** of possibility 가능한 범위를 넘다
The country is **bounded** on three sides by the sea.
그 나라는 삼면이 바다와 경계를 이루고 있다.

1522 optic
[áptik]

a. 눈[시력]의

the **optic** nerve 시신경

MVP optics n. 광학
optical a. 시각적인; 광학의

1523 crowd
[kraud]

n. 군중, 인파
v. (어떤 장소를) 가득 메우다

A **crowd** of people rushed to the scene of a crime.
많은 사람들이 범죄 현장으로 몰려들었다.

Thousands of people **crowded** the narrow streets.
수천 명의 사람들이 좁은 거리를 가득 메웠다.

MVP crowded a. 붐비는, 혼잡한
overcrowd v. 사람을 너무 많이 수용하다, 혼잡하게 하다

1524 strength
[streŋkθ]

n. ① 힘 ② 강점, 장점

He pushed against the rock with all his **strength**.
그는 온 힘을 다해 그 바위에 몸을 대고 밀었다.

The ability to keep calm is one of her many **strengths**.
냉정을 잃지 않는 능력은 그녀의 많은 장점들 가운데 하나이다.

MVP strengthen v. 강화하다

1525 weight
[weit]

n. ① 무게, 체중 ② 중요성, 영향력

He has gained **weight** since he gave up smoking.
그는 담배를 끊은 뒤로 체중이 늘었다.

a man of **weight** 유력자

MVP weigh v. 무게를 달다; 숙고하다; 비교 검토하다

1526 earthquake
[ə́ːrθkweik]

n. 지진

An **earthquake** was felt last night.
어젯밤에 지진이 감지되었다.

1527 sentence
[séntəns]

n. ① 문장, 글 ② (형사상의) 판결, 선고
vt. 선고하다, 판결하다

A **sentence** that does not cohere is hard to understand.
일관성이 없는 문장은 이해하기 힘들다.

He was condemned of treason and is serving a life **sentence**.
그는 반역죄로 종신형을 살고 있다.

MVP treason n. 반역(죄)
parole n. 가석방

1528 wretched [rétʃid]

a. ① 비참한, 불쌍한 ② 비열한, 치사한

He led a **wretched** life.
그는 비참한 생활을 했다.

a **wretched** traitor 비열한 배반자

MVP wretch n. 가엾은[불쌍한] 사람

1529 fist [fist]

n. 주먹

She clenched her **fists** to stop herself trembling.
그녀는 몸이 떨리는 것을 참으려고 주먹을 꽉 쥐었다.

1530 understand [ʌndərstǽnd]
(understand-understood-understood)

v. 이해하다, 알다

Advertisements should be easy to **understand**.
광고는 이해하기 쉬워야 한다.

MVP make oneself understood 자기의 말을 남에게 이해시키다
↔ misunderstand v. 오해하다

1531 dictation [diktéiʃən]

n. ① 구술, 받아쓰기 ② 명령, 지시

The English teacher gave **dictation** to the boy.
영어 선생님이 그 소년에게 받아쓰기를 시켰다.

We had to study at the **dictation** of the principal.
교장 선생님의 지시에 따라 우리는 공부를 해야 했다.

MVP give dictation to ~에게 받아쓰기를 시키다
dictate v. 구술하다; 명령하다, 지시하다
dictator n. 독재자

1532 motive [móutiv]

n. 동기, 이유

There seemed to be no **motive** for the murder.
그 살인에는 아무런 동기가 없는 것 같았다.

MVP motivate vt. 동기를 부여하다, 자극하다
motivation n. 동기 부여, 자극

1533 dust [dʌst]

n. 먼지, 티끌

The rain has laid the **dust**.
비가 내려 먼지를 가라앉혔다.

1534 democracy
[dimάkrəsi]

n. 민주주의, 민주 정치

a sudden transition from autocracy to **democracy**
독재 정치에서 민주주의로의 급격한 이행

MVP communism n. 공산주의
bureaucracy n. 관료주의
plutocracy n. 금권정치

1535 dirty
[də́:rti]

a. 더러운, 지저분한

She put the **dirty** laundry into the washer.
그녀는 더러운 빨랫감을 세탁기에 넣었다.

MVP dirt n. 먼지, 흙

1536 lock
[lak]

v. 잠그다
n. 자물쇠

She **locked** her passport and money in the safe.
그녀는 여권과 돈을 금고에 넣고 잠가 두었다.

She turned the key in the **lock**.
그녀는 자물쇠에 열쇠를 넣고 돌렸다.

1537 backward
[bǽkwərd]

ad. ① 뒤쪽에[으로] ② 거꾸로, 역행하여
a. ① 뒤쪽(으로)의; 거꾸로의 ② 뒤진, 진보가 느린

a **backward** part of the country with no paved roads
포장도로가 없는 그 나라의 낙후된 지역

MVP ↔ forward ad. 앞으로; a. 앞부분의

1538 deep
[di:p]

a. ① 깊은, 깊숙이 들어간 ② 심원한, 난해한, 몰두한

a house **deep** in the valley 골짜기 깊숙한 곳에 있는 집
be **deep** in thought 생각에 깊이 빠져 있다

MVP depth n. 깊이, 깊음; 심도
deepen v. 깊게 하다, 깊어지다

1539 split
[split]
(split–split–split)

v. ① 분열되다 ② 나누다 ③ 쪼개다, 쪼개지다

The party **split** over the problem into three groups.
당은 그 문제로 3파로 분열되었다.

They **split** the sum equally.
그들은 그 돈을 똑같이 나누었다.

The ship suddenly **split** in two.
배가 갑자기 둘로 쪼개졌다.

1540 safe
[seif]

a. 안전한
n. 금고

The street is not **safe** for children to play in.
거리는 아이들이 놀기에 안전하지 않다.

The money in the **safe** is gone.
금고 속의 돈이 없어졌다.

> **MVP** safety n. 안전, 무사
> safely ad. 무사히, 안전하게

1541 inner
[ínər]

a. 내부의

Her diary was a record of her **inner** conflict.
그녀의 일기는 내적 갈등의 기록이었다.

> **MVP** ↔ outer a. 외부의, 외곽의

1542 taste
[teist]

n. ① 맛, 풍미 ② 애호, 기호
v. 맛보다, 시식하다; ~의 맛을 느끼다

It is similar in **taste** to an apple.
그것은 맛이 사과와 비슷하다.

She has no **taste** for expensive clothes.
그녀는 값비싼 옷을 좋아하지 않는다.

I **tasted** something strange in this food.
나는 이 음식에서 이상한 맛을 느꼈다.

1543 situation
[sitʃuéiʃən]

n. 위치, 상황, 처지

He was in an embarrassing **situation**.
그는 곤란한 상황에 처해 있었다.

> **MVP** situate vt. 위치시키다

1544 damage
[dǽmidʒ]

n. 손해, 손상
vt. 손해를 입히다, 손상시키다

Excessive drinking does **damage** to health.
과도한 음주는 건강을 손상시킨다.

Be careful not to **damage** his guitar.
그의 기타를 망가뜨리지 않도록 조심해라.

> **MVP** do damage to ~에 해를 끼치다, 손상시키다

1545 praise
[preiz]

n. 칭찬
vt. 칭찬하다

His latest movie has won high **praise** from the critics.
그의 최근 영화는 평론가들로부터 많은 찬사를 들었다.

MVP praiseful a. 찬사로 가득 찬
praiseworthy a. 칭찬할 만한, 갸륵한(= praisable)

1546 hunt
[hʌnt]

v. ① 사냥하다 ② 찾다, 추적하다

Out west, he **hunted** buffalo and ran a cattle ranch.
서부로 가서 그는 물소를 사냥하고 목장을 운영했다.

She will **hunt** for a new job.
그녀는 새 직장을 구할 것이다.

MVP hunter n. 사냥꾼
game n. 사냥감

1547 pace
[peis]

n. ① 속도 ② 걸음, 보폭
v. ① 서성거리다 ② 속도를 유지하다

We encourage all students to work at their own **pace**.
우리는 모든 학생들에게 자기 나름의 속도로 공부를 하도록 장려한다.

She **paced** up and down outside the room.
그녀는 방 밖에서 이리저리 서성거렸다.

He **paced** his game skilfully.
그는 능숙하게 경기의 리듬을 유지했다.

1548 direct
[dirékt]

v. ① 지도하다, 감독하다 ② 지시하다, 명령하다
a. ① 직접적인 ② 솔직한

The police officer **directed** me to stop the car.
경찰은 나에게 차를 세우도록 명령했다.

Direct discharges to ground water are banned.
지하수에 직접 방류하는 것은 금지되어 있다.

MVP direction n. 방향; 목적; 지시
directly ad. 곧장, 똑바로
director n. 책임자; 감독

1549 roll
[roul]

v. ① 구르다 ② 돌리다 ③ (둥글게) 말다
n. 구르기

The ball **rolled** down the hill.
그 공은 언덕 아래로 굴러갔다.

He was **rolling** a pencil between his fingers.
그는 손가락 사이로 연필을 돌리고 있었다.

We **rolled** up the carpet.
우리는 카펫을 둥글게 말았다.

1550 well-mannered
[welmǽnərd]

a. 예절바른, 정중한, 얌전한

Korea has been called "the **well-mannered** country of the East."
한국은 예로부터 '동방예의지국'으로 불렸다.

1551 era
[íərə]

n. 시대

He is considered one of the greatest boxers of his **era**.
그는 그가 살던 시대의 최고의 복서 중 한 사람으로 여겨진다.

1552 title
[táitl]

n. 제목, 표제
vt. 제목을 붙이다

His poems were published under the **title** of "Love and Reason".
그의 시들은 『사랑과 이성』이라는 제목으로 출간되었다.

Their first album was **titled** "Ocean Drive".
그들의 첫 앨범에는 『오션 드라이브』라는 제목이 붙어 있었다.

1553 record
v. [rikɔ́:rd]
n. [rékərd]

v. ① 기록하다 ② 녹음하다
n. ① 기록, 기입 ② 음반
a. 기록적인

Her childhood is **recorded** in the diaries of those years.
그녀의 어린 시절은 그 당시에 쓴 일기에 기록되어 있다.

He broke the world **record**.
그는 세계기록을 깼다.

1554 discuss
[diskʌ́s]

vt. 논의하다, 토론하다

Let's **discuss** the problems until a solution is found.
해결책을 찾을 때까지 그 문제에 대해서 토론을 하자.

MVP discussion n. 논의, 토론

1555 point
[pɔint]

n. 요점
v. 가리키다, 지적하다

She missed the **point** of the joke.
그녀는 그 농담의 요점을 알지 못하였다.

He **pointed** out several defects in the new law.
그는 그 새로운 법의 몇 가지 결점을 지적했다.

MVP point out 지적하다

1556 side
[said]

n. 쪽, 측면, 옆(면)

They crossed from one **side** of London to the other.
그들은 런던의 한쪽에서 다른 쪽으로 가로질러 갔다.

The kitchen door is at the **side** of the house.
부엌문은 그 집의 측면에 나 있다.

Her husband stood at her **side**.
그녀 옆에는 그녀의 남편이 서 있었다.

1557 evil
[íːvəl]

a. ① 악랄한, 사악한 ② 불길한
n. 악(惡); 폐해

A crow is thought of as an **evil** sign.
까마귀는 불길한 징조로 여겨진다.

Education would be the best prevention against social **evils**.
교육이 사회악에 대한 최선의 방지책일 것이다.

1558 idol
[áidl]

n. 우상

Idol worship is forbidden in Islam.
우상 숭배는 회교에서 금지되고 있다.

MVP idolize v. 숭배하다, 우상화하다

1559 perfect
[pə́ːrfikt]

a. 완벽한, 완전한

She's the **perfect** candidate for the job.
그녀는 그 자리에 완벽한 후보이다.

MVP perfection n. 완벽, 완전

1560 example
[igzǽmpl]

n. 예, 사례, 보기

This dictionary has many **examples** of how words are used.
이 사전에는 단어가 어떻게 쓰이는지를 보여주는 많은 용례가 있다.

MVP for example 예를 들어

1561 favor
[féivər]

n. ① 호의, 친절 ② 부탁 ③ 지지, 찬성
vt. ① 찬성하다, 지지하다 ② 편애하다

He did my **favor** with pleasure.
그는 내 부탁을 기꺼이 들어주었다.

The politician came out in **favor** of lower taxes.
그 정치인은 세수 인하에 찬성했다.

The father **favors** his youngest son among all his children.
아버지는 자식들 중 막내아들을 편애하신다.

MVP favorable a. 유리한, 좋은, 호의적인
favorite a. 마음에 드는, 매우 좋아하는
in favor of ~에 찬성하여

1562 fire
[faiər]

v. ① ~에 불을 붙이다 ② 해고하다
n. ① 불, 화재 ② 발사, 총격

We had to **fire** him for dishonesty.
우리는 그의 불성실함 때문에 그를 해고해야 했다.

The gunmen opened **fire** on the police.
무장 강도들이 경찰을 향해 총을 발사했다.

1563 solo
[sóulou]

a. 혼자서 하는, 단독의
n. 솔로, 독주, 독무
ad. 단독으로, 혼자서

The pianist had her first **solo** recital.
그 피아니스트는 최초로 단독 연주회를 가졌다.

She wanted to fly **solo** across the Atlantic.
그녀는 대서양을 단독 비행으로 횡단하고 싶었다.

1564 victory
[víktəri]

n. 승리

He led his team to a 3-2 dramatic **victory**.
그는 그의 팀을 3-2의 극적인 승리로 이끌었다.

MVP victorious a. 승리를 거둔
↔ defeat n. 패배

1565 lick
[lik]

v. 핥다

The cat sat **licking** its paws.
고양이는 앉아서 발을 핥고 있었다.

1566 risk
[risk]

n. 위험, 모험
vt. 위태롭게 하다[걸다]

The UV rays increase the **risk** of skin cancer.
자외선은 피부암의 위험을 증가시킨다.

MVP risky a. 위험한
run the risk of ~의 위험을 무릅쓰다

1567 jar
[dʒɑːr]

n. 병, 단지, 항아리
v. ① (귀·신경 등에) 거슬리다 ② 부딪치다

He dipped his hand into the **jar** for an olive.
그는 올리브를 꺼내려고 단지에 손을 넣었다.

Loud talk **jars** on her nerves.
큰 말소리는 그녀의 신경을 거슬린다.

The iron gate **jarred** against the wall.
그 철문이 담벼락에 쿵 부딪쳤다.

1568 passerby
[pǽsərbái]

n. 통행인 (pl. passersby)

He asked a **passerby** for directions.
그는 행인에게 길을 물어보았다.

MVP talk to a passerby 지나가는 사람에게 말을 건네다

1569 dine
[dain]

v. 식사를 하다, 만찬을 들다

We **dined** at a restaurant.
우리는 레스토랑에서 식사를 했다.

MVP diner n. 식사하는 사람; 작은 식당
dining room 식당
dine in 집에서 식사하다
dine out 외식하다

1570 replace
[ripléis]

vt. 대신하다; 바꾸다, 교체하다

I decided to ask him to **replace** me.
나는 그에게 나를 대신해달라고 부탁하기로 결심했다.

I am planning to **replace** my old watch.
나는 내 오래된 시계를 교체할 계획이다.

They have **replaced** their sedan with[by] a coupe.
그들은 세단형 자동차를 쿠페형 자동차로 바꾸었다.

MVP replacement n. 교체(물), 대체(물)

1571 past
[pæst]

a. ① 과거의 ② (얼마 전인) 지난, 최근의
n. 과거, 지난날
prep. (시간·장소를) 지나서

Miniskirts have been in fashion for the **past** few years.
지난 몇 년 동안 미니스커트가 유행했다.

Writing letters seems to be a thing of the **past**.
편지 쓰기가 과거의 일이 되어버린 듯하다.

It was **past** midnight when we got home.
우리가 집에 도착한 것은 자정이 지난 시각이었다.

MVP in the past 과거에, 이전에

1572 ease
[i:z]

n. ① 쉬움, 편의성 ② 편안함, 안락함
v. 편하게 하다, 완화하다

He passed the exam with **ease**.
그는 그 시험에 수월하게 합격했다.

I never feel completely at **ease** with him.
나는 그와 함께 있을 때 마음이 완전히 편안한 적이 한 번도 없다.

Shedding tears can sometimes **ease** our stress and tension.
눈물을 흘리는 것은 때때로 스트레스와 긴장감을 완화시킨다.

MVP at ease 마음이 편안한
with ease 용이하게, 쉽게
ill at ease 침착하지 못한, 불안한, 안절부절 못하는

1573 plow
[plau]

v. (쟁기로) 갈다, 일구다
n. 쟁기

At this time of the year farmers **plow** their fields.
연중 이 시기에 농부들은 밭을 간다.

The ox pulled the **plow** through the field.
그 황소는 쟁기를 끌어 밭을 갈았다.

1574 wall
[wɔ:l]

n. 벽, 담

She leaned against the **wall**.
그녀는 벽에 몸을 기댔다.

MVP wallpaper n. 벽지; vt. 벽지를 바르다

1575 amuse
[əmjú:z]

vt. 즐겁게 하다, 재미나게 하다

He **amused** the children with jokes.
그는 농담으로 아이들을 재미나게 했다.

MVP amusement n. 즐거움; 오락

1576 hygiene [háidʒiːn]
n. 위생, 위생 상태

Good **hygiene** helps to minimize the risk of infection.
청결한 위생 상태는 감염의 위험을 최소화하는 데 도움이 된다.

1577 roast [roust]
v. 굽다
a. 구운

the smell of **roasting** meat 고기 굽는 냄새
roast chicken 구운 닭고기

1578 justice [dʒʌ́stis]
n. ① 정의, 공정 ② 정당성, 타당성 ③ 사법, 재판

He fought for **justice** bravely.
그는 정의를 위해 용감하게 싸웠다.

the criminal **justice** system 형사사법제도

1579 embassy [émbəsi]
n. 대사관

The riot forced an entrance into the **embassy**.
시위대는 대사관에 강제로 들어갔다.

1580 hook [huk]
n. 고리; 덫, 낚싯바늘
v. (갈고리로) 걸다; 낚다

A small fish was caught on the **hook**.
작은 고기 한 마리가 낚싯바늘에 걸렸다.

We **hooked** the trailer to the back of the car.
우리는 갈고리를 써서 트레일러를 차 뒤에 매달았다.

1581 holy [hóuli]
a. 신성한, 성스러운

It is believed the Incas worshiped **holy** mountains.
잉카인들은 성스러운 산을 숭배했던 것으로 알려져 있다.

1582 pop [pap]
v. ① 펑하고 터지다[터뜨리다] ② 불쑥 나타나다
n. 펑 하는 소리

The balloon **popped**.
풍선이 펑하고 터졌다.

The window opened and a dog's head **popped** out.
창문이 열리더니 개의 머리가 불쑥 나타났다.

1583 spectator
[spékteitər]

n. 관중, 관객, 구경꾼

The inauguration brought **spectators** from all over.
그 취임식을 보려고 각지에서 구경꾼이 몰려들었다.

1584 military
[mílitèri]

a. 군대의, 군사의
n. 군대

The **military** attack began at dawn.
군사 공격이 새벽에 개시되었다.

1585 host
[houst]

vt. 주최하다
n. ① 주인 ② 주최국

Russia was chosen to **host** the World Cup.
러시아는 월드컵 개최지로 선정되었다.

My best friend is the **host** of the party tonight.
나의 가장 친한 친구가 오늘밤 파티의 주최자다.

1586 savage
[sǽvidʒ]

a. ① 야만적인, 몹시 사나운 ② 맹렬한
n. 야만인, 미개인

The novel addresses the **savage** nature of man.
이 소설은 인간의 야만적인 본성에 대해 다루고 있다.

1587 onward
[ánwərd]

ad. 앞으로, 나아가서
a. 앞으로[계속 이어서] 나아가는, 전진하는

The crowd began to move **onward**.
군중이 앞으로 움직이기 시작했다.

the **onward** march of events (앞으로의) 사건의 진전

1588 tie
[tai]

v. ① 묶다 ② 얽매다, 구속하다
n. ① 넥타이 ② (pl.) 유대[관계]

The horse is **tied** to the fence.
말이 담장에 묶여 있다.

People are **tied** to where they live.
사람들은 그들이 사는 곳에 구속된다.

family **ties** 가족 간의 유대

MVP ↔ untie v. (매듭 등을) 풀다

1589 hospitality [hὰspətǽləti]
n. 환대, 대접

The local people showed me great **hospitality**.
그 지방 사람들은 나를 크게 환대해 주었다.

1590 research [risə́ːrtʃ]
n. 연구, 조사
v. 연구하다, 조사하다

The foundation raised money for medical **research**.
그 재단은 의학 연구를 위해 자금을 마련했다.

They are **researching** into possible cures for AIDS.
그들은 적절한 에이즈 치료법을 연구하는 중이다.

1591 sensitive [sénsətiv]
a. ① 민감한, 예민한 ② 세심한

Some people's teeth are highly **sensitive** to cold.
어떤 사람들의 치아는 찬 것에 몹시 민감하다.

She is very **sensitive** to other people's feelings.
그녀는 다른 사람들의 기분에 대해 아주 세심하다.

MVP sense n. 감각; 분별, 판단력; 의미, 뜻
sensory a. 감각의, 지각의

1592 blind [blaind]
a. 눈이 먼, 장님의

He walked with a cane because he was **blind**.
그는 장님이었기 때문에 지팡이를 짚고 걸었다.

MVP blindness n. 맹목, 무분별, 무지
cane n. 지팡이

1593 affair [əféər]
n. ① 일, 사건 ② (연애) 사건, 추문

the conclusion of the whole **affair** 전체적인 사건의 결말

1594 chin [tʃin]
n. 아래턱, 턱끝

The woman is resting her **chin** on her hand.
여자가 턱을 손으로 받치고 있다.

MVP jaw n. 턱

1595 fashion [fǽʃən]
n. ① 유행 ② 방법, 방식

Short and black hair was in **fashion** last year.
짧고 검은 머리가 작년에 유행이었다.

How could they behave in such a **fashion**?
그들은 어떻게 그런 식으로 행동할 수가 있었지?

1596 trust
[trʌst]

v. 신뢰하다, 믿다
n. 신뢰, 신임

He **trusted** her judgement.
그는 그녀의 판단을 믿었다.

a partnership based on **trust** 신뢰에 근거한 협력

MVP trusty a. 믿을 수 있는
↔ distrust n. 불신(감); vt. 불신하다, 수상히 여기다
↔ mistrust n. 불신, 의혹; v. 불신하다, 의심하다

1597 endure
[indjúər]

v. ① 참다, 견디다 ② 오래가다[지속되다]

He had to **endure** a severe stomachache all morning.
그는 오전 내내 심한 복통을 참아야 했다.

These traditions have **endured** for centuries.
이러한 전통들은 수 세기 동안 지속되어 왔다.

MVP endurance n. 인내, 참을성
enduring a. 오래가는, 지속되는

1598 move
[muːv]

v. ① 움직이다, 이동하다, 이사하다 ② 감동시키다
n. 조치, 행동

We had to **move** inside when it started to snow.
눈이 내리기 시작했을 때 우리는 안으로 이동해야 했다.

The management has made no **move** to settle the strike.
경영진에서는 파업을 진정시키기 위한 아무런 조치도 취하지 않았다.

MVP movement n. 움직임, 운동, 이동

1599 deny
[dinái]

vt. 부정하다, 부인하다

He **denied** all connection with the scandal.
그는 그 스캔들과의 모든 연관성을 부인했다.

MVP denial n. 부인, 부정

1600 name
[neim]

n. ① 이름 ② 명성, 평판
vt. ① 이름을 지어주다 ② 임명[지명]하다

The college has a good **name** for languages.
그 대학은 언어학 쪽으로 평판이 좋다.

He was **named** after his father.
그는 아버지의 이름을 따서 이름이 지어졌다.

He has been **named** as the probable successor.
그는 후계자 후보로 지명되었다.

MVP nickname n. 별명, 애칭; vt. 별명을 붙이다

1601 accident
[ǽksidənt]

n. ① 사건, 사고 ② 우연

He was responsible for the **accident**.
그는 그 사고에 대한 책임이 있었다.

a discovery made by **accident** 우연한 발견

MVP by accident 우연히
accidental a. 우연한, 돌발적인
accidentally ad. 우연히

1602 sweat
[swet]

n. 땀
v. 땀을 흘리다

She wiped the **sweat** from her face.
그녀는 얼굴의 땀을 훔쳤다.

Dogs **sweat** through the pads of their feet.
개들은 발바닥을 통해 땀을 흘린다.

1603 ascent
[əsént]

n. ① 상승, 오르기 ② 승진, 향상

She made her first successful **ascent** of Everest last year.
그녀는 작년에 처음으로 에베레스트 등정에 성공했다.

the **ascent** to minister 장관으로의 승진

MVP ascend v. 오르다, 올라가다
↔ descent n. 하강, 내리기

1604 smash
[smæʃ]

v. ① 박살내다, 박살나다 ② 힘껏 치다

The glass bowl **smashed** into a thousand pieces.
그 유리그릇이 산산조각으로 박살이 났다.

Mark **smashed** his fist down on the desk.
마크가 주먹으로 책상을 힘껏 내리쳤다.

1605 liquid
[líkwid]

n. 액체
a. 액체 형태의

She poured the **liquid** down the sink.
그녀는 그 액체를 싱크대에 부어 버렸다.

The detergent comes in powder or **liquid** form.
그 세제는 가루로도 나오고 액체 형태로도 나온다.

MVP solid n. 고체
gas n. 기체

1606 elite
[ilíːt]

n. 엘리트
a. 정예의, 선발된

Power is largely concentrated in the hands of a small **elite**.
권력이 주로 소수 엘리트들의 손에 집중되어 있다.
elite troop 정예부대

1607 predator
[prédətər]

n. 포식자, 포식 동물; 약탈자

Polar bears are one of the largest land **predators** in the world.
북극곰은 세계에서 가장 커다란 육지 포식 동물 중 하나이다.

MVP predatory a. 약탈하는; 포식성의

1608 circle
[sə́ːrkl]

n. ① 원; 원주 ② (활동·세력 따위의) 범위 ③ (pl.) 집단, 단체
v. 선회하다, ~의 둘레를 돌다

The axis of a **circle** is its diameter.
원의 중심축은 지름이다.

The earth **circles** the sun.
지구는 태양의 둘레를 돈다.

MVP circulate v. 순환하다; 배포되다

1609 afterward
[ǽftərwərd]

ad. 뒤에, 나중에, 이후

They lived happily ever **afterward**.
그 후에 그들은 행복하게 살았다.

1610 catalog(ue)
[kǽtəlɔ̀ːg]

n. 목록, 일람표

Retail stores still offer special edition mail order **catalogs**.
소매점들은 여전히 우편주문 카탈로그 특별판을 제공한다.

1611 hide
[haid]
(hide-hid-hidden)

v. 숨기다, 감추다

He was trying to **hide** his disappointment.
그는 실망을 감추려 애쓰고 있었다.

1612 excel
[iksél]

v. 뛰어나다, 출중하다

She has always **excelled** in foreign languages.
그녀는 항상 외국어에 뛰어났다.

MVP excellent a. 우수한, 훌륭한, 뛰어난
excellence n. 우수, 탁월

1613 meat
[miːt]

n. 고기

A man put a big piece of **meat** in the lion's cage.
한 남자가 사자 우리에 큰 고기 한 덩어리를 넣어 주었다.

MVP pork n. 돼지고기
beef n. 소고기
mutton n. 양고기

1614 fuse
[fjuːz]

n. ① (전기) 퓨즈 ② 도화선
v. 융합[결합]되다; 융합[결합]시키다

Our different ideas **fused** into a plan.
우리의 다른 생각들이 하나의 계획으로 융합되었다.

MVP fusion n. 융합, 결합

1615 nervous
[nə́ːrvəs]

a. ① 불안해[초조해, 두려워] 하는 ② 신경(성)의

He was so **nervous** that he lost his speech.
그는 너무 긴장해서 말을 제대로 할 수 없게 됐다.

His **nervous** breakdown is due to want of sleep.
그의 신경 쇠약은 수면 부족이 원인이다.

1616 atom
[ǽtəm]

n. 원자; 미립자

The central part of the **atom** is called the nucleus.
원자의 중심부는 핵이라고 불린다.

MVP atomic a. 원자의; 극소의
atomize vt. 원자화하다; 세분화하다
molecule n. 분자

1617 thrill
[θril]

n. 황홀감, 흥분, 전율
v. 오싹하게 하다, 가슴 설레게 하다

She gets an obvious **thrill** out of performing.
그녀는 연기를 하는 데서 분명한 전율을 느낀다.

This band has **thrilled** audiences all over the world.
이 밴드는 전 세계 청중들을 열광시켜왔다.

MVP thrilling a. 황홀한, 흥분되는, 아주 신나는

1618 climate
[kláimit]

n. ① 기후 ② 분위기, 풍조

Due to **climate** change, temperatures are rising around the world.
기후 변화 때문에 전 세계적으로 기온이 상승하고 있다.

We need to create a **climate** in which business can prosper.
우리는 사업이 번창할 수 있는 분위기를 조성할 필요가 있다.

1619 cave
[keiv]

n. 동굴

He lighted a torch in the **cave**.
그는 동굴에서 횃불을 켰다.

1620 bog
[beg]

v. ① 간청[애원]하다 ② 구걸하다

homeless people **begging** in the streets
길거리에서 구걸하는 노숙자

> **MVP** I beg your pardon. 다시 한 번 말씀해 주세요.
> beggar n. 거지, 걸인

1621 rather
[ræðər]

ad. ① 꽤, 상당히 ② 좀, 약간 ③ 오히려, 차라리

He looks **rather** like his father.
그는 자기 아버지를 상당히 닮았다.

The walls were not white, but **rather** a sort of dirty grey.
그 벽은 흰색이 아니라 오히려 일종의 지저분한 회색이었다.

1622 trick
[trik]

n. ① 속임수; 장난 ② 비결, 요령
v. 속이다

The kids are always playing **tricks** on their teacher.
그 아이들은 선생님에게 항상 장난을 친다.

the **tricks** of the trade 장사의 비결

He managed to **trick** his way past the security guards.
그는 용케 속임수를 써서 경비원들을 지나갔다.

1623 perhaps
[pərhæps]

ad. 아마, 어쩌면

This is **perhaps** his best novel to date.
이것은 아마 지금까지 나온 그의 소설 중 최고일 것이다.

1624 flavor
[fléivər]

n. ① 맛, 향미 ② 조미료, 양념 ③ 멋, 운치
v. 맛을 내다

This recipe has an incredible **flavor**.
이 조리법은 놀라운 맛을 낸다.

The bread contains no artificial **flavors** or colors.
그 빵에는 인공 조미료나 색소가 전혀 들어 있지 않다.

1625 format
[fɔ́ːmæt]

n. 형식, 형태, 체재, 구성

The editor wanted to edit the **format** of the newspaper article.
편집자는 그 신문 기사의 구성을 수정하고 싶어 했다.

1626 notice
[nóutis]

v. 알아차리다, 주목하다
n. ① 알아챔, 주목 ② 통지, 예고

People were making fun of him but he didn't seem to **notice**.
사람들이 그를 놀렸지만 그는 알아차리지 못하는 듯했다.

Normally, the letter would not have come to his **notice**.
보통 때 같았으면 그 편지는 그의 주목을 받지 못했을 것이다.

Prices may be altered without **notice**.
가격이 예고 없이 변경될 수도 있다.

MVP noticeable a. 뚜렷한, 분명한
make fun of ~을 놀리다

1627 crunch
[krʌntʃ]

n. 오도독 씹는 소리
v. ① 오도독 씹다 ② 저벅저벅 소리 내어 걷다

The boy began **crunching** the crackers.
소년은 크래커를 바삭바삭 먹기 시작했다.

He **crunched** across the gravel to the front door.
그는 저벅저벅 자갈을 밟으며 정문으로 갔다.

1628 preview
[príːvjùː]

n. 시사(회)

A **preview** of the new movie was held at the cinema.
극장에서 새 영화의 시사회가 열렸다.

1629 achieve
[ətʃíːv]

v. 성취하다, 달성하다

There's no easy way to **achieve** one's aim.
자신의 목적을 달성하는 데는 쉬운 방법이 없다.

MVP achievement n. 업적; 성취, 달성

1630 kit
[kit]

n. 세트

a drum **kit** 드럼 세트
a first-aid **kit** 구급상자

1631 effort
[éfərt]

n. 노력, 수고

Nothing can be gained without an **effort**.
노력 없이는 아무것도 못 얻는다.

1632 single
[síŋgl]

a. ① 단 하나의 ② 독신의, 혼자의 ③ 1인용의

Just a **single** failure ruined his life.
단 한 번의 실패로 그의 일생이 결딴났다.

MVP singly ad. 혼자, 개별적으로, 하나씩
singular a. 남다른, 특이한; n. <문법> 단수(형)

1633 widespread
[wáidspréd]

a. 광범위한, 널리 퍼진

The new laws have gained **widespread** acceptance.
새 법률들은 폭넓은 동의를 얻었다.

1634 owe
[ou]

v. ① 빚지고 있다 ② ~(의 존재·성공)은 …덕분이다

The country **owes** billions of dollars to foreign creditors.
그 나라는 해외 채권국들에 수십억 달러의 빚을 지고 있다.

He **owes** his success to hard work.
그는 열심히 일한 덕분에 성공했다.

1635 universe
[júːnəvə̀ːrs]

n. 우주, 전 세계

The number of stars in the **universe** is incalculable.
우주에 있는 별의 수는 셀 수 없을 정도로 많다.

MVP universal a. 전 세계의; 보편적인, 일반적인
cosmos n. (질서와 조화가 있는 체계로서의) 우주

1636 save
[seiv]

v. ① 구하다 ② 저축하다 ③ 절약하다, 아끼다
prep. ~을 제외하고

She **saved** a little girl from falling into the water.
그녀는 한 어린 소녀가 물에 빠지는 것을 구했다.

He's **saving** his strength for the last part of the race.
그는 경주 마지막 부분에 쓰려고 힘을 아끼고 있다.

They knew nothing about her **save** her name.
그들은 그녀의 이름 외에는 그녀에 대해 아무것도 몰랐다.

1637 tropical
[trάpikəl]

a. 열대의, 열대 지방의

tropical fruit 열대과일

The **tropical** night phenomenon occurs during the summer time.
열대야 현상은 여름 동안에 발생한다.

MVP tropic a. 열대성의, 열대 지방의; n. 회귀선; (the -s) 열대지방

1638 core
[kɔːr]

n. 중심(부), 핵심
a. 핵심적인, 가장 중요한

the ability to get straight to the **core** of a problem
문제의 핵심으로 들어가는 능력

core subjects such as English and mathematics
영어와 수학과 같은 핵심 과목들

1639 plenty
[plénti]

n. 풍부한 양

He has **plenty** of common sense.
그는 상식이 풍부하다.

MVP plentiful a. 풍부한(= plenteous)
common sense 상식

1640 insect
[ínsekt]

n. 곤충, 벌레

Most **insects** have the ability to hibernate in winter.
대부분의 곤충들은 겨울에 동면한다.

MVP insecticide n. 살충제

1641 souvenir
[sùːvəníər]

n. 기념품

The tourists are shopping for **souvenirs**.
관광객들이 기념품을 사고 있다.

1642 neat
[niːt]

a. 깔끔한, 정돈된

He makes a **neat** impression of himself.
그는 인상이 깔끔하다.

a **neat** desk 정돈된 책상

MVP neatly ad. 깔끔하게, 단정하게

1643 inward
[ínwərd]

a. 내부의, 안쪽으로 향한; 마음속의

Her face expressed her **inward** happiness.
그녀의 얼굴에는 마음속의 행복이 드러나 있었다.

1644 waste
[weist]

v. 낭비하다
n. ① 낭비, 허비 ② (종종 pl.) 쓰레기, 폐기물

She **wasted** no time in rejecting the offer.
그녀는 조금도 시간 낭비를 하지 않고 그 제의를 거절했다.

Industrial **wastes** have contaminated the river.
산업폐기물 때문에 강이 오염되었다.

MVP wasteful a. 낭비하는

1645 intake
[ínteik]

n. ① 흡입[섭취]량 ② 흡입구

For most people, some caffeine **intake** is fine.
대부분의 사람들에게 약간의 카페인 섭취는 괜찮다.

The compressor has two air **intakes**.
그 압축기에는 2개의 공기 흡입구가 있다.

1646 hump
[hʌmp]

n. ① (등의) 혹 ② (특히 지면에) 툭 솟아 오른 곳

Camels store water in the form of fat in their **humps**.
낙타는 수분을 지방의 형태로 (등위에 있는) 혹에 저장한다.

1647 agree
[əgríː]

v. 동의[찬성]하다; 합의에 도달하다

We **agree** on how to handle the matter.
우리는 그 문제를 해결할 방법에 대해 동의한다.

MVP agreement n. 협정, 합의; 동의
↔ disagree vi. 일치하지 않다, 의견이 다르다

1648 tremble
[trémbl]

v. 떨다, 떨리다, 흔들리다

Her voice **trembled** with excitement.
그녀는 흥분하여 목소리가 떨렸다.

leaves **trembling** in the breeze
미풍에 흔들리는 나뭇잎들

MVP trembling a. 떨리는, 전율하는; n. 떨림, 전율

1649 peaceful
[píːsfəl]

a. 평화로운, 평온한, 평화적인

His parents lead a **peaceful** life in the country.
그의 부모님은 시골에서 평화로운 생활을 하고 있다.

MVP peace n. 평화, 평온

1650 surgery
[sə́ːrdʒəri]

n. 수술

With lasers, cosmetic **surgery** can be done faster than before.
레이저를 사용하면 성형수술은 예전보다 더 빨리 진행될 수 있다.

MVP surgical a. 외과의, 수술의
surgeon n. 외과의사

1651 admiral
[ǽdmərəl]

n. 해군 장성, 제독

An **admiral** is a higher rank than a captain in the navy.
해군에서 제독은 대령보다 지위가 높다.

MVP marshal n. 군 최고 사령관
general n. 장군

1652 reform
[rifɔ́ːrm]

v. 개혁하다, 개선하다
n. 개혁, 개선

The government **reformed** the criminal codes.
정부는 형법을 개정했다.

Social **reform** is not to be effected in a day.
사회 개혁은 단시일에 이루어지는 것이 아니다.

MVP reformation n. 개혁, 개선; 개심
reformatory a. 개혁[개선, 교정]을 위한;
n. 소년원(= reform school)

1653 spite
[spait]

n. 앙심, 악의
vt. (고의적으로) 괴롭히다

She ruined his flowers out of **spite**.
그녀는 앙심을 품고 그의 꽃들을 망쳐 놓았다.

They're playing the music so loud just to **spite** us.
그들은 그저 우리를 괴롭히려고 음악을 그렇게 크게 틀어 놓고 있다.

MVP in spite of ~에도 불구하고

1654 harbor
[háːrbər]

n. ① 항구 ② 피난처, 은신처
v. ① 숨기다 ② (계획·생각 등을) 품다

The **harbor** was glittering with lights.
항구는 불빛들로 반짝이고 있었다.

harbor evil thoughts 사악한 생각을 품다

1655 investigate
[invéstəgèit]

v. 조사하다, 연구하다, 수사하다

Scientists are **investigating** the effects of diet on fighting cancer.
과학자들은 음식이 암 투병에 미치는 효과를 연구하고 있다.

MVP investigation n. 조사, 연구, 수사

1656 deed
[diːd]

n. 행위, 행동

His brave **deed** served as a pattern for others.
그의 용감한 행동은 타의 모범이 되었다.

1657 flesh
[fleʃ]

n. 살, 고기; (사람의) 피부

The trap had cut deeply into the deer's **flesh**.
그 덫은 사슴의 살에 깊숙이 박혀 있었다.

1658 carnival
[káːrnəvəl]

n. 카니발, 축제

The **carnival** in Rio, Brazil is world-famous.
브라질의 리오에서 열리는 카니발은 전 세계적으로 유명하다.

1659 globe
[gloub]

n. ① (the ~) 지구, 세계 ② 구체(球體)

We have traveled all around the **globe**.
우리는 지구 곳곳을 여행했다.

> **MVP** global a. 세계적인, 지구의
> globalization n. 세계화

1660 blank
[blæŋk]

a. 백지의, 공백의, 빈

Write on one side of the paper and leave the other side **blank**.
종이 한 면에만 글을 쓰고 뒷면은 공백으로 남겨 두시오.

1661 efficient
[ifíʃənt]

a. ① 효율적인, 능률적인 ② 유능한

the **efficient** use of energy 효율적인 에너지 이용
an **efficient** secretary 유능한 비서

> **MVP** efficiency n. 효율, 능률

1662 traverse
[trǽvəːrs]

v. 횡단하다, 가로지르다
n. 횡단, 가로지르기

He **traversed** alone the whole continent of Africa from east to west.
그는 홀로 아프리카 대륙 전체를 동서로 횡단했다.
The **traverse** across the snow was difficult.
쌓인 눈을 가로질러 가는 것은 힘들었다.

1663 chairman
[tʃɛ́ərmən]

n. 의장, 회장, 사회자

The **chairman** presented the annual report.
그 회장이 연례보고를 했다.

1664 particular
[pərtíkjulər]

a. 특정한, 특별한
n. (보통 pl.) 자세한 사실, 상세

The tasks had to be performed in a **particular** sequence.
그 작업은 특정한 순서대로 수행되어야 했다.

He was fired without any **particular** reason.
그는 특별한 이유도 없이 해고되었다.

The police officer took down all the **particulars** of the burglary.
경찰관이 그 절도 사건과 관련된 모든 자세한 사실들을 기록했다.

> **MVP** particularly ad. 특히, 특별히
> in particular 특히, 특별히

1665 knock
[nak]

v. 두드리다, 치다
n. 노크 소리; 부딪침, 타격

Her hand **knocked** against the glass.
그녀의 손이 유리잔을 쳤다.

She heard a **knock** on the window.
그녀는 창문을 두드리는 소리를 들었다.

> **MVP** knock down 넘어뜨리다, 때려 부수다

1666 barrel
[bǽrəl]

n. ① 통; 한 통의 양; 배럴(석유 단위로 120~159리터)
② 다량[of]

That **barrel** holds 55 gallons of oil.
그 통에는 55갤런의 기름이 들어있다.

> **MVP** pint n. 파인트(액량 단위: (미) 0.473리터)
> gallon n. 갤런(액량 단위: (미) 3.8리터)

1667 collect
[kəlékt]

v. ① 모으다, 수집하다 ② 수금[징수]하다, 모금하다

In a year he **collected** reliable information on them.
1년 동안 그는 그것들에 관한 신빙성 있는 정보를 모았다.

They **collected** money to help cancer patients.
그들은 암 환자들을 돕기 위해 돈을 모금했다.

> **MVP** collection n. 수집; 수집물; 수금
> gather v. 모으다, 수집하다

1668 timely
[táimli]

a. 시기적절한, 때맞춘

A nasty incident was prevented by the **timely** arrival of the police.
경찰이 때맞춰 도착함으로써 골치 아픈 사건을 방지할 수 있었다.

MVP in a timely manner 시기적절하게
↔ untimely a. 때 이른, 시기상조의

1669 wild
[waild]

a. ① 야생의 ② 사나운, 거친

The park is home to many **wild** plants and animals.
그 공원은 많은 야생 동식물이 서식하고 있다.

1670 inspire
[inspáiər]

v. 고무하다, 격려하다, 영감을 주다

The teacher **inspired** him to study harder.
선생님은 그에게 더 열심히 공부하라고 격려했다.

be **inspired** by natural scenery
자연의 아름다운 경치를 보고 영감을 받다

MVP inspiration n. 영감

1671 lead
v. [liːd]
n. [led]
(lead-led-led)

v. 이끌다, 인도하다
n. 납

With his great strategies, he **led** his forces to victory.
뛰어난 전략으로 그는 군대를 승리로 이끌었다.

MVP lead to (결과적으로) ~에 이르다[~하게 되다]

1672 thorough
[θə́ːrou]

a. 철저한, 면밀한, 완전한

A **thorough** investigation of all suspicions has to be made.
모든 의혹에 대해 철저한 조사가 이루어져야 한다.

I have a **thorough** understanding of the subject.
나는 그 주제에 대해 완전히 이해하고 있다.

MVP thoroughly ad. 철저히, 완전히

1673 thunder
[θʌ́ndər]

n. 천둥

Thunder crashed in the sky.
하늘에서는 천둥이 요란한 소리를 냈다.

MVP thunderous a. 우레 같은
lightning n. 번개

1674 emergence
[imə́:rdʒəns]

n. 출현, 발생

Many Koreans anticipate the **emergence** of another world star.
많은 한국인들은 또 다른 세계 스타의 출현을 기대하고 있다.

MVP emerge vi. 나타나다, 발생하다; 벗어나다
emerging a. 신흥의, 최근 생겨난
emergent a. 신생의, 신흥의
emergency n. 비상 (사태)

1675 insist
[insíst]

v. 주장하다, 고집하다

He **insists** that aliens kidnapped his sister.
그는 외계인이 자신의 여동생을 납치했다고 주장한다.

MVP insistence n. 고집, 주장, 강조
insistent a. 고집하는, 주장하는; 계속되는

1676 stress
[stres]

n. ① 강조, 중점 ② 압박, 긴장
vt. ① 강조하다 ② 긴장시키다

They laid **stress** on the study of a foreign language.
그들은 외국어 공부를 강조했다.

Driving in cities really **stresses** me out.
시내에서 운전을 하는 것은 내게 정말 스트레스를 준다.

MVP lay[put] stress on ~을 강조[역설]하다

1677 coach
[koutʃ]

n. ① 코치, 감독 ② 객차, 장거리 버스 ③ 이코노미석
v. 지도하다

The **coach** complained of the judge's partial ruling.
감독이 심판의 편파 판정에 항의했다.

1678 labor
[léibər]

n. ① 노동 ② 노고, 수고
v. 일하다

The government will settle the **labor** dispute.
정부가 노동쟁의를 해결할 것이다.

MVP laborious a. 힘든, 어려운
laborer n. 노동자

1679 curve
[kəːrv]

n. 곡선; 만곡(부)
v. 구부러지다, 만곡하다; 곡선을 그리다

The driver lost control on a **curve** and the vehicle hit a tree.
운전자가 커브 길에서 제어력을 잃어 차가 나무를 들이받았다.

The road **curved** around the bay.
그 도로는 만을 따라 구부러져 있었다.

MVP ahead of the curve 시대에 앞서서

1680 worn-out
[wɔːrnaut]

a. ① 닳아 해진, 써서 낡은 ② 지친, 녹초가 된 ③ 진부한

She is putting on a **worn-out** coat.
그녀는 닳아 해진 코트를 입고 있다.

The children are **worn-out**.
아이들은 지칠 대로 지쳐 있다.

a **worn-out** advertising slogan 진부한 광고 문구

1681 annoy
[ənɔ́i]

v. 괴롭히다, 짜증나게 하다

Her rude manner **annoyed** me.
그녀의 무례한 태도가 나를 짜증나게 했다.

MVP annoying a. 성가신, 귀찮은
annoyance n. 성가심; 골칫거리

1682 decrease
[díːkriːs]

v. 줄다, 감소하다
n. 감소, 하락

This species of bird is **decreasing** in numbers every year.
이 종의 새는 매년 수가 감소하고 있다.

a sharp **decrease** in population 인구의 급감

1683 force
[fɔːrs]

n. 힘, 물리력
v. 강요하다, 억지로 ~시키다

The **force** of gravity is irresistible.
중력의 힘은 거스를 수 없다.

The President was **forced** to resign.
대통령은 사임을 강요받았다.

1684 quarter
[kwɔ́:rtər]

n. ① 4분의 1(= a fourth); 15분(1시간의 4분의 1); 25센트(1달러의 4분의 1); 사분기(1년의 4분의 1)
② 지역, 구역, 지구

Seoul has about a **quarter** of the population of the country.
서울에는 이 나라 인구의 약 4분의 1이 있다.
a **quarter** past 10 10시 15분
in every **quarter**[all quarters] of the globe 세계의 방방곡곡에서

1685 burst
[bə:rst]
(burst–burst–burst)

v. ① 파열[폭발]하다, 터지다 ② 갑자기 나타나다
n. ① 파열, 폭발 ② 돌발

The full-blown yellow balloon **burst** at last.
잔뜩 부푼 노란 풍선이 결국엔 터졌다.
He worked in a sudden **burst** of energy.
그는 갑자기 맹렬한 기세로 일하기 시작했다.

1686 invent
[invént]

vt. ① 발명하다 ② 날조하다, 꾸며내다

Alexander Graham Bell **invented** the telephone.
알렉산더 그레이엄 벨은 전화기를 발명했다.
The whole story was **invented**.
그 이야기는 모두 지어낸 것이었다.

MVP invention n. 발명, 발명품; 날조
inventor n. 발명가

1687 civilize
[sívəlàiz]

vt. 개화하다, 교화하다, 문명화하다

The missionaries tried to **civilize** the natives of Africa.
선교사들은 아프리카의 원주민을 개화하려고 했다.

MVP civilization n. 문명; 개화, 교화

1688 dye
[dai]

v. 염색하다
n. 물감, 염료

She **dyed** her hair blonde.
그녀는 머리를 금발로 염색했다.

1689 eternal
[itə́:rnəl]

a. 영구한, 영원한, 불멸의

Love is transitory, but art is **eternal**.
사랑은 덧없지만 예술은 영원하다.

MVP eternally ad. 영원히, 끊임없이
eternity n. 영원, 영겁
↔ transitory a. 일시적인, 덧없는

1690 profit
[práfit]

n. 이익, 수익
v. 이익을 얻다[주다]

The company made a healthy **profit** on the sale.
그 회사는 그 판매로 상당한 이익을 보았다.

A wise person **profits** by[from] his mistakes.
현명한 사람은 실수를 통해 배운다.

1691 coast
[koust]

n. 연안, 해안, 해변

The waves swept over the **coast**.
파도가 해변을 휩쓸었다.

MVP coastal a. 연안의, 해안의

1692 look
[luk]

v. ① 보다 ② 찾다, 찾아보다 ③ ~처럼 보이다
n. ① 표정 ② (pl.) 생김새, 용모

The boy helped an old lady **look** for a bus station.
소년은 할머니가 버스 정류장을 찾는 것을 도와드렸다.

He **looks** gentle in outward appearance.
그는 외관상 부드러워 보인다.

You can't judge a person by his **looks**.
외모로 사람을 판단할 수는 없다.

1693 logic
[ládʒik]

n. 논리, 타당성

There is no **logic** to any of their claims.
그들의 주장에는 그 어디에도 타당성이 없다.

MVP logical a. 타당한, 논리적인

1694 partner
[pá:rtnər]

n. ① 상대방, 동료, 동업자 ② 배우자

The **partners** divided up the profits from the sale.
동업자들은 판매 수익을 나누었다.

A long time ago, parents chose their children's life **partners**.
아주 오래 전에는 부모가 자녀의 배우자를 선택했다.

MVP partnership n. 협력, 제휴

1695 mineral
[mínərəl]

n. ① 광물 ② 미네랄, 무기질
a. 광물성의, 광물을 함유한

Diamonds are the hardest known **mineral**.
다이아몬드는 알려진 광물 중 가장 단단하다.

The roots absorb water and **minerals** for the plants.
뿌리는 식물을 위해 수분과 무기질을 흡수한다.

mineral resources 광물 자원

1696 equip
[ikwíp]

vt. ① 갖추다, 장비하다 ② 갖추게 하다

Hospitals are **equipped** to treat every kind of illness.
병원은 모든 종류의 병을 치료할 수 있도록 갖추어져 있다.

He **equipped** his son with the ability to endure.
그는 아들에게 인내력을 가지도록 했다.

MVP equipment n. 장비, 설비; 준비, 채비

1697 fly
[flai]
(fly-flew-flown)

v. 날다, 비행하다
n. 파리

A wasp had **flown** in through the window.
창문으로 말벌 한 마리가 날아 들어와 있었다.

MVP flight n. 날기, 비행

1698 population
[pàpjuléiʃən]

n. 인구, (모든) 주민

The **population** in this area is distributed along the coast.
이 지역의 인구는 해안을 따라 분포되어 있다.

MVP populate vt. 살다, 거주하다
populous a. 인구가 많은

1699 horror
[hɔ́:rər]

n. 공포, 경악

People watched in **horror** as the plane crashed to the ground.
사람들은 그 비행기가 땅으로 추락하는 것을 경악 속에 지켜보았다.

MVP horrify vt. 무서워하게 하다, 오싹하게 하다
horrific a. 무서운, 끔찍한

1700 accurate
[ǽkjurət]

a. 정확한, 정밀한

His report was **accurate** in every detail.
그의 보고는 모든 점에서 정확했다.

The figure is **accurate** to two decimal places.
그 수치는 소수점 이하 두 자리 수까지 정확하다.

MVP accuracy n. 정확, 정확성
↔ inaccurate a. 부정확한, 정밀하지 않은; 틀린, 잘못된

A

abbey	232
ability	224
aboard	72
abroad	153
absent	122
abyss	126
academy	146
accent	176
accept	136
access	49
accident	274
accomodate	133
accurate	291
achieve	278
acre	169
across	161
active	171
add	29
address	107
adjust	224
admiral	282
admire	97
admit	222
adolescent	110
adult	250
advance	176
advantage	18
adventure	190
advertise	107
advise	202
affair	272
afraid	137
afterward	275
against	174
agree	281
ahead	59
aim	41
alarm	63
algebra	204
alien	145
alike	250
allergy	51
allow	122
altogether	127
amateur	37
amaze	242
ambassador	121
ambition	27
amid	79
amuse	269
analysis	22
anchor	61
ancient	210
angle	63
angry	74
anniversary	217
annoy	287
antarctic	239
apart	215
ape	73
apology	26
appear	15
appetizer	110
apply	147
approach	75
approve	27
apron	169
arc	129
architecture	55
arctic	113
arena	8
argue	150
arise	188
ark	73
armor	133
army	192
arrive	230
arrow	131
artifact	49
ascent	274
ash	239
ashore	185
aside	27
aspire	105
assist	171
assumption	109
asthma	43
astronaut	92
athlete	184
atlantic	216
atmosphere	22
atom	276
attack	117
attempt	29
attend	211
attic	35
attitude	84
audience	73
auditory	56
author	158
automatic	105
automobile	17
avail	131
avenue	7
average	159
avoid	111
await	101
aware	146
awesome	224
awful	254

B

background	245
backward	262
badge	144
baggage	73
bake	23
balance	198
bald	44
balloon	110
bamboo	83
ban	174
band	147
bank	99
barbaric	176
barber	91
barely	91
bark	80
barn	123
barrel	284
base	232
battle	143
beak	138
beard	26
beast	8
beat	71
beautiful	233
beg	277
behave	38
believe	17
belong	113
beloved	217
beneath	198
benefit	211
beside	139
bet	12
beware	142
bible	182
bill	52
billion	129
bin	132
bind	232
biography	92
biology	167
birth	90
bit	191
bite	232
blank	283
blanket	248
bless	129
blind	272
block	26
blood	235
blow	153
boil	189
bond	50

bone	171	canal	216	choose	222
book	81	cancel	231	chronic	156
boom	179	cancer	137	circle	275
booth	177	candle	32	citizen	56
border	64	cannon	63	civilize	288
bore	257	capable	29	class	104
borrow	218	cape	59	classic	59
bother	90	capital	151	clause	212
bottom	38	captain	251	claw	221
bounce	46	captivate	182	clay	9
bound	259	capture	253	clear	164
bow	183	carbon	161	clergy	227
boycott	115	cardiac	66	clerk	155
brave	202	care	93	clever	103
breadth	168	cargo	126	cliff	258
break	248	carnival	283	climate	277
breakfast	32	carpenter	179	climb	72
breast	39	carriage	169	cling	194
breathe	139	carry	90	clinic	87
brick	54	carve	229	clock	194
bride	226	case	50	cloud	39
brief	24	cash	12	clutch	13
bright	237	castle	202	coach	286
bring	200	casual	207	coal	234
broadcast	33	catalog(ue)	275	coast	289
broaden	22	catch	211	coat	14
bronze	49	category	74	cohesive	162
broom	20	cathedral	55	coil	218
bucket	110	cattle	113	colleague	255
buckle	173	cause	62	collect	284
bug	74	caution	119	colonize	259
build	208	cave	277	column	197
bull	253	ceiling	183	combat	192
bullet	236	cell	128	combine	117
bump	244	cemetery	178	comedy	175
bunch	41	century	193	comet	147
bundle	10	certain	59	comfort	160
burn	145	chain	101	commemorate	230
burst	288	chairman	284	commence	70
bury	37	chalk	145	communicate	93
bush	44	challenge	72	communist	176
bust	251	change	18	community	219
busy	259	chaos	227	companion	58
butler	42	chapel	199	company	62
buzz	26	characterize	244	compare	249
by-product	100	charge	215	compete	139
		charm	183	complain	46
		chase	68	complete	171
C		chat	137	complicate	14
		cheap	255	comprehend	77
cabin	47	check	77	compress	162
cactus	87	cheek	116	concentrate	81
cage	254	cheerful	26	concert	199
calf	140	chef	10	concession	254
calm	127	chief	170	conclude	61
calorie	258	chin	272	conference	134
camel	195				

confidence	91
conform	163
congratulate	180
connect	16
conquest	71
consider	208
consist	71
constitute	32
constraint	57
construction	54
continent	197
continue	177
control	157
convention	52
conversely	66
conviction	187
cooperate	227
cope	172
copper	162
coral	141
cord	233
core	280
correct	88
cost	167
costume	181
cottage	164
cotton	119
counter	142
country	64
courage	62
course	22
cousin	53
cover	254
crazy	179
create	172
credible	225
creek	121
crew	179
cricket	195
crime	125
crisis	30
cross	214
crowd	260
crown	136
cruel	255
crunch	278
crust	85
cry	210
cue	105
culture	248
curious	24
curve	287
custom	240
cute	227
cycle	9

D

daily	8
dairy	20
damage	263
danger	205
dare	62
data	217
dawn	251
deaf	58
deal	151
debate	131
debt	210
decease	85
decide	125
deck	14
decorate	114
decrease	287
deed	283
deep	262
defend	121
delay	88
delicious	59
delight	62
deliver	38
demand	132
democracy	262
den	110
denote	252
deny	273
depart	13
department	9
depend	36
describe	230
design	40
desire	151
despite	153
destiny	152
destroy	23
detail	110
determine	148
develop	56
devil	196
devise	186
dew	57
dialogue	166
diary	91
dictation	261
dictionary	136
diet	69
differ	237
difficult	20
dig	82
dine	268
direct	264
dirty	262

disappear	199
disclose	257
discover	249
discuss	265
disease	127
dish	50
dislike	185
disorder	6
display	182
disposal	60
disposition	223
dispute	243
distant	111
ditch	18
dive	250
diverse	33
divide	247
divorce	150
dome	200
donation	15
dot	77
doubt	24
doze	130
dozen	132
draw	14
drawer	90
drop	170
dual	78
duke	178
dumb	175
dump	164
duration	134
during	180
dust	261
duty	157
dye	288

E

eager	122
early	186
earn	182
earnest	123
earthquake	260
ease	269
Easter	148
easygoing	212
ecology	155
economy	6
ecosystem	137
edge	120
edition	10
educate	155
efficient	283
effort	279
either	70

Word	Page
elbow	97
elder	117
elect	259
electric	39
electron	43
elite	275
embarrass	134
embassy	270
emergence	286
emigrant	149
emotion	191
emperor	96
empire	88
empty	135
enable	204
enclose	207
encourage	189
end	114
endless	148
endure	273
enemy	108
engineer	245
enjoy	27
enlarge	10
enough	232
enter	102
entertainment	70
entire	76
entrance	221
environment	126
envy	186
enzyme	25
episode	76
equal	194
equip	290
era	265
erosion	150
errand	208
error	137
escape	235
escort	221
especially	129
essay	165
essence	239
eternal	288
etiquette	39
eventual	168
evergreen	97
evil	266
examine	84
example	266
exceed	97
excel	275
except	152
excess	240
excite	107
executive	46
exercise	20
exist	131
exit	142
expand	12
expense	71
experience	114
experiment	81
expert	238
explain	94
explore	91
explosion	64
export	132
exposure	49
exterior	228
external	86
extra	153
eyebrow	77
eyelid	169
eyesight	227

F

Word	Page
face	8
fact	241
factory	154
Fahrenheit	32
fail	230
fairy	54
faith	116
fall	7
false	105
fame	141
familiar	113
fantasy	70
farewell	102
farm	83
fashion	272
fat	49
fate	165
favor	267
fear	20
feather	171
federal	45
fee	205
feed	248
feedback	215
feel	233
fellow	166
fence	51
ferry	19
fiber	83
fiction	199
field	119
fight	34
figure	30
fill	57
film	116
final	213
financial	236
fine	208
finish	193
fire	267
fist	261
fix	228
flame	116
flash	98
flat	101
flavor	278
flesh	283
fling	180
flock	109
flood	8
flour	230
flow	78
fly	290
foam	249
focus	120
foe	68
fog	130
fold	191
folk	142
follow	117
fond	50
fool	195
forbid	84
force	287
forebear	59
forecast	192
forehead	148
foreign	165
foremost	38
forest	135
forget	52
forgive	82
form	124
formal	213
format	278
former	82
fort	206
forth	94
fortune	185
forum	190
fossil	7
foul	37
found	255
fountain	135
frame	147
freight	61
fresh	246
friendly	19
fright	38

front	50	ground	231	hop	156
frost	253	grow	243	horror	290
frustrate	32	guard	172	hospitality	272
fry	250	guess	156	hospitalize	155
fuel	215	guide	246	host	271
fulfil(l)	187	gulf	223	household	42
full	190	gym	122	however	83
fume	112			hug	146
function	133			huge	247
fund	184			hump	281
fundamental	83			hungry	79
further	12			hunt	264
furthermore	67			hurry	188
fury	13			hurt	178
fuse	276			hut	222
future	7			hydrogen	13

H

habit	162
handicap	164
handle	143
handshake	56
handsome	55
hang	23
happen	32
harbor	282
hard	24
hardly	132
harm	94
harmony	240
haste	109
hate	159
hay	163
head	198
headache	48
headline	140
headlong	247
headquarters	36
heal	96
heat	189
heaven	173
heavy	44
heed	25
heel	6
height	227
hell	246
hemisphere	73
hence	106
herb	20
hide	275
highway	212
hint	41
hire	133
history	186
hit	9
hobby	30
hold	48
hole	55
holy	270
homesick	231
homework	225
honest	236
honor	78
hook	270

hygiene 270
hypnosis 72

G

gain	88
galaxy	217
gallery	29
gamble	77
gap	239
garage	112
garnish	42
gather	113
gender	16
general	220
generation	178
genius	118
gentle	93
gesture	140
ghost	140
giant	46
gift	15
globe	283
glory	160
glove	159
glow	36
goal	219
goods	191
gossip	83
govern	181
grace	42
grade	16
gradually	70
grain	250
grand	34
grave	163
gravel	207
gray	77
greet	236
grieve	153
grocery	92
gross	198

I

iceberg	177
ideal	106
ideology	93
idiom	242
idiot	145
idle	38
idol	266
ignore	101
ill-mannered	106
illness	172
image	196
imagine	95
immigrate	216
impersonal	92
imply	143
important	255
impressive	257
improve	85
inaugural	259
include	177
income	71
increase	11
incurable	166
indebt	207
indeed	10
indicate	238
individual	65
indolent	91
indoor	221
industrial	184
influence	6
influenza	218
inform	45
infrastructure	232
injure	141

inn	33	kid	257	lock	262
inner	263	kind	172	log	125
inquire	231	kindergarten	172	logic	289
insect	280	kit	279	lone	40
insist	286	kite	11	long	163
inspire	285	kneel	217	look	289
instance	58	knight	49	lookout	144
instead	187	knit	93	loop	53
intake	281	knock	284	lord	255
integrity	181	knowledge	174	lose	102
intellectual	27			lot	216
intensify	86			lottery	146
interest	138	**L**		loud	24
interfere	175			lounge	174
international	51	label	82	loyal	247
interval	24	labor	286	luck	26
introduce	100	lace	253	luggage	8
invent	288	lack	175	lung	37
invert	172	ladder	192	luxury	234
invest	18	lamb	96		
investigate	282	lane	206		
invite	52	lap	224	**M**	
invoice	142	last	234		
inward	280	late	104	machine	115
irony	180	laugh	45	mad	47
irregular	94	law	35	magazine	219
island	117	lawn	154	magic	82
isolate	52	lay	21	main	196
itinerary	168	lazy	126	mainland	133
ivory	79	lead	285	male	56
		leak	204	manage	226
		lean	87	mania	200
J		leap	184	mankind	76
		leather	126	manner	239
jail	201	leave	151	manual	113
jar	268	lecture	245	map	58
jaw	14	legal	244	march	102
jealousy	193	lend	158	marine	253
jellyfish	227	lesson	58	mark	42
Jew	85	let	210	marry	153
jewel	231	level	170	mask	84
jog	179	liberty	69	master	138
joint	193	license	144	match	11
joke	67	lick	267	mate	99
journal	252	lid	149	material	226
journalism	180	lie	173	mathematics	129
journey	46	light	31	matter	229
joy	57	limit	54	maximum	93
judge	238	linguistic	99	mayor	46
just	67	link	41	meadow	16
justice	270	liquid	274	meal	206
		list	57	mean	123
		literary	136	meantime	67
K		livelihood	161	measure	103
		liver	120	meat	276
keep	25	livestock	89	mechanical	34
key	42	lobby	122	medicine	114

medley	132
meet	87
memory	207
mental	195
mention	215
merchant	220
mere	28
merry	233
message	90
metal	222
method	258
metropolitan	139
middle	240
might	129
mild	89
mileage	44
military	271
mill	213
mind	188
mineral	290
miniature	145
ministry	212
miracle	214
mirror	196
misfortune	127
mislead	209
miss	41
mission	23
mistake	175
misuse	183
mixture	221
mode	242
model	89
modern	89
moisture	204
monitor	111
mood	256
moral	125
moreover	83
moss	90
mostly	162
motive	261
mount	258
move	273
multiply	37
murder	192
muscle	124
mystery	147

N

nail	92
naked	34
name	273
nap	171
nationality	78
native	148
nature	61
near	197
neat	280
need	149
neighbor	167
nephew	213
nervous	276
nest	219
net	250
neural	49
nevertheless	213
newborn	43
nightmare	246
noble	175
nobody	252
noise	225
norm	209
normal	70
note	158
notice	278
notwithstanding	223
novel	101
nowadays	14
nuclear	48
numerous	64
nun	200
nurse	115

O

object	212
obtain	118
occupy	185
occur	157
ocean	169
offer	40
office	253
officer	99
once	246
onward	271
operate	158
opinion	120
opportunity	224
optic	259
option	10
order	190
ordinary	199
orphan	122
otherwise	20
outcome	167
outdated	235
outdo	63
outfit	194
outing	140
outlay	44
output	57
outside	76
outstretch	60
overcast	85
overcome	178
overeat	109
overflow	84
overhang	219
overhead	50
overhear	103
overload	124
overpower	29
oversea(s)	240
overshadow	151
oversleep	82
overwork	78
owe	279
owl	237
own	12

P

pace	264
packet	57
paddle	80
pain	168
pair	143
palace	254
palm	128
paradise	60
paragraph	67
part	225
participate	107
particular	284
partner	289
party	156
pass	222
passenger	256
passerby	268
passport	86
past	269
pat	23
path	183
patient	55
patrol	211
pattern	121
pause	206
pave	62
paw	106
pay	203
peaceful	281
peak	76
pearl	211
peer	137
perfect	266
perfume	229

perhaps	277	pray	120	quiet	219
periodical	84	precious	125	quit	226
permit	220	predator	275	quite	125
personnel	226	predict	167		
persuade	51	prefer	150		
pest	135	prehistoric	30		

R

pesticide	22	prepare	46	race	204
pet	203	prescribe	229	rainfall	160
petal	218	present	244	raise	197
petroleum	160	president	65	rank	214
pharmacy	115	press	102	rapid	14
philosophy	152	pretend	223	rare	124
phobia	223	pretty	19	rather	277
photograph	230	prevent	191	ratio	220
phrase	179	preview	278	rational	245
physical	88	previous	40	ray	45
picture	233	prey	43	reach	256
piece	94	price	31	reaction	100
pillow	75	pride	251	ready	44
pilot	146	princely	34	real	146
pin	54	principle	74	realize	47
pinch	107	print	242	reap	21
pioneer	118	prison	161	rear	25
pity	104	private	235	reason	51
place	60	probably	217	receive	156
plan	195	problem	119	recent	217
plant	90	profit	289	recipe	103
plate	123	progress	11	recommend	238
platform	48	promise	36	record	265
pleasant	173	proof	111	recover	238
plenty	280	prophet	141	recreation	187
plow	269	propose	112	reduce	43
pocket	16	prosperous	53	reed	108
poem	39	protect	240	reef	141
point	266	protein	96	refer	11
poison	205	proud	249	reflex	97
polite	34	prove	15	reform	282
politics	87	provide	214	refract	144
pollute	17	province	187	refresh	78
poor	224	public	95	refrigerator	6
pop	270	publish	23	refund	249
pope	47	pull	135	regard	164
popular	241	punch	251	region	79
population	290	pupil	17	regret	180
port	61	purchase	17	regular	237
portrait	209	pure	258	reject	28
position	241	purpose	136	relative	102
possible	69	push	165	relay	65
post	229	puzzle	197	relief	56
postscript	16			religion	207
poultry	107			rely	140

Q

pour	220			remark	139
power	140	quarrel	203	remarkable	188
practice	157	quarter	288	remedy	35
prairie	166	question	163	remember	145
praise	264	quick	79	remind	48

renew	254	satisfy	36	shy	191
renown	115	savage	271	sick	256
rent	256	save	279	side	266
repair	75	saw	11	sidewalk	81
repay	147	saying	118	sigh	75
repeat	112	scale	84	sight	148
replace	268	scan	141	sign	223
reply	112	scene	166	silent	115
report	9	scent	40	silly	199
republic	215	schedule	237	similar	49
require	119	scholar	31	simple	227
research	272	scientific	86	sin	136
resemble	97	scissors	45	sincere	9
resolute	247	scratch	201	single	279
respect	80	screw	187	sink	230
respond	126	search	80	site	30
rest	37	seat	170	situation	263
result	160	secondary	81	skillful	251
return	111	secret	161	skirt	177
review	209	secretary	257	slavery	214
rid	158	seed	143	sleeve	162
riddle	30	seek	79	slice	30
right	134	seldom	191	slide	123
ring	174	select	106	slope	56
risk	268	selfish	71	smart	7
rite	248	senator	109	smash	274
rival	39	senior	218	smell	162
roast	270	sensational	255	smoke	53
rob	68	sensitive	272	smooth	209
role	152	sentence	260	snare	165
roll	265	serial	6	sneeze	202
romantic	51	serious	61	sniff	68
room	100	servant	29	sob	27
root	69	serve	168	society	128
rope	181	settle	200	sociology	254
rot	118	several	28	soft	53
rough	247	sew	189	solar	13
route	27	shade	159	soldier	33
row	63	shadow	45	solo	267
royal	53	shake	220	solve	208
rude	52	shame	55	sorrow	243
rule	154	shape	104	sort	135
rumor	36	share	149	soul	245
run	33	sharp	190	sound	194
runway	21	shave	35	souvenir	280
rush	218	shell	206	space	100
		shine	245	spare	228
		shock	127	speak	189
S		shoot	185	special	66
		shortage	190	spectacle	100
saddle	116	shortcut	178	spectator	271
safe	263	shoulder	99	spectrum	169
sail	258	shout	231	speech	64
salary	192	shovel	259	spell	193
sale	242	shower	224	spend	118
sane	201	shut	203	spill	154
satellite	209				

spin	28	support	144	tiny	43
spiral	28	suppose	150	tire	198
spirit	98	surface	138	tissue	63
spit	243	surgery	282	title	265
spite	282	surprise	234	tobacco	119
splash	63	surround	185	toe	98
split	262	survive	201	tomb	169
spring	114	sweat	274	tongue	145
stage	68	switch	69	topic	186
stamp	94	sword	31	torch	21
stance	72	symbol	252	toss	205
standard	177	system	178	total	155
standpoint	13			touch	43
star	65			tough	88
stare	142			trade	95
state	202			tradition	131
station	92			traffic	98

T

stationery	95	tablet	165
statute	130	tact	80
stay	139	tag	203
steal	58	tail	152
steer	133	tale	44
step	86	talent	159
stick	86	target	248
still	216	taste	263
sting	98	tax	228
stitch	65	technology	165
stock	138	telescope	152
stomach	166	temperature	236
stop	252	temple	110
store	183	tend	214
storm	170	tendency	196
straight	109	tense	21
strange	212	term	35
stream	176	terrible	126
strength	260	territory	199
stress	286	texture	113
strike	31	theater	37
stripe	95	theft	25
stubborn	96	theme	233
stupid	131	thin	48
subconscious	134	thorough	285
subject	108	thrifty	95
subjective	17	thrill	276
submarine	174	thrive	45
suburb	96	throat	52
succeed	10	throne	30
successor	81	throw	40
sudden	74	thrust	168
suffer	206	thumb	179
suicide	111	thunder	285
suitable	134	tick	137
suitcase	60	tide	241
sum	235	tidy	103
sunrise	156	tie	271
supply	64	tight	237
		tilt	184
		timely	285

tragedy	118		
transit	244		
trash	87		
travel	33		
traverse	283		
tread	239		
treasure	208		
tremble	281		
triangle	236		
trick	277		
triple	73		
trophy	243		
tropical	280		
trouble	18		
trust	273		
try	160		
tune	242		
turn	128		
twice	143		
twin	130		
twist	222		
typical	136		

U

uncover	124
underground	60
underline	239
understand	261
unemployment	19
unfortunate	73
unify	217
union	96
unit	219
universe	279
upcoming	146
upgrade	130
uprising	200
upside-down	35

urban	54
urgent	201
usage	206
useful	188
usual	105
utilize	181

V

vacation	106
valley	181
value	91
vegetable	74
veil	167
versus	69
victim	186
victory	267
view	21
vigor	202
village	213
violate	15
violence	210
virgin	18
virtual	75
vision	66
visit	182
volcano	173
volume	121
volunteer	164
vote	108
vow	246

W

wagon	121
wake	19
wall	269
want	127
warehouse	249
warfare	176
warm	104
warn	119
warrior	7
waste	281
watch	66
wave	182
weak	149
wealth	150
weapon	130
wear	98
wed	144
weight	260
welcome	154
welfare	58
well	155

well-known	74
well-mannered	265
wet	76
whereabouts	124
whisker	184
whistle	28
whole	228
widespread	279
wild	285
wilderness	144
will	89
wing	79
wink	108
wipe	71
wisdom	72
wish	216
wit	47
witness	205
wizard	178
wonder	241
wood	225
worldwide	12
worm	149
worn-out	287
worry	19
worsen	123
worth	173
wrestle	112
wretched	261
wrinkle	22

Y

yawn	159

Z

zone	89
zoology	243

MEMO

MEMO